# 中国建筑业改革与发展研究报告(2022)

——推进数字赋能和建筑业转型发展

住房和城乡建设部建筑市场监管司
住房和城乡建设部政策研究中心　编著

中国建筑工业出版社

图书在版编目(CIP)数据

中国建筑业改革与发展研究报告.2022：推进数字赋能和建筑业转型发展 / 住房和城乡建设部建筑市场监管司，住房和城乡建设部政策研究中心编著.— 北京：中国建筑工业出版社，2023.4

ISBN 978-7-112-28544-0

Ⅰ.①中… Ⅱ.①住…②住… Ⅲ.①建筑业-经济体制改革-研究报告-中国-2022②建筑业-经济发展-研究报告-中国-2022 Ⅳ.①F426.9

中国国家版本馆CIP数据核字（2023）第052242号

责任编辑：张智芊
责任校对：赵 菲

## 中国建筑业改革与发展研究报告（2022）
### ——推进数字赋能和建筑业转型发展

住房和城乡建设部建筑市场监管司
住房和城乡建设部政策研究中心　编著

\*

中国建筑工业出版社出版、发行(北京海淀三里河路9号)
各地新华书店、建筑书店经销
北京鸿文瀚海文化传媒有限公司制版
北京圣夫亚美印刷有限公司印刷

\*

开本：787毫米×960毫米　1/16　印张：14¾　字数：227千字
2023年4月第一版　　2023年4月第一次印刷
定价：56.00元
ISBN 978-7-112-28544-0
（40876）

**版权所有　翻印必究**
如有印装质量问题，可寄本社图书出版中心退换
（邮政编码 100037）

# 编 写 说 明

《中国建筑业改革与发展研究报告（2022）》是从2004年问世以来第19个年度发展报告。本期报告突出以下三个特点：

**1. 紧扣建筑业发展的新时代主题。**本期报告的主题是"推进数字赋能和建筑业转型发展"。党的十八大以来，我国建筑业持续健康平稳发展，在国民经济中的支柱产业地位更加稳固，建筑产业现代化程度大幅提升，工程质量稳步提高，有力支撑了基本民生保障。2021年，建筑业总产值达到29.3万亿元，建筑业增加值达到8万亿元，占GDP的7％；吸纳就业人数超过5000万。面对新时代的新要求，建筑业推进数字赋能、积极转型发展是最重要的主题，既有利于促进国民经济高质量发展，也有利于为人民幸福生活提供切实的保障。本期报告在反映我国建筑业常规发展状况的基础上，集中反映了上述内容。

**2. 分析总结2021年我国建筑业改革举措和发展形势。**围绕主题，报告内容分为五个部分。第一部分简要总结2021年以来我国的宏观经济形势以及工程建设领域政府监管与服务的工作成果；第二部分全面反映2021年我国建筑业的发展状况，包括建筑施工、勘察设计、工程监理及造价咨询、对外承包工程等方面内容，同时分析这一时期的安全生产形势；第三部分论述我国建筑业推进数字赋能的相关举措与成就；第四部分阐述我国建筑业转型发展的具体做法，以及着力提升建筑工程品质的重要举措；第五部分展望我国建筑业改革发展。

**3. 以广义的工程建设承包服务主体为对象。**2022年度报告仍以广义的工程建设承包服务主体为对象。虽然建筑施工与勘察设计、工程监理及造价等咨询服务属于不同的产业分类领域，但在工程建设领域活动中，彼此紧密关联、相互依托，为全面反映我国建筑业发展状况，本报告仍然按照广义的建筑业范围展开阐述，即包括建筑施工、勘察设计、工程监理和相关咨询服务业。

本报告编写组由李晓龙、翟宝辉、刘波、袁利平、牛伟蕊、周琳娜、王豫婉等同志组成。建筑市场监管司牵头，标准定额司、工程质量安全监管司、建筑节能与科技司协助编写和报告定稿工作。

由于水平所限，加上时间紧，工作量大，在编写过程中，难免存在诸多不足和疏漏之处，诚恳欢迎读者批评指正。

住房和城乡建设部建筑市场监管司<br>
住房和城乡建设部政策研究中心<br>
2022年12月

# 目　录

**第一章　中国建筑业发展环境** ·················· 1
　一、宏观经济环境 ····························· 1
　　（一）宏观经济稳定恢复 ····················· 1
　　（二）固定资产投资小幅回升 ················· 2
　　（三）建筑材料表观消费量整体平稳 ··········· 2
　二、政府监管与服务 ··························· 5
　　（一）建筑市场 ····························· 5
　　（二）质量安全 ····························· 12
　　（三）标准定额 ····························· 17
　　（四）地方举措 ····························· 20

**第二章　中国建筑业发展状况** ·················· 48
　一、发展特点 ································· 48
　　（一）支柱产业地位依然稳固 ················· 48
　　（二）建筑业总产值持续增长 ················· 49
　　（三）智能建造取得成效 ····················· 50
　　（四）新型建筑工业化不断推进 ··············· 50
　　（五）制度改革进一步深化 ··················· 51
　二、建筑施工 ································· 52
　　（一）规模分析 ····························· 52
　　（二）效益分析 ····························· 54
　　（三）结构分析 ····························· 54
　三、勘察设计 ································· 61
　　（一）规模分析 ····························· 61
　　（二）结构分析 ····························· 64

## 四、工程监理及造价咨询 ········································· 69
### （一）工程监理 ············································· 69
### （二）工程造价咨询 ········································· 73
## 五、对外承包工程 ············································· 78
### （一）规模分析 ············································· 78
### （二）企业表现 ············································· 80
## 六、安全生产形势 ············································· 84
### （一）总体情况 ············································· 84
### （二）分类情况 ············································· 84

# 第三章　推进数字赋能 ·········································· 86
## 一、建造方式智能化 ··········································· 86
### （一）推进BIM技术全生命周期应用 ·························· 86
### （二）大力推进智慧工地建设 ································ 89
### （三）加快构建数据标准体系 ································ 92
### （四）培育建筑产业互联网平台 ······························ 92
### （五）加大力度研发应用建筑机器人 ·························· 94
## 二、监管体系数字化 ··········································· 95
### （一）加强建设工程项目全生命周期智慧监管 ·················· 96
### （二）健全数字化建筑市场监管体系 ·························· 98
### （三）加快推进电子证照在建筑业领域应用 ···················· 98
### （四）打造"数字政府"建设新引擎 ··························· 100
## 三、用工模式规范化 ·········································· 101
### （一）持续推进建筑工人实名制管理制度 ····················· 101
### （二）通过信息化手段加强建筑产业工人权益保障 ············· 105
### （三）数字化建设助力高素质建筑产业工人队伍培育 ··········· 106
## 四、企业管理系统化 ·········································· 110
### （一）拓展现代信息技术的应用范围 ························· 111
### （二）推动建筑业企业组织管理方式变革 ····················· 111
### （三）加大相关专业人才培养力度 ··························· 114

# 第四章　建筑业转型发展 ······································· 116
## 一、大力发展装配式建筑 ······································ 116

（一）加大装配式混凝土结构推广力度 …………………… 116
　　　（二）积极推广钢结构住宅 ………………………………… 118
　　　（三）推动全产业链协同发展 ……………………………… 120
　二、持续开展绿色建筑创建行动 ………………………………… 123
　　　（一）开展绿色建筑星级认定工作 ………………………… 124
　　　（二）持续推动绿色建筑与绿色金融协同发展 …………… 126
　　　（三）实施绿色建造示范工程创建行动 …………………… 127
　　　（四）推进工程建设全过程绿色建造 ……………………… 128
　三、完善工程建设组织模式 ……………………………………… 130
　　　（一）开展工程总承包向产业链延伸试点 ………………… 130
　　　（二）推广全过程工程咨询 ………………………………… 133
　　　（三）推进建筑师负责制试点 ……………………………… 136
　　　（四）推动工程造价咨询管理改革 ………………………… 139
　四、健全工程质量安全保障体系 ………………………………… 139
　　　（一）推进工程质量评价和保险 …………………………… 140
　　　（二）防范各类风险挑战 …………………………………… 140
　　　（三）严格执行重大隐患排查治理制度 …………………… 141
　　　（四）加强工程质量安全监管信息化建设 ………………… 144

## 第五章　建筑业改革发展展望 …………………………………… 145
　一、智能建造与新型建筑工业化协同发展 ……………………… 145
　　　（一）完善智能建造政策与产业体系 ……………………… 145
　　　（二）夯实建造标准化和数字化基础 ……………………… 146
　　　（三）培育智能建造新业态新模式 ………………………… 147
　　　（四）以装配式建筑助力新型建筑工业化 ………………… 148
　二、建筑业科技支撑力量持续加强 ……………………………… 148
　　　（一）促进BIM与新一代信息技术融合应用 ……………… 148
　　　（二）新基建、新城建为建筑业转型带来新机遇 ………… 149
　　　（三）围绕建筑品质提升加强技术攻关 …………………… 150
　三、建筑行业节能减碳目标进一步明确 ………………………… 151
　　　（一）全面提升绿色低碳建筑水平 ………………………… 151
　　　（二）推广新型绿色建造方式 ……………………………… 152

(三)构建高品质绿色建材体系 ………………………………………… 153
四、建筑市场营商环境不断优化 …………………………………………… 154
　　(一)深化建筑业"放管服"改革 …………………………………… 154
　　(二)推进建筑市场体制机制改革 …………………………………… 154
　　(三)加强建筑市场信用体系建设 …………………………………… 155
五、工程质量安全保障体系加快完善 ……………………………………… 156
　　(一)加强落实工程质量安全责任 …………………………………… 156
　　(二)全面提高工程质量安全监管水平 ……………………………… 157
　　(三)构建工程质量安全治理新局面 ………………………………… 157
附录1　2019—2022年建筑业最新政策法规概览 ……………………… 158
附录2　2019—2022年批准发布的国家标准和行业标准 ……………… 206
附录3　部分国家建筑业相关统计数据 ………………………………… 222

# 第一章　中国建筑业发展环境

## 一、宏观经济环境

### (一) 宏观经济稳定恢复

2021年是党和国家历史上具有里程碑意义的一年。在以习近平同志为核心的党中央坚强领导下，全国各族人民坚持以习近平新时代中国特色社会主义思想为指导，全面贯彻党的十九大和十九届历次全会精神，弘扬伟大建党精神，按照党中央、国务院决策部署，坚持稳中求进工作总基调，完整、准确、全面贯彻新发展理念，如期打赢脱贫攻坚战，如期全面建成小康社会、实现第一个百年奋斗目标，开启全面建设社会主义现代化国家、向第二个百年奋斗目标进军新征程，沉着应对百年变局和世纪疫情，坚持创新驱动发展，构建新发展格局迈出新步伐，高质量发展取得新成效，全年主要目标任务较好完成，实现了"十四五"良好开局。我国经济发展和疫情防控保持全球领先地位，改革开放向纵深推进。全年国内生产总值1143670亿元，比上年增长8.1%，两年平均增长5.1%；全年城镇新增就业1269万人，比上年增加83万人；城镇居民人均可支配收入比上年实际增长7.1%，农村居民人均可支配收入比上年实际增长9.7%。全年脱贫县农村居民人均可支配收入比上年实际增长10.8%。

2021年经济稳定恢复，经济发展稳中向好、长期向好的基本面没有变。第一，居民消费全面恢复，内需依然是经济增长的主要贡献者，消费升级趋势恢复，结构不断改善；第二，投资总体稳定，产业结构加速优化，产业链韧性得到提升；第三，创新研发投入不断加大，数字技术与实体经济加速融合，供给侧结构性改革深入推进；第四，稳妥实施房地产长效机制，建立部省市调控责任机制，加强政策协调联动，房地产市场运行总体平稳。

## (二)固定资产投资小幅回升

2021年,全年全社会固定资产投资552884亿元,比上年增长4.9%(表1-1、图1-1、图1-2)。分区域看,东部地区投资比上年增长6.4%,中部地区投资增长10.2%,西部地区投资增长3.9%,东北地区投资增长5.7%。

2012—2021年全国固定资产投资规模及增速　　　　表1-1

| 类别/年份 | 2012 | 2013 | 2014 | 2015 | 2016 | 2017 | 2018 | 2019 | 2020 | 2021 |
|---|---|---|---|---|---|---|---|---|---|---|
| 固定资产投资(万亿元) | 28.17 | 32.93 | 37.36 | 40.59 | 43.44 | 46.13 | 48.85 | 51.36 | 52.73 | 55.29 |
| 固定资产投资增速(%) | 18.0 | 16.9 | 13.5 | 8.6 | 7.0 | 6.2 | 5.9 | 5.1 | 2.7 | 4.9 |
| 建筑业总产值增速(%) | 17.8 | 16.9 | 10.2 | 2.3 | 7.1 | 10.5 | 5.6 | 10.0 | 6.2 | 11.0 |

数据来源:国家统计局。

注:根据统计调查方法改革和制度规定,对2020年固定资产投资相关数据进行修订,2021年相关指标增速按可比口径计算。

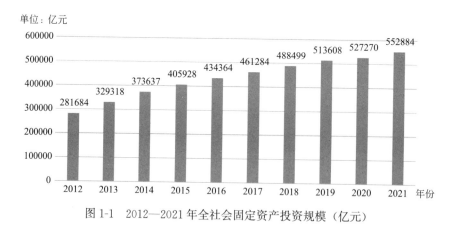

图1-1　2012—2021年全社会固定资产投资规模(亿元)

## (三)建筑材料表观消费量整体平稳

2021年,建材行业克服疫情多点散发、原材料价格快速上涨、限

图 1-2 2012—2021 年固定资产投资增速和建筑业总产值增速

电限产等影响因素，保持平稳较好发展态势。钢铁行业继续深化供给侧结构性改革，进一步巩固钢铁去产能成果，推动行业绿色低碳转型，积极应对国内外需求形势变化，积极保供稳价，维护产业链供应链安全稳定，行业总体运行态势良好，为行业高质量发展奠定了良好基础。主要建材产品生产平稳（表 1-2、图 1-3）。

2010—2014 年间，全国钢材表观消费量呈上升趋势，2015 年回落至 93507 万吨，2016—2020 年继续呈上升趋势，2020 年达 129145 万吨，同比增长 12.05%，2021 年同比稍有回落，为 128404 万吨。受国外需求恢复较快、国际钢材价格大幅上涨等因素影响，2021 年我国钢材出口量在连续 5 年下降的情况下大幅反弹，同比增长 24.6%。2010—2014 年间，全国水泥表观消费量（不含熟料）呈较快增长趋势，2013 年突破 24 亿吨，随后基本维持在每年 23 亿吨左右高位水平。2017 年、2018 年连续两年全国水泥产量和表观消费量增速为负，行业供给侧改革初见成效。2019—2021 年，全国水泥表观消费量基本保持平稳，2021 年为 236436 万吨，同比下降 0.55%。

表1-2  2011—2021年全国建筑行业主要材料产量、进出口量和表观消费量（单位：万吨）

| 类别/年份 | 2011 | 2012 | 2013 | 2014 | 2015 | 2016 | 2017 | 2018 | 2019 | 2020 | 2021 |
|---|---|---|---|---|---|---|---|---|---|---|---|
| 钢材产量 | 88620 | 95578 | 108201 | 112513 | 103468 | 104813 | 104642 | 113287 | 120457 | 132489 | 133667 |
| 钢材进口量 | 1558 | 1366 | 1408 | 1443 | 1278 | 1322 | 1330 | 1317 | 1230 | 2023 | 1427 |
| 钢材出口量 | 4888 | 5573 | 6233 | 9378 | 11240 | 10853 | 7541 | 6933 | 6429 | 5367 | 6690 |
| 钢材表观消费量 | 85290 | 91371 | 103376 | 104579 | 93507 | 95282 | 98431 | 107671 | 115258 | 129145 | 128404 |
| 水泥产量 | 209926 | 220984 | 241924 | 249207 | 235919 | 241031 | 233084 | 223610 | 234431 | 237691 | 236281 |
| 水泥进口量 | 85.56 | 64.99 | 41.12 | 23.81 | 10.50 | 3.00 | 90.83 | 96.14 | 200.62 | 360.77 | 358.53 |
| 水泥出口量 | 879.81 | 924.01 | 1094.42 | 1017.38 | 919.38 | 814.63 | 1286.40 | 754.65 | 508.56 | 304 | 203.32 |
| 水泥表观消费量 | 209132 | 220125 | 240871 | 248214 | 235010 | 240219 | 231888 | 222951 | 234123 | 237748 | 236436 |

数据来源：国家统计局、中国海关总署、Wind数据库、《中国水泥年鉴》，工业和信息化部原材料工业司2021年建材行业经济运行情况、2021年1—12月钢铁行业运行情况、2021年国民经济和社会发展统计公报、数字水泥网《2021年中国水泥行业经济运行及2022年展望》。2020年部分产品产量数据进行了核实调整，2021年产量增速按可比口径计算。

注：因实际消耗量难以统计，采用表观消费量作为钢材和水泥的消耗指标。表观消费量＝当年产量＋当年进口量－当年出口量。

图 1-3　2012—2021 年全国钢材、水泥表观消费量

## 二、政府监管与服务

2021年，全国住房和城乡建设系统认真贯彻落实习近平总书记重要指示批示精神和党中央、国务院决策部署，深入开展党史学习教育，扎实推进"我为群众办实事"实践活动，有力推动了学党史、悟思想、办实事、开新局；紧扣进入新发展阶段、贯彻新发展理念、构建新发展格局，充分发挥住房和城乡建设在"扩内需、转方式、调结构"中的重要支点作用，推动住房和城乡建设事业发展取得了新进展新成效，实现了"十四五"良好开局。加快推动建筑产业转型升级，推动智能建造与新型建筑工业化协同发展，大力发展智能建造，推广装配式建筑，开展钢结构住宅建设试点，发展绿色建筑，加强工程质量监管，加强建设工程消防设计审查验收管理，开展建设工程质量评价试点，完善工程建设标准等。

### （一）建筑市场

2021年，住房和城乡建设部全力推动建筑业转型发展，积极开展智能建造试点工作，完善工程建设组织模式，加快培育建筑产业工人队伍，持续优化建筑市场环境，加强建筑市场信用体系建设，加快推行工程担保制度，开展建筑市场秩序集中治理，加大监督执法检查力度，推进政务服务事项电子化，加快完善建筑业法规制度，开展深化建筑业改革研究，积极推动法律法规修订，稳步推进企业资质管理制度改革，完善个人执业资格管理，编制"十四五"建筑业发展规划，完善配套文件，开展试点工作，做好实施监督，加强行业指导，及时推广经验。

### 1. 全力推动建筑业转型发展

坚定贯彻新发展理念，大力发展智能建造，积极推广钢结构住宅，完善工程建设组织模式，加快培育建筑产业工人队伍，着力推动建造方式、组织方式、作业方式转型，促进建筑业绿色低碳发展，主动服务和融入新发展格局。

**大力发展智能建造。** 落实《住房和城乡建设部等部门关于推动智能建造与建筑工业化协同发展的指导意见》（建市〔2020〕60号）要求，选取广东、上海、重庆的7个建筑工程项目开展智能建造试点，围绕装配式建筑、建筑产业互联网、建筑机器人等重点领域积极探索智能建造应用场景。印发《智能建造与新型建筑工业化协同发展可复制经验做法清单（第一批）》，发布了6方面38条可复制经验做法，供地方学习借鉴。遴选和发布了5大类124个智能建造新技术新产品创新服务典型案例，指导相关市场主体了解、选用智能建造技术和产品。目前，大力发展智能建造已成为行业共识，智能建造新产业已在部分地区初步形成。如广东省佛山市已建成超百条建筑机器人组装加工生产线，重庆市智能建造相关产业规模达到300亿元。

**积极推广钢结构住宅。** 指导浙江、山东等7个省份开展钢结构住宅建设试点，选取浙江绍兴、广东湛江的2个钢结构住宅项目开展综合试点，加快完善标准规范，创新技术体系，推进产业链协同发展。如浙江绍兴试点项目采用标准化设计，实现主要构件采用热轧型钢的比例达到90%以上，有效降低了建设成本。调研总结地方经验做法，起草钢结构住宅建设可复制经验做法清单。组织召开湛江试点项目现场观摩会，积极宣传推广试点经验，共计46万余人线上参会。据初步统计，2021年试点地区新开工钢结构住宅面积约631万平方米，较2019年增长81%。

**完善工程建设组织模式。** 指导福建、湖北开展工程总承包向全产业链延伸试点，在20个试点项目中延伸开展投融资、运营服务，促进产业链协同，提升服务价值。研究起草全过程工程咨询服务指引、合同示范文本、估价规则等配套政策，指导北京等地区在民用建筑工程中推进建筑师负责制，更好发挥全过程工程咨询在降低制度性交易成本、提高管理效能、优化项目组织实施等方面的作用。据统计，工程总承包试点项目可节约投资5%～15%，缩短工期10%～20%；湖南省2020年以来实施的116个全过程工程咨询项目平均缩短前期工作周期40%～50%。

**加快培育建筑产业工人队伍。** 落实《住房和城乡建设部等部门关于加快培育新时代建筑产业工人队伍的指导意见》（建市〔2020〕105号）要求，印发《住房和城乡建设部办公厅关于开展施工现场技能工人配备标准制定工作的通知》（建办市〔2021〕29号），指导各地制定和实施施工现场技能工人配备标准，强化施工现场技能工人配备。研究制定建筑工人简易劳动合同示范文本，推进劳务用工规范化和职业化。完善全国建筑工人管理服务信息平台，加快推进建筑工人实名制管理，截至2021年12月底，平台已入库建筑工人4335万，为规范劳务用工发挥了重要作用。部署开展住房和城乡建设系统根治欠薪冬季专项行动，以房地产开发项目、冬奥项目等为重点，保障农民工工资支付，维护建筑工人的合法权益。

### 2. 持续优化建筑市场环境

坚持政府和市场两手发力，加强建筑市场信用体系建设，加快推行工程担保制度，持续规范建筑市场秩序，提升政务服务水平，着力完善建筑市场运行机制，营造统一开放、竞争有序的市场环境。

**加强建筑市场信用体系建设。** 研究制定建筑市场失信信息分级标准，实施建筑市场主体"黑名单制度"，强化信用惩戒作用。完善全国建筑市场监管公共服务平台，进一步加大信用信息的公开和共享力度。截至2021年12月底，平台共收录77万条企业资质信息、340万条注册人员信息、197万条工程项目信息、209条建筑市场主体"黑名单"信息。

**加快推行工程担保制度。** 印发工程保函示范文本，研究起草电子保函数据标准，进一步推进工程担保的体系化和制度化，充分运用市场手段提升工程风险防范能力。大力推进工程担保和保函替代保证金，为企业释放了大量占压资金。截至2021年12月底,全国投标保证金、履约保证金、工程质量保证金、农民工工资保证金四类保证金缴纳总额1.75万亿元,其中以保函形式缴纳比例达到67.5%,比2020年底提高了6.3个百分点。

**开展建筑市场秩序集中治理。** 按照全国扫黑除恶斗争领导小组工作部署,组织开展工程建设领域整治,指导督促各地集中排查整治恶意竞标、强揽工程等招标投标领域乱象,依法查处违法违规行为。落实国务院领导同志批示精神,在全国范围内组织开展建筑企业跨地区承揽业务要求设立分(子)公司问题治理,推进建筑市场统一开放,减轻企业负担。

**加大监督执法检查力度。** 依据《中华人民共和国建筑法》等法律法规规定,严厉打击违法发包、转包、违法分包等违法违规行为,持续规范建筑市场秩序。2021年全年,对存在违法违规行为和负有质量安全事故责任的25家企业、115名注册执业人员提出了处罚意见。2021年全年,全国各地共查处存在违法违规行为的11334个项目、4702家建设单位、8001家建筑企业和3614名个人。

**推进政务服务事项电子化。** 分两批在19个省(区、市)开展一级建造师电子注册证书试点,启用电子证书代替纸质证书,并开展延续注册工作。在试点基础上,自2021年8月1日起在全国范围内启用一级注册建筑师电子注册证书,自2021年10月15日起全面实行一级建造师电子注册证书,提升建筑业政务服务规范化、便利化水平。截至2021年12月底,已有56.7万名一级建筑师和一级建造师申领了电子注册证书,占总人数的65.8%。

### 3. 加快完善建筑业法规制度

认真学习贯彻习近平法治思想,结合建筑行业实际,开展深化建筑业改革研究,积极推动法律法规修订,完善建筑业管理制度,制定行业发展规划,着力推进建筑业法规制度建设,为规范建筑市场秩序、保障工程质量安全、推动提升建筑品质提供法制保障。

**开展深化建筑业改革研究。** 系统梳理建筑业及勘察设计行业相关管理制度,深入分析行业发展现状和存在问题,认真研究保障工程质量安全、提升建筑品质、加快建筑业转型升级等目标任务，广泛听取意见建议，初步形成了改革思路框架和措施建议。

**积极推动法律法规修订。**组织开展建筑法立法后评估，结合建筑业改革研究，提出强化设计引领作用、落实建设单位首要责任等论证报告，在广泛征求意见的基础上，起草形成修订建议稿，并积极推动修订工作。修订《建筑工程施工许可管理办法》，进一步简化前置条件，提高施工许可办理效率。

**稳步推进企业资质管理制度改革。**按照深化"放管服"改革要求，落实《建设工程企业资质管理制度改革方案》，积极推进修订企业资质管理规定和资质标准，推动改革举措落地。选取15个省份开展资质审批权限下放试点，方便企业就近办理资质事项。落实国务院"证照分离"改革要求，指导各地做好建筑业"证照分离"改革衔接有关工作。

**完善个人执业资格管理。**研究修订注册建造师管理规定，进一步强化建造师执业资格管理，明晰注册执业人员的权利、义务和责任，加大执业责任追究力度，更好发挥建造师在工程质量安全管理方面的重要作用。指导修订全国一级注册建筑师资格考试大纲，优化考试科目和题型设置，引导建筑师提升专业实践能力，加快培养建筑设计优秀人才。

**编制"十四五"建筑业、工程勘察设计行业发展规划。**贯彻落实《中华人民共和国国民经济和社会发展第十四个五年规划和2035年远景目标纲要》，结合建筑业改革研究，制定发布《"十四五"建筑业发展规划》《"十四五"工程勘察设计行业发展规划》，明确"十四五"时期建筑业、工程勘察设计行业发展目标和主要任务，统筹推进建筑业转型发展，着力提升发展质量和效益。

> **专栏1-1：《"十四五"建筑业发展规划》（摘要）**
> • 发展目标
> 2035年远景目标。以建设世界建造强国为目标，着力构建市场机制有效、质量安全可控、标准支撑有力、市场主体有活力的现代化建筑业发展体系。到2035年，建筑业发展质量和效益大幅提升，建筑工业化全面实现，建筑品质显著提升，企业创新能力大幅

提高，高素质人才队伍全面建立，产业整体优势明显增强，"中国建造"核心竞争力世界领先，迈入智能建造世界强国行列，全面服务社会主义现代化强国建设。

"十四五"时期发展目标。对标2035年远景目标，初步形成建筑业高质量发展体系框架，建筑市场运行机制更加完善，营商环境和产业结构不断优化，建筑市场秩序明显改善，工程质量安全保障体系基本健全，建筑工业化、数字化、智能化水平大幅提升，建造方式绿色转型成效显著，加速建筑业由大向强转变，为形成强大国内市场、构建新发展格局提供有力支撑。

——国民经济支柱产业地位更加稳固。

——产业链现代化水平明显提高。

——绿色低碳生产方式初步形成。

——建筑市场体系更加完善。

——工程质量安全水平稳步提升。

• 主要任务

——加快智能建造与新型建筑工业化协同发展。

——健全建筑市场运行机制。

——完善工程建设组织模式。

——培育建筑产业工人队伍。

——完善工程质量安全保障体系。

——稳步提升工程抗震防灾能力。

——加快建筑业"走出去"步伐。

**专栏1-2：《"十四五"工程勘察设计行业发展规划》（摘要）**

• 发展目标

在总体目标方面。"十四五"时期，工程勘察设计行业稳步发展，规模持续扩大，效益显著提高，勘察设计在工程建设中的引领作用进一步凸显。勘察设计相关法规制度不断完善，市场环境进一步优化，诚信体系初步建立，勘察设计质量得到充分保障。工程勘察设计行业绿色化、工业化、数字化转型全面提速,技术管理创新和综合服务能力不断增强,标准化、集成化水平进一步提升,持续助力建筑业高质量发展。

在分项目标方面。在总体目标下,《规划》提出了"五个进一步"的分项目标,即市场环境进一步优化、设计质量进一步提升、创新能力进一步增强、人才结构进一步优化、发展效益进一步提高。每个分项目标都提出了更为具体化的工作要求,将为检验《规划》实施绩效提供可比对的标尺。

- 主要任务

——健全市场运行机制,优化发展环境。

——保障勘察设计质量,严守发展底线。

——贯彻绿色低碳理念,提高发展质量。

——提升科技创新能力,增强发展动力。

——推动行业数字转型,提升发展效能。

——推进多元服务模式,完善发展方式。

——优化人才培养体系,筑牢发展基础。

**4. 加强建设工程消防设计审查验收管理**

**完善配套文件。**2021年1月,印发《住房和城乡建设部办公厅关于做好建筑高度大于250米民用建筑防火设计研究论证的通知》(建办科〔2021〕3号),指导地方做好建筑高度大于250米民用建筑的防火设计加强性措施的研究论证。7月,印发《住房和城乡建设部办公厅关于做好建设工程消防设计审查验收工作的通知》(建办科〔2021〕31号),切实加强建设工程消防设计审查验收管理。

**开展试点工作。**2021年4月,印发《住房和城乡建设部办公厅关于开展既有建筑改造利用消防设计审查验收试点的通知》(建办科函〔2021〕164号),在北京、广州、南京等31个市县开展试点工作。6月,组织专家审查既有建筑改造利用消防设计审查验收试点实施方案。9月,召开既有建筑改造利用消防设计审查验收试点工作推进会。12月,于山东省烟台市组织召开既有建筑改造利用消防设计审查验收试点工作座谈会。及时总结广州、南京、烟台等地方经验，印发各地参考借鉴，有力支撑了城市更新行动，促进既有建筑活化利用，试点工作初见成效。

**做好实施监督。** 落实城乡建设安全专项整治三年行动计划，配合落实加强建筑安全生产管理相关工作，结合住房和城乡建设部城乡建设绿色发展重点工作督查检查总体部署，于2021年10月，赴湖北、浙江、河南、广东、上海、青海6省（市）开展建设工程消防设计审查验收工作检查，督促各地做好《建设工程消防设计审查验收管理暂行规定》及配套文件的实施工作，规范建设工程消防设计审查验收行为。12月，在南京组织召开建设工程消防审查验收工作交流座谈会，促进各地交流经验做法。

**加强行业指导。** 定期汇总全国各省（区、市）和新疆生产建设兵团建设工程消防设计审查验收工作进展，2021年各级住房和城乡建设主管部门共计受理32.2万余件建设工程消防设计审查验收申请，办结30.6万余件，办结率由2020年的91%提升到95%。2021年3月至11月，答复了陕西、四川、西藏、内蒙古、广东等省（区）住房和城乡建设厅关于专业工程、开工报告、标准适用等方面问题的请示。6月至10月，在广州、成都、西安、唐山开展4期建设工程消防设计审查验收政策宣传贯彻及能力建设培训，各级住房和城乡建设部门共500人参加。

**及时推广经验。** 2021年3月，印发建设工作简报《新疆开展消防审验专项整治编制建设工程消防十四五规划》。4月印发建设工作简报《安徽建章立制 强化落实 奋力谱写建设工程消防设计审查验收改革新篇章》。10月印发建设工作简报《南京多措并举破解既有建筑改造利用消防审验难题》。12月印发建设工作简报《陕甘两省加强部门协作 理顺专业工程消防审验各项工作》《河南、江苏、吉林、景德镇多地积极推动建设工程消防设计审查验收工作》。

## （二）质量安全

2021年，住房和城乡建设部认真贯彻落实习近平总书记重要批示精神，认真贯彻落实习近平总书记等中央领导同志关于质量安全的重要指示批示精神和党中央重大决策部署。推动工程质量安全监管行业高质量发展，完善质量保障体系，提升建筑工程品质，促进行业绿色发展，推动工程技术进步，加强法制化规范化管理，提升抗震防灾能力，防范和化解各类风险挑战，健全重大安全风险防范机制，持续开展建筑施工安全专项整治，深入开展"安全生产月"活动，持续开展疫情隔离观察场所风险隐患专项排查整治等。

**1. 深入学习贯彻落实习近平总书记重要指示批示精神和党中央重大决策部署**

深刻领会习近平总书记重要指示批示精神，认真研究制定贯彻落实方案，迅速有力、保质保量贯彻落实，针对重点问题开展长效机制建设。2021年，配合办理了习近平总书记关于湖北十堰"6·13"燃气爆炸事故的重要批示件、习近平总书记关于河南"7·21"强降雨的重要批示件。

**深入贯彻落实习近平总书记关于安全生产的重要指示批示精神。** 习近平总书记强调生命重于泰山，要求层层压实责任，强化风险防控，从根本上消除事故隐患，有效遏制重特大事故发生。党的十九届五中全会将"统筹发展和安全两件大事，实现更为安全的发展"纳入经济社会发展的指导思想和原则。针对近年来我国房屋安全事故多发的情况，全面梳理我国城镇既有房屋安全现状，针对城镇房屋全生命周期管理制度不健全、城镇既有房屋安全管理责任不明确、工作基础薄弱等问题，研究提出下一步工作思路；深入开展"两违"专项清查工作，对进展延迟地区实施约谈。组织各地住房和城乡建设主管部门观看《正风反腐就在身边》第三集《坚守铁规》，要求深刻汲取福建泉州欣佳酒店"3·7"坍塌事故教训，力戒"两违"清查工作形式主义、官僚主义。分3个批次对各省（区、市）和新疆生产建设兵团全覆盖进行视频督导，督促地方不留死角完成相关工作。

**深入贯彻落实习近平总书记关于北京冬奥会筹办系列重要指示精神和视察北京冬奥会筹办工作重要讲话精神。** 认真履行冬奥会工作领导小组、交通工作协调小组成员单位职责，牵头推进住房和城乡建设部相关任务。将张家口市列为住房和城乡建设部生态修复城市修补试点城市，填补城市公共服务设施和基础设施短板；根据冬奥会交通用车能源补给需求，发布电动汽车充电站设计规范、电池更换站设计规范、分散充电设施技术标准以及汽车加油加气加氢站技术标准等国家标准；抽取部分冬奥项目结构设计图纸，组织开展线上建筑工程勘察设计质量抽查工作；统筹疫情防控和监督指导工作，召开视频督导会议、建立电话督导机制，时刻紧盯冬奥会场馆建筑建设、运行安全风险防控工作进展。

**核查了解有关项目违规使用不合格海砂情况**。部署开展沿海、沿长江15个省（区、市）违规海砂排查整治行动，排查整治项目3.4万个，建筑面积16.8亿平方米，实施行政处罚69起；对浙江、广西等10省（区）开展预拌混凝土质量及海砂使用专项抽查，抽查30个在建建筑工程及相关预拌混凝土生产企业，对2个项目和1家混凝土生产企业下发执法建议书。

**持续深入学习贯彻党中央关于全面推进乡村振兴和巩固拓展脱贫攻坚成果要求**。赴湖北麻城市督促当地落细落实过渡期各项帮扶政策措施，做好麻城定点帮扶工作。工程质量安全监管司党支部与八磊石村党总支深化支部共建，强化党建引领作用，向部分留守儿童捐赠书籍及文体用品，向部分贫困家庭赠送被褥和粮油。在举办的工程质量管理培训、建筑施工安全监管人员培训以及全国房屋建筑和市政设施调查技术培训中，向定点帮扶地区倾斜参训名额，进一步提高帮扶地区基层干部与技术人才的业务素质和监管部门的工作水平。

### 2. 推动工程质量安全监管行业高质量发展

**完善质量保障体系，提升建筑工程品质**。研究起草关于进一步加强工程质量监督管理工作的通知，加快完善工程质量监督机制；开展全国住房和城乡建设系统"质量月"暨工程质量监督论坛活动，宣传展示我国质量监督工作40年工作成就，激发监督人员干事创业使命感，推动监督队伍转型发展；积极推进建筑工程质量评价试点，完善评价指标体系和实施方案；开展工程质量保险顶层设计研究，提出加快发展质量保险的措施建议；为住房和城乡建设系统纪检监察机构视频远程教育培训作"加强专项监督与业务监管有机结合，促进工程质量检测行业健康发展"的专题报告；修订印发《建设工程勘察质量管理办法》，完善勘察质量责任体系；创新勘察设计质量监管方式，对7个省的100个项目开展勘察设计质量线上"无感"检查；持续推进人工智能审图和 BIM 审图试点，提升审查效率和审查质量。

**促进行业绿色发展，推动工程技术进步。**印发《绿色建造技术导则（试行）》，为绿色建造试点工作提供技术支撑；指导 3 个试点地区因地制宜推进绿色建造试点工作，制定试点工作实施方案、确定试点项目、开展相关标准体系和技术研究工作。组织开展《施工现场建筑垃圾减量化技术标准》编制工作；编制工程勘察设计行业发展"十四五"规划；组织编制《2021—2025 年建筑业信息化发展纲要》；组织开展第十批全国工程勘察设计大师评选工作。

**加强法制化规范化管理，提升抗震防灾能力。**推进抗震管理法治化建设，《建设工程抗震管理条例》已于 2021 年 9 月 1 日起施行。加快条例配套制度、规范性文件和技术标准修订工作，完成《超限高层建筑工程抗震设防管理规定》修订送审稿，启动《建筑工程抗震设防分类标准》《建筑抗震设计规范》修订工作。扎实推进第一次全国自然灾害综合风险普查房屋建筑和市政设施调查工作，基本完成试点县区调查任务。统筹拟定全国调查总体安排，督促各地加快进度、加强全过程数据质量管控，推进全国房屋建筑和市政设施全面调查。妥善开展地震应急响应和处置，云南漾濞、青海玛多等地发生较大地震后，加强值守，跟踪了解震情灾情，及时启动应急响应。指导各地开展全国防灾减灾日宣传活动和应急演练。

**3. 防范和化解各类风险挑战**

**健全重大安全风险防范机制。**印发《危险性较大的分部分项工程专项施工方案编制指南》《房屋建筑和市政基础设施工程危及生产安全施工工艺、设备和材料淘汰目录（第一批）》，起草《房屋市政工程施工安全重大事故隐患判定标准》。推动落实城市轨道交通工程建设单位质量安全首要责任，印发《城市轨道交通工程基坑、隧道施工坍塌防范导则》，推广应用《城市轨道交通工程建设安全生产标准化管理技术指南》《城市轨道交通工程地质风险控制技术指南》，提升风险防控能力和标准化管理水平。组织开发并启用全国工程质量安全监管信息平台，实现跨层级、跨地域、跨部门间信息共享和业务协同，截至 2021 年底已共享施工企业安全生产许可证信息57.82万条、安全生产管理人员考核证书信息880.81万条、特种作业人员操作证信息283.42万条、项目安全监管信息25.16万条，进一步提升了工程质量安全监管信息化水平。

**持续开展建筑施工安全专项整治。** 先后组织开展对9个省（区、市）的房屋市政工程施工安全监督检查。检查房屋建筑和城市轨道交通工程项目53个，发出书面整改意见建议811条，整改率100%。2021年，较大及以上事故起数15起、死亡人数65人，同比分别下降31.82%和26.97%，年度较大及以上事故起数首次少于20起。

**深入开展"安全生产月"活动。** 赴项目工地向企业员工提供安全生产法律法规、安全生产知识等咨询服务。指导全国各地开展宣传活动，向不少于1000个工程项目、10万从业人员提供建筑施工安全和工人权益保障等方面的宣传咨询服务。依托新媒体对住房和城乡建设系统"安全生产月""质量月"活动情况进行现场直播，共计26.3万人在线收看。组织开展城市轨道交通工程质量安全管理培训，集中学习《生命重于泰山——学习习近平总书记关于安全生产重要论述》专题片主要内容，聚焦突出问题破解难点痛点，现场观摩指导汛期城市轨道交通工程突发隧道坍塌应急演练。

**持续开展疫情隔离观察场所风险隐患专项排查整治。** 指导地方建立常态化疫情隔离观察场所和在建工程集中居住场所安全风险隐患专项排查整治机制和定期上报制度。截至2021年12月底，排查疫情隔离观察场所5.77万余栋，督促地方第一时间完成安全隐患房屋整改或人员撤离。

**协调统筹国务院安委会有关工作。** 制定住房和城乡建设部2021年安全生产工作要点，部署开展住建领域安全生产隐患排查整治，扎实推进安全生产专项整治三年行动。组织迎接国务院安委会对住房和城乡建设部安全生产工作考核，牵头制定整改方案。指导地方妥善处置赛格大厦振动事件，指导地方开展苏州四季开源酒店"7·12"坍塌重大事故、珠海石景山隧道"7·15"透水重大事故应急处置工作。做好安全生产预警提醒和突发事件（故）应急处置工作，在重要节假日和敏感时期、特殊时段指导地方密切关注各类突发事件，按照应急预案迅速采取应急措施并及时上报有关信息。组织开展对安委会各成员单位和地方住房城乡建设主管部门突发事故应急处置培训，加强住房城乡建设领域安全生产和突发事故应对能力。

### （三）标准定额

2021年，住房和城乡建设部工程建设标准化改革取得新进展，加快推进住房和城乡建设领域38项全文强制性工程规范编制，做好重点标准编制工作，加强工程建设标准管理，推进标准国际化工作，积极推动城乡绿色低碳发展，加强城乡建设绿色低碳发展的顶层制度建设，大力推广绿色建筑发展，装配式建筑快速发展，绿色建材加快应用，扎实做好工程造价管理相关工作，持续推进工程造价市场化改革，推进工程造价行政审批制度改革。

#### 1. 工程建设标准化改革取得新进展

**加快推进住房和城乡建设领域38项全文强制性工程规范编制。**完成住房和城乡建设领域38项全文强制性工程建设规范审查工作，加强其他重要技术标准编制工作，发布《建筑环境通用规范》GB 55016—2021、《建筑节能与可再生能源利用通用规范》GB 55015—2021等22项规范。

**做好重点标准编制工作。**一是开展城市运行管理服务平台、城市信息模型基础平台、市容环卫、海绵城市建设等相关标准立项、编制修订及协调工作。印发《关于集中式租赁住房建设适用标准的通知》，为集中式租赁住房设计、施工、验收等提供工程建设标准依据。二是强化医疗防疫、冬奥保障等领域重要标准编制工作。会同国家卫健委印发《关于印发医学隔离观察临时设施设计导则（试行）的通知》（国卫办规划函〔2021〕261号），进一步落实新冠肺炎疫情常态化防控工作要求。按冬奥组委交通协调小组分工，发布国家标准《汽车加油加气加氢站技术标准》GB 50156—2021、《加氢站技术规范（2021年版）》GB 50516—2010，满足冬奥交通设施建设需求。

**加强工程建设标准管理。**一是印发2021年工程建设规范标准编制及相关工作计划，统筹安排全年标准编制修订工作。全年共发布国家标准40项。批准发布行业标准16项、建设标准2项。报送国标委24项产品国家标准建议项目、37项碳达峰碳中和国家标准建议项目。二是做好标准日常管理。组织开展对《城镇燃气调压箱》GB 27791—2020、《燃气采暖热水炉》GB 25034—2020两项强制性国家标准实施情况统计分析试点。组织开展2021年度国家标准复审和2022年国家、行业标准立项申报。持续推进工业领域工程建设标准化改革，指导电子等行业开展强制性国家工程规范编制工作。全年完成135项标准公开征求意见、149项行业标准备案、856项地方标准备案。三是指导筹建国家技术标准创新基地（建筑工程），建立健全创新基地组织机构及管理制度，促进建筑工程标准、科技和产业创新融合。

**推进标准国际化工作。**一是参与国际标准制定。发布国际标准2项，牵头编制国际标准14项，申报国际标准新立项项目9项。二是申请设立国际标准化组织。住房和城乡建设部组织申报的装配式建筑分技术委员会已获国际标准化组织批准成立，正在申请成立供热管网标准新技术委员会。三是培育标准国际化人才，推荐3名专家参与国际标准起草工作。四是推动中国标准走出去。依托"走出去"工程项目，开展标准翻译工作，批准发布中译英标准22项。完成财政部世界银行贷款项目"中国工程建设标准'一带一路'国际化政策研究"。五是指导支持广西、上海等地开展标准国际化工作。

### 2. 积极推动城乡绿色低碳发展

**加强城乡建设绿色低碳发展的顶层制度建设。**一是做好《关于推动城乡建设绿色发展的意见》印发和宣传落实工作。按照中央办公厅、国务院办公厅要求，全力做好文件印发的沟通协调工作。2021年7月，中央办公厅、国务院办公厅印发《关于推动城乡建设绿色发展的意见》后，认真做好学习贯彻落实工作，在国务院新闻办公室召开新闻发布会，邀请专家对文件进行交流解读，起草文件分工和落实方案。二是组织开展碳达峰、碳中和研究，起草《城乡建设领域碳达峰实施方案》，研究编制绿色低碳城市、绿色低碳县城、绿色低碳社区、绿色低碳乡村、绿色低碳项目等考核指标体系，明确推动建筑领域碳达峰、碳中和的工作目标、重点任务和保障措施。三是推动绿色城市试点示范，会同中国人民银行、中国银保监会，指导青岛市召开绿色城市建设发展试点推进会。四是起草了同山东省、海南省的推进城乡建设绿色发展合作框架协议。

**大力推广绿色建筑发展。**一是起草《"十四五"建筑节能与绿色建筑发展规划》，广泛征求意见并修改完善。二是印发了《绿色建筑标识管理办法》，启动三星级绿色建筑标识申报工作，组织开展绿色建筑标识设计，开发"绿色建筑标识管理信息系统"。三是按照"我为群众办实事"实践活动要求，指导中国房地产业协会向公众印发《绿色住宅购房人验房要点》、发布宣传视频、向会员单位印发《房地产开发企业为购房人提供验房查阅资料的倡议书》，为购房人提供了验房指导。四是组织召开"湖州市绿色建筑和绿色金融协同发展工作推进会"，持续推动绿色金融与绿色建筑协同发展。五是配合开展2021年北方地区冬季清洁取暖项目竞争性评审、推进消费能源消耗总量和强度双控行动、光伏试点示范等工作。

**3. 装配式建筑发展为建筑业转型升级提供有效助力**

**装配式建筑快速发展。**一是构建了"1+3"标准化设计和生产体系，编制报批《装配式住宅设计选型标准》JGJ/T 494—2022，发布实施《装配式混凝土结构住宅主要构件尺寸指南》《住宅装配化装修主要部品部件尺寸指南》《钢结构住宅主要构件尺寸指南》，引领设计单位实施标准化正向设计，指导生产单位开展标准化批量生产，进一步降低装配式建筑造价成本，提升综合效率和效益优势。二是组织相关单位开展"新型建筑工业化技术体系研究"，梳理成熟可靠有应用前景的技术体系，及其相应的装配施工和高效连接技术，全面提升施工质量和效益。三是组织编制《装配式钢结构模块建筑技术导则》，加快在应急医疗、营房哨所、学校办公等领域的推广应用，打造钢结构建筑发展新亮点。

**绿色建材加快应用。**一是会同财政部深入推进政府采购绿色建材促进建筑品质提升试点工作，目前已落实试点项目209个，投资额达到1025亿元。其中，绍兴市先行先试，将工程建设与政府采购政策有效结合，既通过集中采购降低了成本，还促进了绿色建材应用和建筑品质提升。二是会同国家市场监督管理总局、工业和信息化部加快推进绿色建材评价认证和推广应用，截至2021年12月底，3114个建材产品已获得绿色建材评价标识。

**4. 扎实做好工程造价管理相关工作**

**持续推进工程造价市场化改革工作。**配合国务院政策研究室，分别于2020年12月和2021年4月两次赴深圳、广州、上海和南京调研，与当地发改、财政、审计、住房和城乡建设等部门以及相关企业座谈30余次。多次组织和参加改革交流研讨会，跟踪造价改革情况。分别于2021年7月、10月，召开省级工程造价管理机构工作会和工程造价管理培训视频会，统一改革思路，交流工作经验，分析存在的问题和困难。完成《构筑物工程工程量计算规范》GB 50860—2013等5本工程量计算规范审查工作。2021年12月印发《建筑工程施工发包与承包计价管理办法》（修订征求意见稿）、《建设工程工程量清单计价标准》（征求意见稿），向全社会征求意见。

**推进工程造价行政审批制度改革。**贯彻落实《国务院关于深化"证照分离"改革进一步激发市场主体发展活力的通知》（国发〔2021〕7号）精神，印发《住房和城乡建设部办公厅关于取消工程造价咨询企业资质审批加强事中事后监管的通知》（建办标〔2021〕26号），自2021年7月1日起，停止工程造价咨询企业资质审批，工程造价咨询企业按照其营业执照经营范围开展业务，行政机关、企事业单位、行业组织不得要求企业提供工程造价咨询企业资质证明。2021年12月印发《工程造价咨询业管理办法》（征求意见稿），向全社会征求意见。

## （四）地方举措

**1. 发展智能建造促进数字化转型**

**重庆市现代建筑产业发展"十四五"规划明确大力发展智能建造。**2021年12月31日，重庆市住房和城乡建设委员会联合重庆市经济和信息化委员会发布《重庆市现代建筑产业发展"十四五"规划（2021—2025年）》，明确提出大力推进工业化建造、智能建造和绿色建造，努力培育现代建筑产业，加快推进建筑产业现代化。重点是构建适应未来建筑业发展的全产业链产业体系，明确产业发展重点、布局规划和培育任务措施，引导行业、企业转型发展。其中发展智能建造，促进数字化转型是主要任务之一，明确大力发展智能生产制造，推进数字车间、智能工厂、智慧园区建设，打造现代建筑数字信息的载体，实现建设全过程的信息传递和交互；全面推进智能设计施工，以工程项目建设各环节数字化为基础，以大力发展建筑工业化为载体，推动智能建造与建筑工业化协同发展；逐步推广智能运营维护，在建筑全生命周期中探索智能监测、智能建筑技术应用。

### 专栏1-3：《重庆市现代建筑产业发展"十四五"规划（2021—2025年）》（摘要）

发展智能建造，促进数字化转型

- 大力发展智能生产制造。推进数字车间、智能工厂、智慧园区建设，打造现代建筑数字信息的载体，实现建设全过程的信息传递和交互。开展智能生产试点示范，引导企业在研发设计、生产制造、物流配送、市场营销、售后服务、企业管理等环节推广应用数字化、智能化系统，加快推动物联网、智能工业机器人、手持智能终端设备、3D打印等技术在现代建筑部品部件生产过程中应用，推进生产装备智能化升级、工艺流程改造和基础数据共享，推动我市建筑业高质量发展。

- 全面推进智能设计施工。以工程项目建设各环节数字化为基础，以大力发展建筑工业化为载体，推动智能建造与建筑工业化协同发展。重点推进BIM技术全过程应用、电子签名签章技术、施工作业与施工管理行为数字化应用技术、施工现场5G+物联网技术以及智能化机具设备等智能建造技术的集成应用，开展智能建造示范项目建设，引导智能建造技术应用，推动形成数据驱动下的工程项目设计、生产、施工一体化的建造与服务新模式，达到提升建造品质、缩短工期、节约资源、控制成本的目标。

- 逐步推广智能运营维护。在建筑全生命周期中探索智能监测、智能建筑技术应用。建立智能监测信息系统，衔接建造阶段与运行阶段的数据信息，打破参建单位与运营维护单位间的信息壁垒，实现全市重点建设项目运营状况"一张图"管理，解决建筑运营安全、维护决策等技术难题。普及物联网技术在建筑产品终端中的应用，加强智能化应用系统与建筑功能的协调配合，推广智能建筑设备产品系统和智能安防产品系统，加强智能家居产品推广应用，提升居住的舒适性、便利性和安全性。

• 加快推进智能监督管理。推进大数据智能化技术在行业治理和政务服务领域全过程各环节的应用，整合全市住房城乡建设领域的资源，实时采集设计监管类、房屋管理类、市政设施类工程档案，实时监测汇总征收、设计、施工、竣工、交易和运维项目全生命周期情况，以信息化、数据化提升管理与服务能力，做到"用数据说话、用数据管理、用数据决策、用数据创新"，进一步提升住房城乡建设领域工作效率和水平，为创新治理模式提供数据服务工具和手段。

**江苏省泰州市把 BIM 技术作为转型发展的关键增量**。近年来，泰州市住房和城乡建设局在国产化平台建设、技术规范完善、项目落地、人才培养以及宣传推广等方面作了许多富有成效的探索。泰州市住房和城乡建设局会同构力、新点等国内知名软件企业，打造 BIM 发展新载体，以国产化 BIMBase 平台为核心，研制开发泰州市 BIM 协同管理平台，建立 XDB 国产化底层数据标准，推动 BIM 技术在工程概预算、审图、招标投标、项目管理和交房等各阶段的应用，既实现了一体化管理，又保证了数据的安全收集和存储。完善技术规范，构建 BIM 发展新体系，主持编制《江苏省民用建筑信息模型施工应用标准》，BIM 技术体系建设步入全省先进行列。强化项目落地，培育 BIM 发展新范例，5 个项目被认定为江苏省 BIM 技术应用试点、示范项目。创新人才培养，集聚 BIM 发展新动能，组织建筑企业负责人赴住房和城乡建设部干部学院、同济大学、重庆大学等知名院校开展封闭培训。注重宣传推广，成功举办两届中国·泰州 BIM 工程技术峰会，让建筑行业更多地理解 BIM、接受 BIM、应用 BIM。

**2. 深化建设工程组织实施方式改革**

**福建省开展工程总承包延伸全产业链试点**。福建省住房和城乡建设厅 2021—2023 年选定 11 个国有投资的房屋建筑和市政基础设施工程项目开展工程总承包延伸全产业链试点，支持试点项目应用新技术、新工艺、新材料，鼓励创建优质工程，提升工程项目管理水平；支持企业及时总结实践经验，编制企业标准和施工工法，典型示范成果可优先转化地方标准。

> **专栏 1-4：福建省《关于开展工程总承包延伸全产业链试点的通知》（摘要）**
>
> 试点项目根据项目特点以及下列延伸全产业链的内容，确定不少于两项试点内容：
>
> • 从传统的设计、采购、施工等实行全过程的工程总承包承包方式，向投融资方向或后续运营维护延伸。其中，工程总承包项目向投融资方向延伸，应当符合国家现行产业政策，不得增加政府隐性债务。
>
> • 建造全过程应用 BIM 技术。在设计、施工、运维环节中实际应用 BIM 技术，突出数字化、模数化设计，并形成 BIM 成果文件在施工、竣工验收等环节有效传递，并实现交互建设单位运营维护管理使用。优先采用自主可控的国产化 BIM 软件，强化 BIM 设计协同和虚拟化施工水平，BIM 成果文件深度应满足国家和我省规定的各阶段模型深度要求。
>
> • 实施智慧工地管理。使用"智慧工地"集成技术，重点包括：门禁、人脸、视频监控、扬尘噪声以及塔吊、施工电梯等特种设备的智能化管理；项目施工过程资料、验收资料、建设工程档案等实施数字化管理；积极运用人工智能等新技术，突出对深基坑、高支模、建筑起重机械等危险性较大的分部分项工程实施安全隐患预警监测管理；积极开展 BIM ＋第五代移动通信技术（5G）、虚拟现实（VR）、地理信息系统（GIS）、无人机等技术在施工场景、装配式装修等场景中的应用；在施工过程中探索应用建筑机器人，提升机械化水平。

**浙江省加快培育工程总承包骨干企业。** 浙江省住房和城乡建设厅会同浙江省发展改革委共同制定了《关于进一步推进房屋建筑和市政基础设施项目工程总承包发展的实施意见》，以规范性文件的形式对房屋建筑和市政基础设施项目工程总承包发展提出了新要求，自 2021 年 3 月 1 日起施行。提出要营造鼓励工程总承包发展的市场环境，加快培育工程总承包骨干企业。到 2022 年，全省培育 80 家以上具有独立工程总承包综合管理能力的骨干企业，发挥其引领示范作用。到 2025 年，全省培育 200 家以上具有独立工程总承包综合管理能力的骨干企业，其中在国内外有影响力的工程总承包企业 50 家以上，工程总承包配套政策基本健全，工程总承包市场基本成熟。

**四川省进一步加强房屋建筑和市政基础设施工程总承包监督管理。**为贯彻落实中共中央办公厅、国务院办公厅《关于推动城乡建设绿色发展的意见》，推进工程总承包专项审计调查、发现问题整改落实，深化建设项目组织实施方式改革，推动工程总承包市场健康发展，提升工程建设质量和效益。进一步规范项目决策审批程序，加强全省房屋建筑和市政基础设施工程总承包监督管理，积极培育工程总承包市场，推动建筑业结构调整和转型升级。

**江西省加快培育全过程工程咨询服务市场。**为贯彻落实《国家发展改革委 住房城乡建设部关于推进全过程工程咨询服务发展的指导意见》（发改投资规〔2019〕515 号）、《江西省人民政府办公厅关于促进建筑业转型升级高质量发展的意见》等文件精神，推动江西省工程咨询服务行业转型升级高质量发展，不断提高投资效益、工程建设质量和运营效率，江西省在房屋建筑和市政基础设施领域加快推进全过程工程咨询服务发展提出实施意见，力争到 2025 年基本形成统一开放、竞争有序的全过程工程咨询服务市场。

---

**专栏 1-5：江西省《关于加快推进我省全过程工程咨询服务发展的实施意见》（摘要）**

工作任务

- 重视投资咨询。投资决策环节在项目建设程序中具有统领作用，对项目顺利实施、有效控制和高效利用投资至关重要。鼓励投资者在投资决策环节委托工程咨询单位提供投资决策综合性咨询服务，统筹考虑影响项目可行性的各种因素，增强决策论证的协调性。落实项目单位投资决策自主权和主体责任，鼓励项目单位加强可行性研究，对国家法律法规和产业政策、行政审批中要求的专项评价评估等一并纳入可行性研究统筹论证，提高决策科学化。鼓励工程咨询单位牵头提供或会同具备相应资格的机构联合提供投资决策综合性咨询服务。各地要建立并联审批、联合审批机制，提高审批效率，并通过通用综合性咨询成果、审查一套综合性申报材料，提高并联审批、联合审批的操作性。

- 创新委托方式。全过程工程咨询服务应当由一家具有综合能力的咨询单位实施，也可由多家具有招标代理、勘察、设计、监理、造价、项目管理、投资咨询等不同能力的咨询单位联合实施。由多家咨询单位联合实施的，应当明确牵头单位及各单位的权利、义务和责任。建设单位委托全过程工程咨询单位后，在委托范围内的服务内容，不再另行单独委托其他工程咨询服务单位。全过程工程咨询应采用综合评估方式确定中标单位，探索对全过程工程咨询采用评定分离的评标方式，避免采取降低咨询服务酬金的方式进行市场竞争，禁止恶意低价市场竞争行为。依法不需招标的项目可以直接委托符合条件的全过程工程咨询服务单位实施。鼓励民间投资项目直接委托开展全过程工程咨询工作。建设单位应与咨询单位签订书面委托合同；全过程工程咨询服务合同可用于办理建设工程相关手续。

- 探索计费模式。全过程工程咨询服务酬金可在项目投资列支，由投资者或建设单位与咨询单位根据工程项目的规模、复杂程度、服务范围、内容和期限等进行约定；也可依据所包含的具体服务事项，通过项目投资中列支的投资咨询、招标代理、勘察、设计、监理、造价、项目管理等费用进行支付。全过程工程咨询服务酬金在项目投资中列支的，所对应的单项咨询服务费用不再列支。全过程工程咨询服务酬金可按各专项服务酬金叠加后再增加相应统筹管理费用计取，也可按人工成本加酬金方式计取。鼓励咨询单位通过优化设计方案节约工程投资。鼓励投资者或建设单位根据咨询服务节约的投资额对咨询单位予以奖励。

**黑龙江省政府投资工程项目引领推进全过程工程咨询模式。** 依据《国务院办公厅关于促进建筑业持续健康发展的意见》（国办发〔2017〕19号）、黑龙江省《关于促进建筑业改革发展的实施意见》等有关文件要求，黑龙江省住房和城乡建设厅印发《关于在全省房屋建筑和市政基础设施领域工程项目实行工程总承包和全过程工程咨询服务的函》，明确全省房屋建筑和市政基础设施领域工程项目实行工程总承包和全过程工程咨询服务有关事宜，提出政府投资工程要发挥引导作用，政府投资或国有投资占主导的建筑面积1万平方米及以上的教育、卫生、科技、体育、文旅、棚改、公租房等房屋建筑工程，政府投资或国有投资占主导的总投资额1000万元及以上市政基础设施综合性工程，总投资额1000万元及以上的城镇老旧小区改造工程，装配式建筑工程应当采用全过程咨询服务模式，服务内容根据情况可采取"1+N"模式，即"项目管理＋工程勘察、工程设计、工程监理、造价咨询、招标代理"等不同组合项咨询服务。实施时间自2021年3月1日起，各地上述实施范围内的房屋建筑和市政基础设施领域工程项目，应当采用工程总承包和全过程工程咨询模式。政府投资工程项目应当率先实施，推行新的工程建设组织模式已经纳入2021年全省住建领域重点目标任务，对实施范围内的项目实施阶段性跟踪调度，并根据实施情况在下个年度计划安排中，建议省政府增减相关政策与支持资金。

### 3. 加快推动装配式建筑发展

**广东省推动装配式建筑提质扩面。** "十三五"期间，广东省装配式建筑扎实推进，全省累计新建装配式建筑面积超过1.08亿平方米，累计竣工装配式建筑超2488.53万平方米。全省获批2个国家示范（范例）城市、21个国家级产业基地和1个国家钢结构装配式住宅建设试点项目，认定3个省级示范城市、83个省级产业基地、42个省级示范项目。《广东省建筑业"十四五"发展规划》明确"十四五"时期广东省装配式建筑面积占新建建筑面积的比例达到30%。推动装配式建筑提质扩面成为《广东省建筑节能与绿色建筑发展"十四五"规划》五大重点任务之一，规划要求完善政策体系，建立装配式建筑标准化部品部件库、项目库、产业链企业库和人才库。加大推广力度，按建筑类型支持采用相适应的装配式建造方式。提升装配式建筑品质，引导构件和部品部件标准化生产，推动复杂构件工厂化生产，提升装配式建筑品质，做大做强装配式建筑全产业集群。

**专栏1-6：《广东省建筑业"十四五"发展规划》（摘要）**

着力推广新型建造方式，提升产业现代化水平。

- 积极推进新型建筑工业化，大力发展装配式建筑。建立完善覆盖设计、生产、施工和使用维护全过程，并具有岭南特色的广东装配式建筑标准规范体系。开展装配化装修试点示范，推广应用整体厨卫等集成模块化部件，积极发展成品住宅。积极推动装配式建筑工程项目开展全过程咨询。大力推广装配式建筑，政府投资工程带头发展装配式建筑，保障性住房、大型公共建筑项目原则上应实施装配式建筑。到2025年，珠三角地区城市装配式建筑占新建建筑面积比例达到35%以上，常住人口超过300万的粤东西北地级市中心城区达到30%以上，其他地区达到20%以上。大力支持以国家装配式建筑产业基地为核心基础的建筑工业化智能科技园项目落地实施。推动学校、医院等公共建筑优先采用钢结构，积极推进湛江钢结构住宅试点建设，培育一批钢结构建筑和装配式混凝土建筑产业基地。积极探索装配式建造适宜技术在市政、轨道交通、园林、村镇建设及城市更新等领域的应用。

**广西壮族自治区开展装配式建筑部品部件补贴。**为加快推动装配式建筑发展，广西壮族自治区住房和城乡建设厅发布《自治区住房城乡建设厅关于开展装配式建筑部品部件补贴申报工作的通知》，决定开展装配式建筑部品部件补贴，将补贴总金额2000万元。在广西注册并已建成投产的、厂房面积大于1万平方米、设计年产能大于3万立方米的装配式PC产业基地和厂房面积大于1万平方米、设计年产能大于2万吨的钢结构建筑产业基地,建立构件生产管理系统与信息数据库,具有完善的构件质量追溯体系,构件具有唯一性标识的,均能申报补贴。补贴内容为上述产业基地生产的2021年用于建筑项目主体结构的预制混凝土、钢部品部件(不包括轻质墙板)。

**四川省印发五年行动方案提升装配式建筑发展质量。**四川省住房和城乡建设厅印发《提升装配式建筑发展质量五年行动方案》明确到2025年,全省新开工装配式建筑占新建建筑40%,装配式建筑单体建筑装配率不低于50%,建成一批A级及以上高装配率的绿色建筑示范项目;建筑工业化、数字化、智能化升级进一步加快,智能建造与建筑工业化协同发展的政策体系和产业体系基本建立,推动形成一批装配式建筑骨干企业。四川省住房和城乡建设厅印发的《2022年全省推进装配式建筑发展工作要点》提出,2022年,全省新开工装配式建筑5800万平方米,其中新开工钢结构装配式住宅50万平方米;成都、广安、乐山、眉山、宜宾、西昌6个试点城市新开工一批A级装配式建筑;全省新增10个省级装配式建筑产业基地。

**云南省分类推进装配式建筑产业发展。**为促进装配式建筑产业有序健康发展,鼓励和带动建筑业转型升级和高质量发展,云南省住房和城乡建设厅印发《关于进一步促进装配式建筑产业健康发展的通知》,就进一步促进装配式建筑产业健康发展提出了八方面要求:分类推进装配式建筑产业发展、鼓励更多建筑采用装配式技术体系、推广成熟适用技术、推进建筑全装修、优化审查服务流程、加大政策支持力度、营造良好环境氛围、完善产业规划体系。在分类推进装配式建筑产业发展中要求新建政府投资公益性建筑和市政设施,原则上应采用装配式建造方式,鼓励和引导社会投资工程建设项目采用装配式建造方式。

**黑龙江省细化增强支持政策协同推进装配式建筑发展。**为加快推广装配式建筑,促进建筑业转型升级,推动新型建筑工业化发展,黑龙江省印发《关于加快推进装配式建筑发展若干政策措施的通知》,通知明确了总体目标,即力争全省装配式建筑在"十四五"期末占城镇新建建筑面积比例达到30%,分区域制定了发展目标。在2017年制定包括土地保障、招商优惠、科技扶持、财政奖补、税费优惠、金融服务、行业支持、交管支持、技术服务九项政策外，2021年对相关政策进一步细化、增强，制定了包括在容积率、商品房预售、招标投标、保证金、承揽等级、税费、环保、科技推广、道路运输、金融扶持、信用评价、评奖评优共十二项政策。

**海南省全方位推动装配式建筑高质量绿色发展。**近四年，海南省装配式建筑项目以逐年翻番的态势快速推进，2021年新开工装配式建筑面积达2280万平方米，占新建建筑的比例达50.7%，装配式建筑发展取得积极成效。截至2021年底，海南全省已投产的构件生产基地共30家，还有6家在建和2家拟建的生产基地投入布局。2022年5月，海南省发布《海南省人民政府办公厅关于进一步推进我省装配式建筑高质量绿色发展的若干意见》，提出2022年海南省将继续加大力度推广装配式建筑建造和应用，力争装配式建筑在新建建筑中占比超过60%，此后逐年提升，到2025年，新开工的装配式建筑占新建建筑的比例大于80%。

**新疆维吾尔自治区出台办法推动装配式建筑发展。**新疆维吾尔自治区住房和城乡建设厅印发《自治区装配式建筑产业基地及示范项目管理办法》和《自治区装配式建筑评价办法》，明确了装配式建筑产业基地和示范项目的申报和评定程序，产业基地分为园区类产业基地和企业类产业基地，评定为自治区级产业基地和示范项目的，优先推荐申报国家级装配式建筑产业基地和示范项目，享受自治区相关支持政策。

**4. 推动绿色建筑高质量发展**

**北京市进一步规范绿色建筑标识管理。**北京市住房和城乡建设委员会印发《北京市绿色建筑标识管理办法》，进一步明确认定标准，新建民用建筑绿色三星级标识认定采用国家《绿色建筑评价标准》GB/T 50378 2019，一二星级标识认定采用京津冀区域协同工程建设标准《绿色建筑评价标准》DB11/T 825—2021；新建绿色工业建筑认定采用国家《绿色工业建筑评价标准》GB/T 50878—2013；既有建筑绿色改造认定采用国家《既有建筑绿色改造评价标准》GB/T 51141—2015。绿色建筑标识认定时间为竣工验收备案以后，绿色建筑标识证书由授予部门制作或核发电子证书，标牌由申请单位按照制作指南自行制作。

**专栏 1-7：《北京市绿色建筑标识管理办法》（摘要）**

总则

- 绿色建筑标识星级由低至高分为一星级、二星级和三星级 3 个级别。

- 新建民用建筑三星级标识认定采用国家《绿色建筑评价标准》GB/T 50378—2019，一、二星级标识认定采用京津冀区域协同工程建设标准《绿色建筑评价标准》DB11/T 825—2021；新建工业建筑采用《绿色工业建筑评价标准》GB/T 50878—2013；既有建筑改造采用《既有建筑绿色改造评价标准》GB/T 51141—2015。

- 北京市住房和城乡建设委员会（以下简称"市住房城乡建设委"）负责全市绿色建筑标识管理工作，负责建立完善北京市绿色建筑标识管理信息系统，编制绿色建筑评价标准，认定城市副中心区域以外二星级绿色建筑并授予标识，向住房和城乡建设部推荐三星级绿色建筑项目，指导各区开展绿色建筑标识认定工作；北京市规划和自然资源委员会（以下简称"市规划自然资源委"）和市住房城乡建设委共同组建北京市绿色建筑专家委员会，共同制定完善本市绿色建筑专家委员会管理相关制度。北京城市副中心管理委员会（以下简称"副中心管委会"）负责认定城市副中心区域内二星级绿色建筑并授予标识。区住房城乡建设主管部门（含北京经济技术开发区开发建设局）负责认定本区一星级绿色建筑并授予标识。市规划自然资源委各分局配合区住房城乡建设主管部门，负责本区绿色建筑规划设计阶段的管理工作。

- 绿色建筑标识认定所需经费应列入市、区住房城乡建设主管部门、副中心管委会部门年度预算。

- 涉密项目及不能通过标识管理信息系统进行绿色建筑标识申报的项目，采用线下评审方式认定，提交材料及认定程序参照第二章要求执行。涉密项目认定过程应遵循工程项目保密要求。其他线下评审项目认定结果信息应及时上报至标识管理信息系统。

认定程序

- 申报绿色建筑标识的项目应具备以下条件：（一）已通过建设工程竣工验收并完成竣工验收备案；（二）自评估满足国家或地方绿色建筑相关评价标准相应等级要求。

**福建省建立绿色建筑标识分级管理规则。** 福建省住房和城乡建设厅印发《福建省绿色建筑标识管理实施细则》，进一步规范绿色建筑标识管理工作。该细则建立了绿色建筑标识认定分级管理规则，规定了标识认定申报条件和标识认定工作程序，并规定统一标识式样及编号规则，完善惩罚机制，强化专家库管理，建立信息上报机制等。对获得绿色建筑标识的项目，优先推荐参加各类工程奖项评选，并鼓励通过预评价、绿色履约保险、绿色性能保险等方式申请绿色金融服务。

**重庆市推动绿色建筑产业与绿色金融协同发展。** 重庆市住房和城乡建设委员会、中国人民银行重庆营业管理部、中国银行保险监督管理委员会重庆监管局联合出台《重庆市绿色建筑产业与绿色金融协同发展工作试点方案》，要求创新绿色金融服务，支持建筑行业绿色发展，确保碳达峰、碳中和目标如期实现。重庆市将争取到2025年，全市城镇新建建筑中绿色建筑面积占比达到100%，装配式建筑占新建建筑比例不低于30%，绿色建材应用比例不低于70%。

**山东省出台指导意见，将绿色建筑相关标准纳入施工图设计文件审查范围。** 山东省住房和城乡建设厅印发《关于进一步加强施工图设计文件审查工作的指导意见》，明确各级监管部门要监督指导审查机构，充分发挥施工图审查政策性把关作用，将绿色建筑相关标准纳入了施工图设计文件审查范围，将施工图设计文件执行《山东省绿色建筑促进办法》《绿色建筑设计标准》DB11/T 938—2012等规章和标准规范情况纳入审查范围，确保政府投资和以政府投资为主的公共建筑以及其他大型公共建筑，达到二星级及以上绿色建筑标准，其他民用建筑全面执行《绿色建筑设计标准》DB11/T 938—2012；政府投资和国有资金投资的建筑工程全面采用装配式建筑，学校、医院等公共建筑原则上采用装配式钢结构设计。

**多地明确绿色建筑发展"十四五"目标。**《广东省建筑节能与绿色建筑发展"十四五"规划》提出,提升建筑节能降碳水平,到2025年,广东省将完成既有建筑节能绿化改造面积3000万平方米以上,建设岭南特色超低能耗及近零能耗建筑300万平方米,新增建筑太阳能光伏装机容量200万千瓦时,城镇建筑可再生能源替代率达到8%,建筑用能结构逐步优化,建筑能耗中电力消费比例超过80%。发展星级绿色建筑,推动珠江三角洲地区成为绿色建筑发展新高地,全省城镇新增绿色建筑中星级绿色建筑占比超过30%,城镇新建建筑中装配式建筑比例达到30%,预拌混凝土企业绿色生产全面达标,新型墙材在城镇新建建筑中得到全面应用,绿色建材应用比例大幅提升。"十四五"时期,江苏省绿色建筑将坚定不移走生态优先、绿色低碳发展之路,将从提升新建建筑绿色性能、改善既有建筑绿色品质、扩大示范工作综合效益、推进新型建筑工业化创新发展、突出科技创新引领等方面重点推进绿色建筑高质量发展。

**深圳经济特区开启绿建运行管理新模式。**深圳市发布《深圳经济特区绿色建筑条例》,其中有多项涉及运行管理的相关内容。绿色建筑规划、建设、运行、改造、拆除的全生命周期中,运行时间是最长的,也是建筑发挥绿色性能体现绿色价值的关键时期。该条例不仅对绿色建筑运行相关的责任主体、工程移交、运行要求、能耗标准、过程监督和激励政策等各环节进行了具体约定,同时还将绿色建筑运行产业纳入战略新兴产业。在政策方面,从产业定位到扶持政策、再到技术研究与成果转化等对绿建产业做了全产业链、全方位的规划。

### 5. 推进工程质量安全保险

**山东省青岛市崂山区推出住宅工程质量安全综合保险试点。**青岛市住房和城乡建设局、青岛市崂山区财政局、青岛市崂山区自然资源局和青岛市崂山区地方金融监督管理局联合先后印发《青岛市住宅工程质量潜在缺陷保险试点工作实施方案》和《青岛市住宅工程质量潜在缺陷保险实施细则(试行)》,推动青岛市住宅工程质量潜在缺陷保险工作。探索形成建筑工程质量安全综合保险的创新模式——"质安保"模式,全国首创的住宅工程质量安全综合保险试点工作全面启动。"质安保"

的实施,发挥了商业保险市场化风险管理和经济制衡机制的作用,对落实住宅工程质量、安全管理责任、防范和化解工程风险、全面提升政府管理效能具有重大的现实意义。

### 专栏1-8:山东省青岛市《崂山区住宅工程质量安全综合保险试点实施方案》(摘要)

承保范围和期限

• 住宅工程质量安全保险的承保范围为:

(一)地基基础工程和主体结构工程

(二)围护结构保温工程

(三)防水工程

(四)装饰装修工程

(五)电气管线、给水排水管道、设备安装工程

(六)供热与供冷系统工程

(七)因生产安全事故或施工意外事故导致的以下损失:

1. 从业人员人身损害伤亡;

2. 第三者人身损害伤亡;

3. 因采取紧急抢险救援措施而支出的合理、必要的人身救援费用;

4. 法律诉讼费用。

赔偿额度为:从业人员和第三者人身伤亡每人赔偿限额100万元人民币;每人医疗费用赔偿限额10万元人民币;人身救援费用每次事故赔偿限额10万元人民币;法律诉讼费用每次事故赔偿限额为10万人民币。

上述第(一)项保险期限为十年,第(二)、(三)项不少于五年,第(四)、(五)项为两年,第(六)项为两个采暖期、供冷期,第(七)项保险期限为建设工程施工周期。

质量保证金设立

• 投保工程质量潜在缺陷保险的,除本实施方案第四条规定的预留保证金情形外,建设单位不再另外设立施工单位的建设工程

质量保证金。

承保模式

• 工程质量安全保险的承保采取共保模式。共保应当遵守统一保险条款、统一费率、统一理赔服务、统一信息平台的共保要求。

风险管理内容及形式

• 风险管理机构应当根据保险责任内容实施检查。风险管理范围应涵盖建筑工程的实施全过程,包括勘察、设计、施工、调试、竣工验收、使用和维护等。风险管理内容按照项目进程可以分为建设期和回访期两个阶段,建设期自工程勘察、设计、施工至竣工验收日止,回访期自工程竣工验收后至保险责任起算日止。

信息平台

• 保险公司应当提供住宅工程质量安全保险信息平台,所有承保住宅工程质量安全保险的保险公司应将保险合同、委托服务合同、风险管理服务方案、检查报告、质量安全隐患排查问题记录、投诉处理记录、年度评估报告和理赔信息等录入该信息平台,并对风险管理、隐患排查、出险理赔情况进行统计分析,定期向区住房城乡建设行政主管部门、保险监管部门报告。该平台应当经区住房城乡建设行政主管部门认可,能够实现与区住房城乡建设行政主管部门数据交换,区住房城乡建设行政主管部门按照职责分工,对该信息平台相应业务进行监管。

**浙江省绍兴市推进安全生产责任保险**。绍兴市将商业保险的风险专业化控制和社会保障功能引入安全生产监管体系,以"安全+保险+服务"的模式,形成政府主导、企业负责、社会化保障的风险防控体系,构建完善建筑施工安全生产风险防范长效机制。从2021年6月1日起,全市行政区域内新开工的新建、改建、扩建房屋建筑与市政基础设施工程项目均由相应的建筑施工企业以项目为单位办理安全生产责任保险。

**6. 推动建筑工程质量检测评价**

**广西壮族自治区积极开展探索建筑工程质量评价**。广西采用委托第三方实施评价的方式，对全区所有设区市实施"全覆盖"评价，并在每个设区市延伸评价1~2个县（市、区）。评价内容分为建筑工程区域质量综合评价、实体质量评价、质量用户满意度评价、扣分项评价、加分项评价5个方面，实施成效良好。为强化房屋建筑和市政基础设施工程质量安全监管力度，进一步完善质量安全保障体系，提升建筑品质，并制定《广西壮族自治区房屋建筑和市政基础设施工程现场质量安全监督评价办法（试行）》。

**专栏1-9：《广西壮族自治区房屋建筑和市政基础设施工程现场质量安全监督评价办法（试行）》（摘要）**

总则

- 本办法所称现场质量安全监督评价（以下统称"监督评价"），是指在建筑工程建设过程中，由评价部门对责任主体履行质量安全管理职责情况采取量化计分的监管方式。包含对责任主体监督评价信息的采集、录入、异议处理等工作。本办法所称责任主体，是指在建建筑工程项目（以下统称"项目"）施工单位和监理单位。

- 评价部门根据本办法计分标准开展监督评价，在每个评价周期按"双随机、一公开"检查方式对施工现场进行监督评价，监督评价内容应当覆盖建筑工程现场质量安全监督评价指标。本办法所称评价周期，是指项目施工周期，即从项目开工至竣工（完工）的时间或按照建筑工程施工、监理合同完成相关工作的时间。

评价内容及计分办法

- 监督评价从项目责任主体的现场管理行为、工程实体质量、工程施工安全和文明施工管理等方面进行。具体评价指标由自治区住房城乡建设主管部门根据现行法律法规、标准规范、规范性文件和专项工作部署要求确定，必要时可进行调整更新。

评价信息的录入、异议处理和审核

- 施工主体已完成工程项目设计和合同约定的各项内容且已提交工程竣工报告，有下列情形之一的，可由责任主体在质量安全监督系统向项目所在地评价部门提出项目完工登记申请；工程竣工预验收后，因建设单位原因无法按期组织竣工验收的；工程项目已竣工验收合格交付使用的。

评价结果的应用

- 实行差异化监管制度。各级住房城乡建设主管部门应对辖区内在建项目监督评价计分值进行内部排名，将评价计分值排名靠前的项目列为监督检查重点对象，建立差异化监管机制。自治区住房城乡建设主管部门将参照监督评价计分值对责任主体实行信用评价和差异化监管。

**7. 切实保障建筑行业农民工工资支付**

**安徽省建立长效机制，切实保障建筑行业农民工工资支付。** 安徽省住房和城乡建设厅下发通知，要求建立长效机制，切实保障建筑行业农民工工资支付工作。施工总承包企业或分包企业要依法与所招用的农民工订立劳动合同，依托建筑工人实名制管理服务平台实施用工实名登记。凡未实行实名制信息登记的建筑农民工（包括临时建筑劳务人员），不得进入施工现场。房屋建筑和市政基础设施工程建设项目开工前，施工总承包企业应在符合条件的商业银行开设农民工工资专用账户，并按监管要求规范工资专用账户名称。建设单位对农民工工资支付承担首要责任，施工总承包企业对农民工工资支付承担主体责任。

**专栏1-10：安徽省《关于建立长效机制切实保障建筑行业农民工工资支付工作的通知》（摘要）**

- 实名管理制度。严格实行建筑行业农民工劳动用工实名制管理。施工总承包企业或分包企业要依法与所招用的农民工订立劳动合同，依托建筑工人实名制管理服务平台实施用工实名登记。凡未实行实名制信息登记的建筑农民工（包括临时建筑劳务人员），不得进入施工现场。对实名制登记制度不落实的施工总承包企业，一经查实，责令限期改正，并记录不良信用；逾期不改正的，按管理权限依法依规给予施工总承包企业限制承接新工程、降低资质等级、吊销资质证书等处理。柔性用工管理,分岗位确定用工年龄,避免建筑行业农民工"超龄"一刀切;对"超龄"工人定期进行健康检查、加强安全教育。施工总承包企业、分包企业要建立用工管理台账,并保存至工程完工且工资全部结清后至少3年。

• 工资专用账户制度。房建和市政工程建设项目开工前,施工总承包企业应在符合条件的商业银行开设农民工工资专用账户,并按监管要求规范工资专用账户名称。施工总承包企业在项目所在地有2个及以上工程项目同时在建的,可开设新的专用账户,也可在符合监管要求的情况下,在已有的专用账户下按项目进行管理。凡未设立专用账户或开设专用账户但未使用及专用账户资金未专项用于支付农民工工资的,一经查实,责令限期改正,并记录不良信用;逾期不改正的,按管理权限依法依规给予施工总承包企业限制承接新工程、降低资质等级、吊销资质证书等处理。

• 人工费分账制度。建设单位要严格落实人工费用与其他工程款分账管理的要求,按照合同约定和实际施工进度,按月将人工费用足额拨付至本项目开设的农民工工资专用账户。按照施工过程结算的相关规定,建设单位每月拨付人工费原则上不低于当月工程结算款的20%;按照合同约定,当月不具备结算和计量条件的,拨付人工费原则上不低于工程造价总额÷计划工期(月)×20%。凡人工费分账制度不落实的建设单位,一经查实,责令限期改正,并记录不良信用;逾期不改正的,依法依规给予罚款等处罚;涉及政府投资项目的建设单位,除依法承担责任外,及时移交人力资源社会保障部门和其他有关部门,按照《保障农民工工资支付条例》及相关法律、法规规定处理。

• 总承包企业代发制度。房建和市政工程建设项目实行分包企业农民工工资委托施工总承包企业代发制度。分包企业要依托建筑工人实名制管理服务平台，按月考核农民工工作量并编制工资支付表，经农民工本人签字确认后，与当月工程进度等情况一并交施工总承包企业，由施工总承包企业通过农民工工资专用账户，直接将工资支付到农民工本人的社会保障卡或银行卡，任何单位及个人不得以任何理由扣押或变相扣押。严禁施工总承包企业将工资款打入分包企业账户。对违反代发制度的总承包企业，一经查实，责令限期改正，并记录不良信用；逾期不改正的，按管理权限依法依规给予施工总承包企业限制承接新工程、降低资质等级、吊销资质证书等处罚。

- 工资保证金制度。房建和市政工程建设项目开工前，施工总承包企业要按照当地人社部门的规定，在指定的商业银行账户中存储工资保证金，专项用于支付为所承包工程提供劳动的农民工被拖欠的工资。工资保证金实行差异化管理，对三年内未发生工资拖欠的企业实行免交，对发生工资拖欠的企业适当提高存储比例。推行工资保证金以银行保函、保证保险方式缴纳。施工总承包企业未按规定存储工资保证金或者未提供金融机构保函的，一经查实，责令限期改正，并记录不良信用；逾期不改正的，按管理权限依法依规给予施工总承包企业限制承接新工程、降低资质等级、吊销资质证书等处罚。

- 先行垫付和清偿制度。建设单位对农民工工资支付承担首要责任，施工总承包企业对农民工工资支付承担主体责任。建设单位未按照合同约定足额、按时拨付工程进度款导致农民工工资拖欠的，由建设单位以未结清的工程款为限先行垫付被拖欠的农民工工资。对拒不垫付的建设单位，记录不良信用；涉及政府投资项目的，记录不良信用，及时移交人力资源社会保障部门和其他有关部门，按照《保障农民工工资支付条例》及相关法律、法规规定处理。建设单位已按合同约定足额、按时拨付工程进度款、结算款，但施工总承包企业未及时代发，导致农民工工资拖欠的，由施工总承包企业清偿；涉及分包企业拖欠农民工工资、项目转包拖欠农民工工资的，由施工总承包企业先行清偿，再依法进行追偿。对拒不先行清偿的施工总承包企业，一经查实，责令限期改正，并记录不良信用；逾期不改正的，按管理权限依法依规给予施工总承包企业限制承接新工程、降低资质等级、吊销资质证书等处罚。

• 维权公示制度。施工总承包企业要在施工现场醒目位置设立维权信息告示牌，明示规定事项，并每月公示农民工签字确认的工资支付表。对违反维权公示制度的施工总承包企业，一经查实，责令限期改正，并记录不良信用；逾期不改正的，按规定给予罚款处罚。

• 分级建立农民工工资支付异常名录。省、市、县（市、区）住房城乡建设主管部门要分级建立建设单位、施工企业农民工工资支付异常名录，报送同级人力资源社会保障部门备案。

**湖南省湘潭市出台实施细则，保障农民工工资按时足额支付。** 湖南省湘潭市住房和城乡建设局、市人力资源和社会保障局联合印发《湘潭市住房和城乡建设领域农民工工资支付保障管理实施细则》，规范住房和城乡建设领域各方责任主体农民工工资支付行为，强化源头管控和责任追究，保障农民工工资按时足额支付到位。为确保农民工工资专户从开设起就有足够的实时余额以保障后续农民工工资支付，实施细则设定了农民工工资专户预存标准。

### 8. 推进建筑市场信用体系建设

**浙江省发布建筑施工企业信用评价的实施意见。** 浙江省住房和城乡建设厅印发《浙江省建筑施工企业信用评价的实施意见》，对具有建筑工程、市政公用工程施工总承包资质的建筑施工企业，在全省范围内实施信用评价，采取省级评分市级评级的方式，企业信用评价分根据信用管理系统采集的信用信息量化计算形成日信用综合评价分值。企业信用综合评价等级分 A、B、C、D、E 五个信用等级，具体划分标准由各设区市住房城乡建设主管部门确定并向社会公布。

**专栏 1-11：浙江省住房和城乡建设厅印发《浙江省建筑施工企业信用评价的实施意见》(摘要)**

• 建筑施工企业信用评价采用打分制，由企业基本信息分（40分）、良好信息加分（40分）、不良信息扣分（70分）三部分组成，满分150分。

• 企业基本信息分由基础能力分、项目基本信息分、工程业绩分三部分组成，满分40分。

基础能力分，建筑施工企业同时具有有效的营业执照、建筑业企业资质证书、安全生产许可证得初始分15分，缺一项即不得分。

项目基本信息分，按浙江省建筑市场公共服务管理平台上录入的在建工程项目基本信息得分，企业所有在建项目信息（平台要求的必填字段）完整的得初始分15分，存在若干项目信息不完整则按项目个数平均计算扣分。

工程业绩分，按企业有效工程项目数量及规模评分，满分10分。浙江省建筑市场公共服务管理平台中具有施工许可证的工程项目，自施工许可证发放之日起24个月内为有效工程项目。工程项目数量评分，每个项目得0.5分，最高得5分。工程规模评分，按合同确定的工程造价以下列规则计算：建筑工程，累计3000万元得0.5分（不足3000万元按3000万元计算、超过3000万元不足6000万元按6000万元计算，以此类推），满分5分；市政公用工程，累计1000万元得0.5分（不足1000万元按1000万元计算、超过1000万元不足2000万元按2000万元计算，以此类推），满分5分。

• 良好信息加分，对照《建筑施工企业良好信息加分标准》评分，最高40分。

同一企业的同一工程具有同一性质不同级别良好信息的，按最高级别标准加分，不作累计加分。

• 不良信息扣分，根据企业被依法认定的违法行为对照《建筑施工企业不良信息扣分标准》扣分，初始分70分。

同一企业的同一事项涉及多个扣分标准的，按照扣分最高标准执行，不作累计扣分。

- 根据信用管理应用中的数据，自动生成企业日信用综合评价分值。对应评价分值将企业信用分A、B、C、D、E五个等级，具体划分标准由各设区市住房城乡建设主管部门确定并向社会公布。

**广东省珠海市出台建筑市场信用红黑名单管理办法。** 珠海市住房和城乡建设局出台《珠海市建筑市场信用红黑名单管理办法》。该办法规定了三类评价名单，分别是建筑市场"信用红名单""信用黑名单预警"和"信用黑名单"。纳入"信用红名单"的市场主体，在评价有效期内采取八种激励措施，对纳入"信用黑名单"的市场主体，在评价有效期内采取七种惩戒措施。

### 9. 大力推进房屋市政工程安全生产治理

**北京市强化"五个结合"，筑牢安全防线。** 北京市住房和城乡建设委员会在全市住房和城乡建设系统开展房屋市政工程安全生产治理行动，提出"五个结合"，一是将房屋市政工程安全生产治理行动与工程安全质量状况测评相结合；二是将房屋市政工程安全生产治理行动与项目风险分级管控和隐患排查治理相结合；三是将房屋市政工程安全生产治理行动与"智慧工地"创建相结合，明确鼓励企业科技创新，推动行业加快转型升级，提升施工现场人防物防技防水平，实现"智慧管理、智慧创安、智慧提质、智慧增绿、智慧创卫、智能建造"；四是将房屋市政工程安全生产治理行动与企业和注册人员市场行为信用评价相结合；五是将房屋市政工程安全生产治理行动与老旧小区改造工程相结合。

---

**专栏1-12：《北京市住房城乡建设系统房屋市政工程安全生产治理行动实施方案》（摘要）**

- 严控危险性较大的分部分项工程。认真对照《危险性较大的分部分项工程安全管理规定》（住房和城乡建设部令第37号）和我市实施细则认真梳理安全管控体系，完善健全危险性较大的分部分项工程安全管理机制。严格执行危大工程专项方案编制、审查、审批、论证等程序，严密组织专项施工方案实施、情况跟踪和工程验收，加强监测预警，确保危大工程安全风险受控。市区住房城乡建设部门重点加强对危大工程安全生产管理制度落实情况、专项施工方案论证和执行情况、施工现场安全管理情况等检查，依法实施暂扣施工企业安全生产许可证等行政处罚。

- 抓好8小时外安全生产管理工作。突出对材料生产、施工过程、试验检测等关键工作的追溯管理，加强混凝土浇筑、取样、制样、送样以及土方回填、防水工程、外墙保温工程等隐蔽工程、隐蔽环节影像资料的留存移交管理，逐步实现施工现场可视化共享。按照《关于加强工程质量影像追溯管理的通知》要求，强化监督检查过程中对施工影像资料的抽查，切实推动施工质量安全管理人员在夜间、节假日等8小时以外履职尽责，落实管理人员值班、领导带班制度，促进企业质量安全主体责任落实。落实《关于加强建设工程"四新"安全质量管理工作的通知》要求，突出"四新"使用的风险管控，确保"四新"技术产品使用安全。

- 强化建筑起重机械安全管理。加强起重机械的源头监督和管控工作，对新设备和新进入数据库的新型号进行有针对性的检查，加强起重机械租赁企业生产条件核查。组织开展起重机械设备专项检查，鼓励利用购买服务方式，加大对在施工程起重设备、电动吊篮等设备安全检测，加大问题企业的查处力度。推动建筑起重机械安全管理智能化建设。

- 突出老旧小区改造工程建设管理。落实我市《关于进一步加强老旧小区改造工程建设组织管理的意见》《关于做好城镇老旧小区改造工程安全管理工作的通知》《关于进一步加强老旧小区更新改造工程质量管理工作的通知》《关于优化和完善老旧小区综合整治项目招标投标工作的通知》《北京市老旧小区改造工程施工现场安全生产标准化图集（2022版）》等文件要求，围绕老旧小区"带户作业"和群众工作核心，优化招标投标市场行为，强化施工组织管理，提升工程质量安全管理标准化水平，加强工程验收、移交和保修，采用专项检查、监督抽查、信用管理等开展工程监督管理。

**江西省预防高处坠落坍塌物体打击事故。**江西省住房和城乡建设厅印发《关于开展全省房屋市政工程预防高处坠落、坍塌、物体打击事故专项整治行动的通知》，在全省开展房屋市政工程预防高处坠落、坍塌、物体打击事故专项整治行动，使全省房屋市政工程建设领域施工现场安全防护不到位、安全教育岗前培训和技术交底不到位、施工现场违章作业、违章指挥和违反劳动纪律等突出问题得到有效治理，"三类事故"多发态势得到有效遏制，事故发生数明显下降，确保2022年全省房屋市政工程安全生产形势总体平稳可控。

10. 加强工程消防设计审查验收监督管理

**陕西省开展建设工程消防设计审查验收抽查，并明确审查分工。**陕西省住房和城乡建设厅印发《2021年陕西省建设工程消防设计审查验收抽查工作方案》。为进一步做好建设项目工程设计方案总平面图审查中有关消防设计事宜，做好建设工程消防安全的规划、设计、建设和使用的有效衔接，夯实各单位消防安全责任。陕西省住房和城乡建设厅、省自然资源厅印发《关于强化建设项目工程设计方案总平面图消防设计审查有关事项的通知》，要求各级住房和城乡建设、自然资源主管部门进一步细化责任，明确分工，严把建设项目工程设计方案总平面图审查关。

### 专栏1-13：《2021年陕西省建设工程消防设计审查验收抽查工作方案》（摘要）

- 抽查方式

省住房和城乡建设厅按照工程性质、所在地域、火灾危险性，依托"陕西省建设工程消防设计审查验收备案技术服务平台"，抽取具有代表性、典型性的建设工程项目。

消防设计审查采取线上随机抽取项目，线上查看项目资料方式；消防验收、验收备案采取线上抽取项目，线上查看资料与线下现场实地查看项目实施情况相结合方式。

- 消防设计审查类

1. 技术审查内容

（1）消防设计文件完整性、编制深度要求；

(2) 消防设计文件执行国家工程建设消防技术标准强制性条文情况；

(3) 消防设计文件内容符合国家工程建设消防技术标准中带有"严禁""必须""应""不应""不得"要求的非强制性条文规定的情况；

(4) 施工图联合审查报告中消防设计技术审查执行有关要求；

(5) 总平面图消防设计；

(6) 应当进行专家评审、防火论证而未进行专家评审；

(7) 是否存在超过图审范围的情况。

2. 程序合法性检查内容

消防设计审查意见书填写规范、要素齐全。

- 消防验收/备案抽查类

1. 技术审查内容

(1) 现场评定内容同消防设计审查合格的消防设计文件一致性；

(2) 建设工程消防竣工图纸的齐全、完整性；

(3) 建设单位组织竣工验收进行消防查验并编制工程竣工验收报告各项内容的完整性；

(4) 现场评定中执行国家工程建设消防技术标准强制性条文情况；

(5) 有距离、高度、宽度、长度、面积、厚度等要求的内容，其与设计图纸标示的数值误差满足国家工程建设消防技术标准的要求；国家工程建设消防技术标准没有数值误差要求的，误差不超过5%，且不影响正常使用功能和消防安全的情况。

2. 程序合法性检查内容

(1) 对消防验收/备案抽查的申请材料齐全、符合法定形式的情况，包含《特殊建设工程消防验收申请表》《建设工程消防验收备案表》；

(2) 消防验收现场评定记录；

(3) 消防验收意见书填写规范、要素齐全。

**黑龙江省出台多项简化优化措施，切实落实"放管服"。** 黑龙江省住房和城乡建设厅从精简消防设计审查验收要件、简化消防设计审查验收程序、优化消防设计审查验收标准三个方面制定出台了多项具体优化措施，切实落实"放管服"。坚持简化优化，提升审批效率。坚持分类施策，完善审查标准。区域业态调整的消防设施改造工程可执行原消防设计审查合格时的消防技术标准。坚持立足现状，整治遗留项目。坚持一事一策，破解验收难题。

**山东省青岛市印发消防验收"八项措施"助力提升审批服务效能。** 为进一步优化营商环境、提升审批服务效能，山东省青岛市住房和城乡建设局印发《优化城市更新中建设工程消防验收八项措施》，持续深化建设工程消防验收领域改革创新，助力城市更新和城市建设三年行动。八项措施包括试行告知承诺制、落实"照图验收"、推行分期分阶段消防验收、加强前置指导服务、强化专家队伍建设、完善消防验收信息化建设、夯实参建单位主体责任、培树优质企业等。

**新疆维吾尔自治区开展消防审验专项整治，编制建设工程消防"十四五"规划。** 新疆结合实际，对2012年11月1日以来未履行建设工程消防设计审查、消防验收及备案抽查法定程序的房屋建筑工程，开展全区消防设计审查验收问题专项排查整治工作，摸清建筑工程消防安全问题底数，积极整改，从源头上消除安全隐患。编制全区建设工程消防"十四五"规划，健全法规制度体系建设，强化技术标准建设，升级优化信息化系统，提供"不见面审批"服务，培养和引进一批建设工程消防技术领域高端人才，建立人才培养基地。

**安徽省加强建章立制，强化落实，严格监督管理。** 安徽省住房和城乡建设厅注重发挥法治建设的引领和示范作用，陆续出台《安徽省建设工程消防设计审查验收管理实施办法》《安徽省建设工程消防技术专家库管理办法》《关于建立建设项目消防工程信息共享机制有关工作的通知》等政策文件，内容覆盖机构设置、流程规范、专家使用、人员管理、信息共享、监督管理等方面。加强和规范事中事后监管，细化建设工程消防设计验收的行政处罚裁量基准，指导督促各地依法依规开展工作。

**江苏省聚焦常见技术难题释疑解惑，为企业群众办实事、办好事。**江苏省住房和城乡建设厅印发《江苏省建设工程消防设计审查验收常见技术难点问题解答》，包括建筑、给水排水、电气、暖通、其他共5个部分303条问答，采用一问一答的案例形式，对疑难问题进行详细解答。同时，结合职业能力建设，分片区先后在南京、苏州、徐州等地开展4次宣贯培训，受到各级住房和城乡建设主管部门、施工图审查机构和设计单位、施工单位等工程参建各方的欢迎。

**陕西省、甘肃省加强部门协作，理顺专业工程消防审验各项工作。**加强与铁路、水利、能源化工等专业工程行业主管部门沟通协作，制定完善制度措施，建立健全长效机制，勇于担当、主动作为，推动多部门跨行业联动，逐步理顺专业工程消防审验各项工作。陕西省住房和城乡建设厅与国网陕西省电力有限公司联合起草通知，明确变配电工程消防设计审查验收有关事项，对大中型变配电工程的类别划分、消防审验权责归属和审批程序作出规定。同时依托国网电力技术力量，组织制订《变配电消防设计文件编制和审查要点》，指导电力行业消防设计文件规范编制。甘肃省住房和城乡建设厅在《甘肃省建设工程消防设计文件技术审查要点》（第三册：水利、水电、电力工程）基础上，多次与省水利厅沟通，研究推进水利、水电工程消防审验工作，进一步明晰双方职责边界，共同配合做好相关工作，努力消除水利、水电工程消防安全隐患。

**南京市多措并举破解既有建筑改造利用消防审验难题。**南京市积极落实住房和城乡建设部探索既有建筑改造利用消防审验简化优化路径的要求，多措并举破解突出难题，进一步激发城市存量建筑发展活力，助力城市有机更新。印发《关于做好既有建筑装饰装修工程网格化排查治理工作的通知》，发挥应急管理、房产、规划、城管等部门的协调机制作用，形成监管合力，落实监管责任。印发《既有建筑改造消防设计审查工作指南》，作为消防设计审查验收的依据，尊重历史客观条件的基础上，在强化"物防"和"技防"上做好功课，结合改造范围、改造内容、功能转换等因素，制定科学合理的技术依据。

**江西省景德镇市守正创新，有效破解老城区老厂区既有建筑改造利

**用消防审验痛点难点。**景德镇市制定《景德镇市历史城区修缮保护及老厂区老厂房更新改造工程项目消防管理暂行规定》，探索建立政府统一组织、部门齐抓共管老城区老厂区消防审验管理模式，成功破解耐火等级低、防火间距不足、疏散宽度不够等既有建筑更新改造消防审验管理难题。在陶阳里建国瓷厂和御窑厂片区建筑消防设计项目中，编制消防设计指引，采用火灾模拟软件（PyroSim）和人员疏散模拟软件（Pathfinder）进行消防安全评估，通过提出结合建筑自然边界和改造需求，合理划分防火控制区及防火组团、拆除部分质量较差建筑及不协调建筑、局部打通断头路、在防火组团之间设置马头墙、对每个防火组团建筑面积进行控制、设置整体安全疏散区域、合理建设微型消防站等措施，整体提高街区消防安全条件。

# 第二章　中国建筑业发展状况

2021年，在以习近平同志为核心的党中央坚强领导下，我国建筑业弘扬伟大建党精神，全力以赴建设疫情防控设施，扎实推进保障性住房建设，积极参与城市更新行动，加快推动建筑产业转型升级，发展质量和效益不断提高，产业规模持续扩大，吸纳就业能力保持稳定，有力支撑了新型城镇化建设，建筑市场主体持续壮大，国际竞争力不断提升，实现了"十四五"良好开局。

## 一、发展特点

### （一）支柱产业地位依然稳固

2021年，全国建筑业企业（指具有资质等级的总承包和专业承包建筑业企业，不含劳务分包建筑业企业，下同）完成建筑业总产值293079亿元，同比增长11.04%；完成竣工产值134523亿元，同比增长10.12%；签订合同总额656887亿元，同比增长10.29%，其中新签合同额344558亿元，同比增长5.96%；房屋施工面积157.55亿平方米，同比增长5.41%；房屋竣工面积40.83亿平方米，同比下降6.11%；实现利润8554亿元，同比增长1.26%。截至2021年底，全国有施工活动的建筑业企业128746个，同比增长10.31%；从业人数5283人，比上年末减少84万人，同比下降1.56%；按建筑业总产值计算的劳动生产率为473191元/人，同比增长11.89%。

2021年，全年国内生产总值114.4万亿元，比上年增长8.1%（按不变价格计算），全年全社会建筑业实现增加值80138亿元，比上年增长2.1%。自2012年以来，建筑业增加值占国内生产总值的比例始终保持在6.85%以上，2021年虽有所下降，仍然达到了7.01%（图2-1），建筑业国民经济支柱产业的地位稳固。

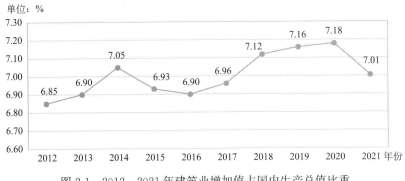

图 2-1　2012—2021 年建筑业增加值占国内生产总值比重

## （二）建筑业总产值持续增长

2021 年，我国固定资产投资（不含农户）增长 4.9%，其中基础设施投资增长 0.4%，增速进一步放缓。建筑业总产值是 2012 年的 2 倍多，增速比上年提高了 4.80 个百分点（图 2-2、表 2-1）。2021 年，全国建筑业企业签订合同总额增速比上年增长了 1.02 个百分点，在连续三年下降后出现回升。其中，本年新签合同额增速比上年下降 6.46 个百分点。本年新签合同额占签订合同总额比例为 52.45%，比上年下降了 2.15 个百分点。全国建筑业企业房屋施工面积 157.55 亿平方米，比上年增长 5.41%，增速比上年提高了 1.72 个百分点，连续两年保持增长。竣工面

图 2-2　2012—2021 年建筑业总产值及增速

积40.83亿平方米，结束了连续四年的下降态势，比上年增长6.11%。

2012—2021年建筑业总产值规模及增速　　　　表2-1

| 年份<br>内容 | 2012年 | 2013年 | 2014年 | 2015年 | 2016年 | 2017年 | 2018年 | 2019年 | 2020年 | 2021年 |
| --- | --- | --- | --- | --- | --- | --- | --- | --- | --- | --- |
| 建筑业总产值（万亿元） | 13.72 | 16.04 | 17.67 | 18.08 | 19.36 | 21.39 | 22.58 | 24.84 | 26.39 | 29.31 |
| 建筑业总产值增速(%) | 17.82 | 16.87 | 10.19 | 2.29 | 7.09 | 10.53 | 5.55 | 10.02 | 6.24 | 11.04 |

数据来源：国家统计局。

### （三）智能建造取得成效

2021年，我国智能建造产业进入项目试点应用阶段，越来越多的建筑企业意识到智能建造是提升核心竞争力的关键，智能建造技术也将成为引领未来建筑业从传统迈向智能时代的重要技术之一。重庆、上海、佛山、深圳的7个项目开展智能建造试点工作，涉及多家大型建筑企业承建的项目，对落实企业加大贯穿于设计、生产、管理、服务等建造活动的各个环节的智能建造应用具有推动作用。《中国建筑业信息化发展报告（2021）》聚焦智能建造，展现当前建筑业智能化实践，探索建筑业高质量发展路径；《智能建造与新型建筑工业化协同发展可复制经验做法清单（第一批）》总结了各省市在发展数字设计、推广智能生产、推动智能施工、建设建筑产业互联网平台、研发应用建筑机器人等智能建造设备、加强统筹协作和政策支持6项工作板块的经验做法，对智能建造的未来发展具有相当强的指导意义。经企业申报、地方推荐、专家评审，住房和城乡建设部确定124个案例为第一批智能建造新技术新产品创新服务典型案例，总结推广智能建造可复制经验做法，指导各地住房和城乡建设主管部门及企业全面了解、科学选用智能建造技术和产品。

### （四）新型建筑工业化不断推进

建筑业实现"碳达峰，碳中和"目标，新型建筑工业化是重要的技术途径。以装配式建筑为代表的新型建筑工业化是建筑产业转型升级的重要抓手，自住房和城乡建设部等9部门联合印发《关于加快新型建筑工业化发展的若干意见》后，为促进钢木结构装配式建筑技术的推广应用，国家层面先后发布、修订了多项相关标准，包括《装配式钢结构建筑技术标准》GB/T 51232—2016、《装配式钢结构住宅建筑技术标准》JGJ/T 469—2019、《装配式木结构建筑技术标准》GB/T 51233—2016等，多地也陆续发布实施了地方技术标准。随着钢木结构装配式建筑技术、标准等体系的不断建立与完善，钢木结构装配式建筑也逐渐步入良性发展。各地政府和相关企业纷纷响应，政府层面陆续发布了推进当地新型建筑工业化发展的相关政策文件，各地公布的地方版"十四五"规划建议中，也都将发展以装配式建筑为代表的新型建筑工业化作为建筑产业转型升级的重要抓手。企业层面也进一步加大了相关技术体系的研发和投入力度。一些企业主动布局投资成立新公司以提高产能，并积极寻求多方合作。长江精工钢结构（集团）股份有限公司在浙江省绍兴市投资建设装配式钢结构建筑全生命周期项目管理服务融合示范基地，总投资4.5亿元，预计达产后新增装配式建筑产能40万平方米。目前，行业内已研发出较为多元的装配式建筑技术体系。"长三角区域新型建筑工业化协同发展联盟"在沪宣告正式成立，长三角三省一市加快装配式建筑推进步伐，各项工作都取得长足进步，长三角区域全面推进新型建筑工业化已具备良好发展基础，区域内形成比较完整的产业链，涵盖研发、设计、生产、施工、采购、运营等全过程，并逐步体现出设计研发在装配式建筑发展中的引领作用。"长三角新型建筑工业化产教联盟"在南通成立，通过对高等职业院校和产业链企业的资源整合，推进建筑人才的培养。

**（五）制度改革进一步深化**

面对全球局势复杂动荡多变、经济下行压力持续加大的形势，建筑业迫切需要推动高质量发展，聚焦建筑工业化、智能建造和绿色建造提质增效，切实通过改革创新推动行业转型升级。我国建筑工业化整体上仍处于探索发展阶段，目前行业推动建立以标准部品为基础的专业化、规模化、信息化生产体系，打造建筑产业平台，推广应用钢结构构件和预制混凝土构件智能制造生产线；加大BIM（建筑信息模型）、物联网、大数据、云计算、5G（第五代移动通信技术）、人工智能等新技术的集成与创新应用；提升各类施工机具的性能和效率，提高机械化施工程度，包括各类自动化智能施工装备的研发等。工程组织方式上推进形成以工程总承包企业为核心、相关领先企业深度参与的开放型产业体系。通过工程总承包、全过程咨询等组织方式，杜绝现行建造方式中粗放式管理、碎片化管理等现象；通过深化改革，改善市场行为不规范、政府监管不到位等情况；通过推动技术创新、标准提升，积极引导和推动各种新材料、新技术、新工艺向建筑产品和服务的供给端集聚，为人民提供更为优质的产品和服务。建筑业企业资质标准不断调整，逐渐向规范化、法制化发展。

## 二、建筑施工

### （一）规模分析

**产业总体规模再创新高。**2021年，全国具有资质等级的总承包和专业承包建筑业企业完成建筑业总产值293079亿元（表2-2、图2-3），比上年增长11.04%。签订合同额656887亿元，同比增长10.29%。完成房屋建筑施工面积157.55亿平方米，同比增长5.41%；房屋竣工面积40.83亿平方米，同比下降6.11%；按建筑业总产值计算的劳动生产率为473191元/人，同比增长11.89%；共有建筑业企业128746个，同比增长10.31%。

**建筑业是拉动就业的重要力量。**2021年，全社会建筑业增加值80138亿元，比上年增长2.1%，占全年国内生产总值的7.01%，国民经济支柱产业地位稳固。建筑业是拉动就业的重要力量，从2015年开始，全国具有资质等级的总承包和专业承包建筑业企业从业人员每年都保持在5000万人以上，2021年为5283万人，比2012年增加1000多万人（图2-4），占全国就业人员总数的7.08%。

2012—2021年建筑业企业主要经济指标比较　　　表 2-2

| 类别/年份 | 2012年 | 2013年 | 2014年 | 2015年 | 2016年 | 2017年 | 2018年 | 2019年 | 2020年 | 2021年 |
|---|---|---|---|---|---|---|---|---|---|---|
| 企业数量（万个） | 7.53 | 7.89 | 8.11 | 8.09 | 8.30 | 8.81 | 9.65 | 10.38 | 11.67 | 12.87 |
| 建筑业总产值（万亿元） | 13.72 | 16.04 | 17.67 | 18.08 | 19.36 | 21.39 | 22.58 | 24.84 | 26.39 | 29.31 |
| 建筑业增加值（万亿元） | 3.69 | 4.09 | 4.54 | 4.78 | 5.15 | 5.79 | 6.55 | 7.06 | 7.24 | 8.01 |
| 利润总额（万亿元） | 0.48 | 0.56 | 0.64 | 0.65 | 0.70 | 0.75 | 0.80 | 0.83 | 0.84 | 0.86 |
| 劳动生产率(按总产值计算)（万元/人） | 29.64 | 32.48 | 31.76 | 32.40 | 33.70 | 34.80 | 37.32 | 39.97 | 42.29 | 47.32 |
| 产值利润率(%) | 3.48 | 3.48 | 3.63 | 3.57 | 3.61 | 3.50 | 3.53 | 3.33 | 3.20 | 2.92 |

数据来源：国家统计局。

图 2-3　2012—2021年建筑业总产值、建筑业增加值变化图

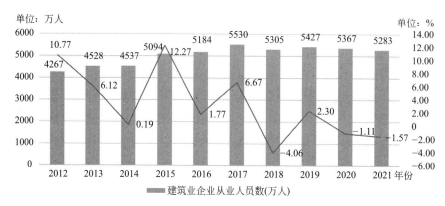

图 2-4  2012—2021 年建筑业企业从业人员变化图

## (二) 效益分析

企业经营效益稳步提高，2021 年全国具有资质等级的总承包和专业承包建筑业企业利润 8554 亿元，比上年增加 106.26 亿元，增长 1.26%，增速比上年降低 0.77 个百分点；其中，国有控股企业 3620 亿元，增长 8.0%。建筑业产值利润率（利润总额与总产值之比）自 2014 年达到最高值 3.63% 后，总体呈下降趋势。2021 年，建筑业产值利润率为 2.92%，跌破 3%，为近十年最低。按建筑业总产值计算的劳动生产率为 473191 元/人，比上年增长 11.89%，劳动生产率水平再创新高。

## (三) 结构分析

### 1. 产品结构

**房地产开发投资平稳增长。** 2021 年，房地产开发投资 141443 亿元，比上年增长 4.35%。其中住宅投资 111173 亿元，增长 6.44%；办公楼投资 5973.9 亿元，下降 8.01%；商业营业用房投资 12444.76 亿元，下降 4.83%。

2021 年，房屋建筑竣工面积 40.83 亿平方米，结束了连续四年的下降态势，比上年增长 6.11%。其中，住宅房屋竣工面积所占比重最高，达 66.26%；其次为厂房及建筑物、商业及服务用房屋，所占比重分别为13.81%、6.19%，其他各类房屋竣工面积占比均在6%以下（表2-3、图2-5）。

2021年房屋建筑竣工面积构成　　　　表2-3

| 房屋类型 | 竣工面积（亿平方米） | 所占比例（%） |
|---|---|---|
| 住宅房屋 | 27.05 | 66.26 |
| 厂房及建筑物 | 5.64 | 13.81 |
| 商业及服务用房屋 | 2.53 | 6.19 |
| 科研、教育和医疗用房屋 | 2.09 | 5.12 |
| 办公用房屋 | 1.67 | 4.09 |
| 文化、体育和娱乐用房屋 | 0.41 | 1.00 |
| 仓库 | 0.28 | 0.69 |
| 其他未列明的房屋建筑物 | 1.16 | 2.84 |

数据来源：中国建筑业协会《2021年建筑业发展统计分析》。

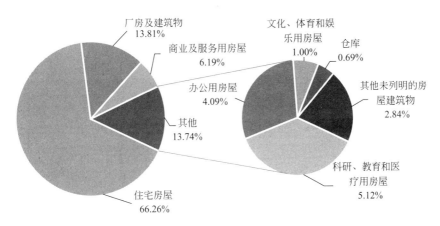

图2-5　2021年全国建筑业企业房屋竣工面积构成

## 2. 所有制结构

**国有企业骨干作用继续发挥**。2021年，在具有资质等级的总承包和专业承包建筑业企业中，国有及国有控股建筑业企业7826个，比上年增加636个，占建筑企业总数的6.08%，比上年下降0.08个百分点；国有控股企业从业人员为1201.39万人，占全部企业的22.74%。

2021年，国有及国有控股建筑业企业完成建筑业总产值110466亿元，占全部企业的37.69%，比上年提高了十个百分点；签订合同额

348186亿元，占全部企业的53.00%；竣工产值40800亿元，占全部企业的30.33%（表2-4）；其中国有控股建筑业企业实现利润3620亿元，比上年增长26.09%。全国具有资质等级的总承包和专业承包建筑业企业按建筑业总产值计算的劳动生产率为473191元/人，国有及国有控股建筑业企业为681110元/人。

**2021年国有及国有控股建筑业企业主要生产指标占全部企业的比重**

表2-4

| 类别 | 全国建筑业企业 | 国有及国有控股建筑业企业 | 国有及国有控股建筑业企业占全部企业的比重 |
| --- | --- | --- | --- |
| 企业数量（个） | 128746 | 7826 | 6.08% |
| 从业人数（万人） | 5283 | 1201 | 22.74% |
| 建筑业总产值（亿元） | 293079 | 110466 | 37.69% |
| 签订合同额（亿元） | 656887 | 348186 | 53.00% |
| 竣工产值（亿元） | 134523 | 40800 | 30.33% |

数据来源：国家统计局。

国有及国有控股建筑业企业数量占全部有资质企业的6.08%，完成了37.69%的总产值、53.00%的合同额、30.33%的竣工产值，充分显示了国有及国有控股企业在建筑业中的骨干作用。

2021年，国有及国有控股建筑业企业完成建筑业总产值居前的省市依次是：北京、湖北、广东、四川、上海、陕西，签订合同额居前的省市依次是：北京、湖北、广东、上海、四川、湖南（表2-5）。

**2021年国有及国有控股企业建筑业总产值、合同额地区份额** 表2-5

| 建筑业总产值 | | 签订合同额 | |
| --- | --- | --- | --- |
| 地区 | 数额（亿元） | 地区 | 数额（亿元） |
| 北京市 | 11404 | 北京市 | 37696 |
| 湖北省 | 10544 | 湖北省 | 35945 |
| 广东省 | 9865 | 广东省 | 34981 |
| 四川省 | 6965 | 上海市 | 27135 |
| 上海市 | 6271 | 四川省 | 25008 |
| 陕西省 | 5934 | 湖南省 | 18026 |

数据来源：国家统计局。

## 3. 地区结构

全国各省建筑业平稳发展。江苏、浙江总产值继续领先。2021年，江苏建筑业总产值达到38244亿元，以绝对优势继续领跑全国。浙江建筑业总产值仍位居第二，为23011亿元，比上年增长9.90%，增幅高于江苏，相对缩小了与江苏的差距。两省建筑业总产值共占全国建筑业总产值的20.90%（表2-6）。

2021年建筑业总产值超过1万亿元的地区　　　　表2-6

| 地区 | 建筑业总产值（亿元） |
| --- | --- |
| 江苏 | 38244 |
| 浙江 | 23011 |
| 广东 | 21346 |
| 湖北 | 19032 |
| 四川 | 17351 |
| 山东 | 16412 |
| 福建 | 15810 |
| 河南 | 14192 |
| 北京 | 13988 |
| 湖南 | 13280 |
| 安徽 | 10584 |

数据来源：国家统计局。

除江苏、浙江两省外，总产值超过1万亿元的还有广东、湖北、四川、山东、福建、河南、北京、湖南、安徽9个省市，上述11个地区完成的建筑业总产值占全国建筑业总产值的69.35%。

从跨省完成建筑业产值来看，30个地区跨省完成建筑业产值保持增长。2021年，各地区跨省完成的建筑业产值10.1万亿元，比上年增长10.59%，增速同比减少1.44个百分点。跨省完成建筑业产值占全国建筑业总产值的34.36%，比上年减少0.14个百分点。

跨省完成建筑业产值排名前两位的仍是江苏和北京，分别为1.7万亿元、1.0万亿元，两地区跨省产值之和占全部跨省产值的比重为27.14%。湖北、福建、浙江、上海、广东、湖南、四川和山东8个地区，跨省完成的建筑业产值均超过3500亿元。从增速上看，海南、西藏的增速均超过50%，内蒙古超过40%，贵州、四川、重庆均超过20%，宁夏则出现5.48%的负增长。

从外向度（即本地区在外省完成的建筑业产值占本地区建筑业总产值的比例）来看，排在前三位的地区仍然是北京、天津、上海，分别为74.14%、66.00%和59.62%。外向度超过30%的还有福建、青海、江苏、湖北、陕西、河北6个地区。浙江、江苏、宁夏、北京、新疆、甘肃、黑龙江、青海、湖北、云南、安徽、广东和吉林13个地区外向度出现负增长。

### 4. 上市公司

2021年，绝大部分建筑业上市公司的营业收入有所增长。营业收入前三名依次是中国建筑股份有限公司、中国中铁股份有限公司、中国铁建股份有限公司，营业收入分别为18913亿元、10733亿元、10200亿元。大部分建筑业上市公司的每股收益有所提升，每股收益排前三名的分别是中国铁建股份有限公司、山东高速路桥集团股份有限公司、中国建筑股份有限公司，每股收益分别为1.60元、1.37元、1.25元（表2-7）。

建筑业上市公司2021年年报部分数据　　　　表2-7

| 股票代码 | 公司名称 | 每股收益（元） | | 净利润（万元） | | 净资产收益率（%） | | 营业利润率（%） |
|---|---|---|---|---|---|---|---|---|
| | | 2020年 | 2021年 | 2020年 | 2021年 | 2020年 | 2021年 | |
| 000065 | 北方国际合作股份有限公司 | 0.98 | 0.81 | 75138 | 67705 | 14.06 | 10.54 | 6.19 |
| 000090 | 深圳市天健(集团)股份有限公司 | 0.74 | 0.96 | 148618 | 195165 | 14.31 | 16.85 | 12.67 |
| 000498 | 山东高速路桥集团股份有限公司 | 1.12 | 1.37 | 147551 | 275104 | 16.47 | 22.15 | 5.90 |
| 000758 | 中国有色金属建设股份有限公司 | 0.01 | 0.02 | 14007 | 22095 | 0.46 | 0.91 | 6.09 |
| 000797 | 中国武夷实业股份有限公司 | 0.17 | 0.03 | 49030 | 15426 | 5.17 | 1.01 | 4.55 |

续表

| 股票代码 | 公司名称 | 每股收益(元) | | 净利润(万元) | | 净资产收益率(%) | | 营业利润率(%) |
|---|---|---|---|---|---|---|---|---|
| | | 2020年 | 2021年 | 2020年 | 2021年 | 2020年 | 2021年 | |
| 002051 | 中工国际工程股份有限公司 | −0.07 | 0.23 | −10206 | 26075 | −7.11 | 2.67 | 3.27 |
| 002060 | 广东水电二局股份有限公司 | 0.22 | 0.27 | 27613 | 36619 | 8.04 | 8.25 | 2.97 |
| 002062 | 宏润建设集团股份有限公司 | 0.38 | 0.36 | 53324 | 40854 | 12.19 | 10.81 | 4.90 |
| 002135 | 浙江东南网架股份有限公司 | 0.17 | 0.48 | 17072 | 49551 | 4.31 | 10.72 | 4.92 |
| 002140 | 东华工程科技股份有限公司 | 0.37 | 0.46 | 20238 | 26581 | 8.65 | 10.07 | 5.14 |
| 002542 | 中化岩土集团股份有限公司 | 0.12 | −0.17 | 16919 | −31484 | 4.57 | −8.16 | −6.97 |
| 002586 | 浙江省围海建设集团股份有限公司 | −0.24 | −0.02 | −28649 | −5883 | −8.06 | −0.82 | −4.43 |
| 002628 | 成都市路桥工程股份有限公司 | 0.11 | 0.10 | 8211 | 7861 | 2.89 | 2.69 | 5.67 |
| 002941 | 新疆交通建设集团股份有限公司 | 0.18 | 0.39 | 12061 | 26055 | 4.65 | 9.93 | 2.82 |
| 600039 | 四川路桥建设集团股份有限公司 | 0.78 | 1.17 | 304547 | 569420 | 16.96 | 22.36 | 7.97 |
| 600068 | 中国葛洲坝集团股份有限公司 | 0.73 | 0.73 | 529345 | 524232 | 10.31 | 7.18 | 6.93 |
| 600170 | 上海建工集团股份有限公司 | 0.34 | 0.36 | 322231 | 404809 | 11.11 | 11.09 | 1.71 |
| 600248 | 陕西建工集团股份有限公司 | 0.90 | 0.98 | 295921 | 362214 | 26.42 | 23.10 | 2.66 |
| 600284 | 上海浦东建设股份有限公司 | 0.46 | 0.55 | 45563 | 53800 | 7.09 | 8.09 | 4.82 |

续表

| 股票代码 | 公司名称 | 每股收益(元) | | 净利润(万元) | | 净资产收益率(%) | | 营业利润率(%) |
|---|---|---|---|---|---|---|---|---|
| | | 2020年 | 2021年 | 2020年 | 2021年 | 2020年 | 2021年 | |
| 600477 | 杭萧钢构股份有限公司 | 0.34 | 0.19 | 75163 | 48854 | 19.42 | 9.94 | 5.60 |
| 600491 | 龙元建设集团股份有限公司 | 0.53 | 0.44 | 83294 | 68838 | 7.36 | 5.72 | 4.85 |
| 600496 | 长江精工钢结构(集团)股份有限公司 | 0.35 | 0.34 | 64525 | 69940 | 11.03 | 9.56 | 4.67 |
| 600502 | 安徽建工集团股份有限公司 | 0.47 | 0.64 | 121355 | 141322 | 9.01 | 10.41 | 2.53 |
| 600512 | 腾达建设集团股份有限公司 | 0.38 | 0.51 | 57467.2 | 82447.2 | 12.18 | 14.42 | 14.73 |
| 600820 | 上海隧道工程股份有限公司 | 0.72 | 0.76 | 230678 | 242679 | 9.89 | 9.91 | 4.76 |
| 600853 | 龙建路桥股份有限公司 | 0.22 | 0.27 | 22280 | 31959 | 11.81 | 10.58 | 2.48 |
| 600970 | 中国中材国际工程股份有限公司 | 0.65 | 0.82 | 111821 | 203285 | 10.90 | 14.13 | 6.51 |
| 601117 | 中国化学工程股份有限公司 | 0.71 | 0.84 | 384216 | 500383 | 10.52 | 11.21 | 4.13 |
| 601186 | 中国铁建股份有限公司 | 1.44 | 1.60 | 2570870 | 2931520 | 11.45 | 11.10 | 3.41 |
| 601390 | 中国中铁股份有限公司 | 0.96 | 1.04 | 2724940 | 3046950 | 11.85 | 11.63 | 3.62 |
| 601618 | 中国冶金科工股份有限公司 | 0.32 | 0.35 | 938236 | 1160720 | 8.93 | 9.05 | 2.83 |
| 601668 | 中国建筑股份有限公司 | 1.07 | 1.25 | 7095040 | 7773250 | 15.54 | 15.93 | 5.32 |
| 601669 | 中国电力建设股份有限公司 | 0.46 | 0.50 | 1273580 | 1345780 | 7.85 | 7.89 | 3.70 |

续表

| 股票代码 | 公司名称 | 每股收益(元) | | 净利润(万元) | | 净资产收益率(%) | | 营业利润率(%) |
|---|---|---|---|---|---|---|---|---|
| | | 2020年 | 2021年 | 2020年 | 2021年 | 2020年 | 2021年 | |
| 601789 | 宁波建工股份有限公司 | 0.26 | 0.40 | 29732 | 44253 | 8.78 | 12.06 | 2.37 |
| 601800 | 中国交通建设股份有限公司 | 0.90 | 1.02 | 1934860 | 2349630 | 7.12 | 7.59 | 4.16 |

## 三、勘察设计

### (一) 规模分析

2021年，全国工程勘察设计企业数为26748家，比2017年增长1994家（图2-6）。2021年工程勘察设计从业人数为4832602人，比2017年增加547002人（图2-7）。

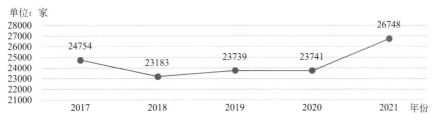

图2-6　工程勘察设计行业近5年企业数量发展图示（单位：家）

数据来源：《2021年全国工程勘察设计企业统计资料汇编》。

2021年，全国具有勘察设计资质的企业营业收入总计84016亿元。其中，工程勘察收入1103亿元，与上年相比增长7.50%；工程设计收入5745亿元，与上年相比增长4.78%；工程总承包收入40042亿元，与上年相比增加21.13%；工程咨询等其他业务收入965亿元，与上年相比增长19.88%（图2-8）。净利润2478亿元，与上年相比减少1.38%。由数据可知，与上年相比，在全国具有勘察设计资质的企业中，工程总承包、工程勘察、工程设计、其他工程咨询业务的营业收入

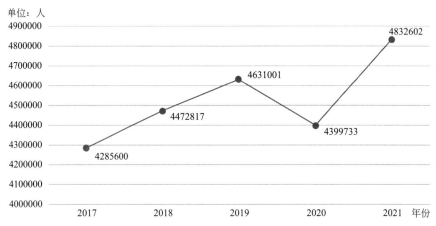

图 2-7　工程勘察设计行业近 5 年人员数量发展图示（单位：人）

数据来源：《2021 年全国工程勘察设计企业统计资料汇编》。

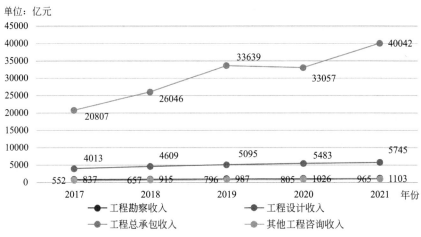

图 2-8　工程勘察设计行业近 5 年营业收入分类发展图示

数据来源：《2021 年全国工程勘察设计企业统计资料汇编》。

都有增长。全国具有勘察设计资质的企业净利润总体比上年略有下降。近五年来，工程勘察设计行业营业收入增加了 4.06 万亿元，2021 年工程勘察设计行业营业收入是 2017 年工程勘察设计行业营业收入的 1.94 倍，约翻了一番（图 2-9），其中 2021 年工程总承包收入比 2017 年工程总承包收入增加 1.92 万亿元，增加了 92.44％。

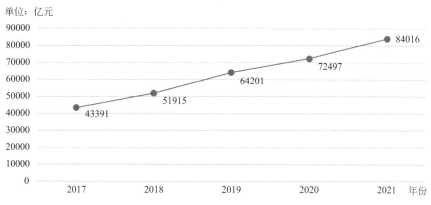

图 2-9 工程勘察设计行业近 5 年营业收入发展图示

数据来源：《2021 年全国工程勘察设计企业统计资料汇编》。

2021 年，具有勘察设计资质的企业工程勘察新签合同额合计 1410 亿元，与上年相比减少 5.69%。工程设计新签合同额合计 7347 亿元，与上年相比增长 4.29%。其中，房屋建筑工程设计新签合同额 2464 亿元，市政工程设计新签合同额 1065 亿元。工程总承包新签合同额合计 57886 亿元，与上年相比增长 5.12%。其中，房屋建筑工程总承包新签合同额 22324 亿元，市政工程总承包新签合同额 8416 亿元。工程咨询等其他业务新签合同额合计 1289 亿元，与上年相比增长 16.23%。由数据可知，与上年相比，工程咨询等其他业务新签合同额增长速度较快。近五年来，工程总承包新签合同额增长了 2.36 万亿元（图 2-10），2021 年工程总承包新签合同额是 2017 年的 1.69 倍，工程勘察、工程设计、其他工程咨询新签合同额五年来也都有不同程度增长，其他工程咨询新签合同额为 2017 年的 1.84 倍，工程总承包和全过程工程咨询发展取得成效。

2021 年，全国工程勘察设计行业科技活动费用支出总额为 2542 亿元，与上年相比增长 36.1%；企业累计拥有专利 38.2 万项，与上年相比增长 27.4%；企业累计拥有专有技术 7.6 万项，与上年相比增长 25.4%。由数据可知，与上年相比，全国工程勘察设计行业科技含量提升迅速，全国工程勘察设计行业科技活动费用支出总额、企业累计拥有专利数量、企业累计拥有专有技术数量均比上年增长 3 成左右。

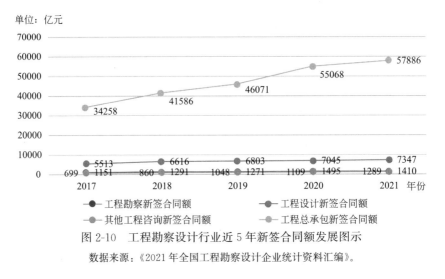

图 2-10 工程勘察设计行业近 5 年新签合同额发展图示

数据来源：《2021 年全国工程勘察设计企业统计资料汇编》。

## （二）结构分析

### 1. 业务结构

2021 年，全国具有勘察设计资质的企业营业收入中，工程勘察收入占营业收入的 1.31%，工程设计收入占营业收入的 6.84%，工程总承包收入占营业收入的 47.66%，工程咨询等其他业务收入占营业收入的 1.15%。由数据可知，在工程勘察设计企业营业收入中，工程总承包收入占比最大，约占到一半（图 2-11）。

2021 年，在具有勘察设计资质的企业工程勘察新签合同额中，工程总承包新签合同额占企业工程勘察新签合同额 85.21%；工程勘察新签合同额占企业工程勘察新签合同额 2.07%；工程设计新签合同额占企业工程勘察新签合同额 10.82%；工程咨询等其他业务新签合同额占企业工程勘察新签合同额 1.90%（图 2-12）。在工程总承包新签合同额中，房屋建筑工程总承包新签合同额占企业工程勘察新签合同额 39%；市政工程总承包新签合同额占企业工程勘察新签合同额 14%。由数据可知，在工程勘察设计企业新签合同额中，工程总承包新签合同额占比超过 8 成，其中过半数为房屋建筑和市政工程总承包（图 2-13）；其他工程咨询新签合同额中，前期咨询新签合同额和工程监理新签合同额分别占到 39% 和 22%，合计达 6 成以上（图 2-14）。

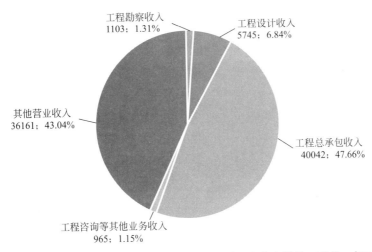

图 2-11  2021 年全国具有资质的工程勘察设计企业收入结构（单位：亿元）

数据来源：《2021 年全国工程勘察设计统计公报》。

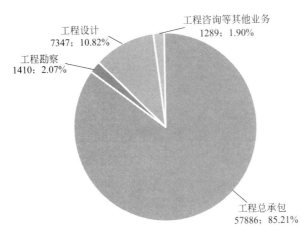

图 2-12  2021 年全国具有资质的工程勘察设计企业新签合同额结构（单位：亿元）

数据来源：《2021 年全国工程勘察设计统计公报》。

### 2. 企业结构

2021 年，全国工程勘察设计企业中，工程勘察企业 2873 个，占 10.74%；工程设计企业 23875 个，占 89.26%，其中专业设计企业占 35.4%（图 2-15）。设计企业资质等级构成中，专业乙级占比最高（图 2-16）。

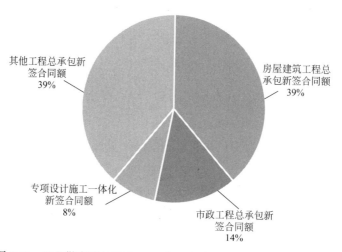

图 2-13　工程勘察设计行业 2021 年工程总承包新签合同额构成图示
数据来源：《2021 年全国工程勘察设计企业统计资料汇编》。

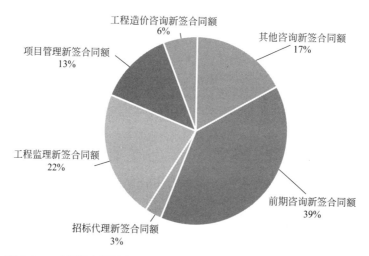

图 2-14　工程勘察设计行业 2021 年其他工程咨询新签合同额构成图示
数据来源：《2021 年全国工程勘察设计企业统计资料汇编》。

### 3. 人员结构

2021 年，在具有勘察设计资质的企业年末从业人员中，勘察人员 16.4 万人，与上年相比增长 2.3%；设计人员 109.2 万人，与上年相比增长 3.5%。

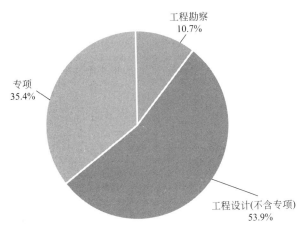

图 2-15 工程勘察设计行业 2021 年资质类型构成图示

数据来源：《2021 年全国工程勘察设计企业统计资料汇编》。

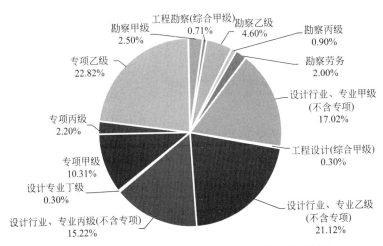

图 2-16 工程勘察设计行业 2021 年资质等级构成图示

数据来源：《2021 年全国工程勘察设计企业统计资料汇编》。

年末专业技术人员 228.5 万人。其中，具有高级职称人员 49.9 万人，与上年相比增长 7.9%；具有中级职称人员 80.7 万人，与上年相比增长 5.2%。由数据可知，对比上一年，具有勘察设计资质的企业中的勘察设计人员数量有所增长，中高级职称的专业技术人员数量增长更快。具有勘察设计资质的企业从业人员中近半数是专业技术人员（图 2-17）。勘察设计行业注册执业人员中，注册建造工程师占到了半数以上，一、二级注册建造师合计占比达到 57%（图 2-18）。

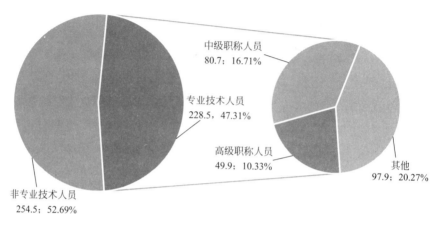

图 2-17　全国具有资质的工程勘察设计企业参与统计的人员专业技术结构（单位：个）

数据来源：《2021 年全国工程勘察设计统计公报》。

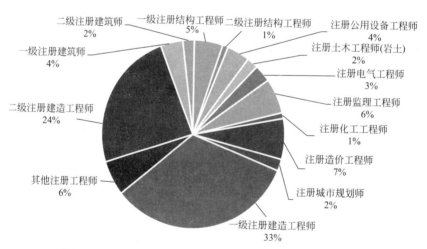

图 2-18　工程勘察设计行业 2021 年注册执业人员构成图示

数据来源：《2021 年全国工程勘察设计企业统计资料汇编》。

## 四、工程监理及造价咨询

### (一) 工程监理

**1. 规模分析**

2021年,工程监理企业全年营业收入9473亿元(图2-19),与上年相比增长31.97%。其中,工程监理收入1720亿元,占18.16%,与上年相比增长8.15%;工程勘察设计、工程招标代理、工程造价咨询、工程项目管理与咨询服务、全过程工程咨询、工程施工及其他业务收入7753亿元,占81.84%,与上年相比增长38.75%。其中,41个企业工程监理收入超过3亿元,100个企业工程监理收入超过2亿元,295个企业工程监理收入超过1亿元,工程监理收入超过1亿元的企业个数与上年相比增长9.26%。

图2-19 2012—2021年工程监理企业营业收入(单位:亿元)

数据来源:历年建设工程监理统计公报。

2021年,工程监理企业承揽合同额12492亿元,与上年相比增长25.52%。其中,工程监理合同额2104亿元,占16.84%,与上年相比减少2.87%;工程勘察设计、工程招标代理、工程造价咨询、工程项目管理与咨询服务、全过程工程咨询、工程施工及其他业务合同额10388亿元,占83.16%,与上年相比增长33.42%。

由数据可知,与上年相比,2021年工程监理企业全年营业收入、过亿元的企业个数、企业承揽合同额均有所增长。

## 2. 结构分析

### （1）业务结构

2021年，工程监理收入占总营业收入的18.16%。工程监理合同额占总业务量的16.84%。由数据可知，工程监理企业全年营业收入、企业承揽合同额中，工程监理业务均占比不到两成（图2-20），低于2018年（30.68%，32.48%）、2019年（24.79%，23.38%）和2020年（22.16%，21.77%）的相应占比。

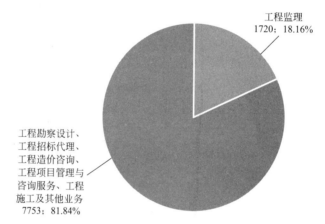

图2-20　2021年工程监理企业营业收入业务结构（单位：亿元）

数据来源：《2021年全国建设工程监理统计公报》。

### （2）企业结构

2021年，全国共有12407家建设工程监理企业参加了统计，与上年相比增长25.32%。其中，综合资质企业283家，占企业总数的2.28%，数量增长15.04%；甲级资质企业4874家，占企业总数的39.29%，数量增长20.76%；乙级资质企业5915家，占企业总数的47.67%，数量增长30.23%；丙级资质企业1334家，占企业总数的10.75%，数量增长24.21%；事务所资质企业1家，减少50%。

由数据可知，参加统计的建设工程监理企业数量超1.2万家，综合资质企业、甲级资质企业、乙级资质企业、丙级资质企业均有所增加，其中乙级资质企业数量最多，接近总数的一半（图2-21）。

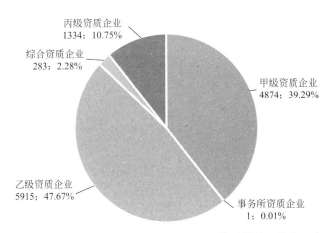

图 2-21 2021年参加统计的工程监理企业资质结构（单位：家）

数据来源：《2021年全国建设工程监理统计公报》。

(3) 人员结构

2021年，工程监理企业年末从业人员 166.96 万人，与上年相比增长 19.8%。其中，正式聘用人员 109.84 万人，占 65.79%；临时聘用人员 57.12 万人，占 34.21%（图 2-22）。工程监理从业人员为 86.26 万人，占 51.67%（图 2-23）。由数据可知，工程监理企业年末从业人员约 170 万人，近 7 成是正式聘用人员；从业人员中过半数人员从事工程监理业务。

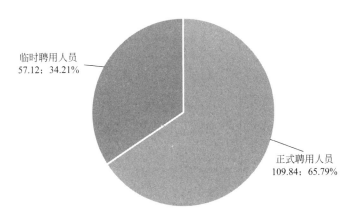

图 2-22 2021年工程监理企业从业人员聘用结构（单位：万人）

数据来源：《2021年全国建设工程监理统计公报》。

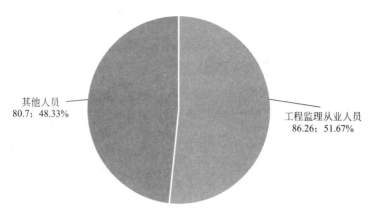

图 2-23　2021 年工程监理企业从业人员业务结构（单位：万人）

数据来源：《2021 年全国建设工程监理统计公报》。

年末专业技术人员 111.50 万人，占年末从业人员总数的 66.78%，与上年相比增长 9.74%。其中，高级职称人员 18.83 万人，中级职称人员 46.32 万人，初级职称人员 24.67 万人，其他人员 21.69 万人。由数据可知，从业人员总数中近 7 成为专业技术人员，人数超过 111 万，超 4 成的专业技术人员为中级职称人员（图 2-24）。

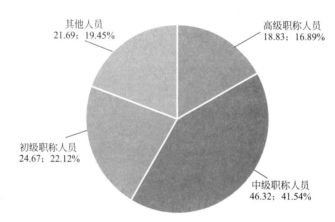

图 2-24　2021 年工程监理企业专业技术人员结构（单位：万人）

数据来源：《2021 年全国建设工程监理统计公报》。

年末注册执业人员为 51.01 万人，与上年相比增长 27.23%。其中，注册监理工程师为 25.55 万人，占 50.09%，与上年相比增长 26.97%；其他注册执业人员为 25.46 万人，占 49.91%，与上年相比增长 27.49%。由数据可知，工程监理企业执业人员中，注册执业人员增长迅速，人数达 51 万人，达到工程监理企业年末从业人员的 3 成以上，注册执业人员中，过半数为注册监理工程师（图 2-25）。

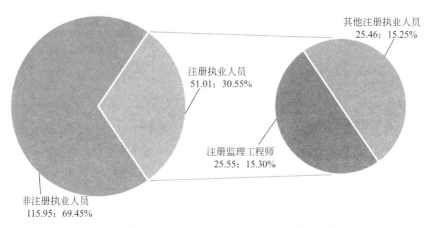

图 2-25　2021 年建设工程监理企业从业人员注册结构（单位：万人）

数据来源：《2021 年全国建设工程监理统计公报》。

## （二）工程造价咨询

### 1. 规模分析

2021 年末，工程造价咨询企业营业收入为 3057 亿元，比上年增长 18.9%。其中，工程造价咨询业务收入 1143.02 亿元，增长 14.0%，占全部营业收入的 37.39%；招标代理业务收入 263.47 亿元，减少 7.8%，占比 8.62%；项目管理业务收入 586.03 亿元，增长 52.3%，占比 19.17%；工程咨询业务收入 275.7 亿元，增长 37.0%，占比 9.02%；建设工程监理业务收入 788.46 亿元，增长 13.3%，占比 25.79%（图 2-26）。

### 2. 结构分析

（1）业务结构

2021 年末，工程造价咨询企业营业收入为 3057 亿元，其中，工程造价咨询业务收入占全部营业收入的 37.39%；招标代理业务收入占比 8.63%；项目管理业务收入占比 19.17%；工程咨询业务收入占比 9.02%；建设工程监理业务收入占比 25.79%（图 2-26）。

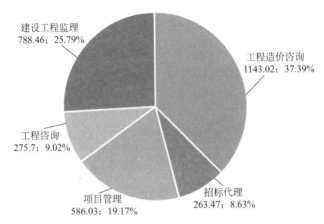

图 2-26　2021 年工程造价咨询企业营业收入业务结构图（单位：亿元）

数据来源：《2021 年工程造价咨询统计公报》。

按所涉及专业划分，有房屋建筑工程专业收入 677.53 亿元，增长 13.3%，占比 59.28%；市政工程专业收入 197.92 亿元，增长 16.3%，占比 17.31%；公路工程专业收入 56.12 亿元，增长 11.8%，占比 4.91%；火电工程专业收入 26.21 亿元，增长 2.3%，占比 2.29%；水利工程专业收入 28.34 亿元，增长 15.2%，占比 2.48%；其他工程造价咨询业务收入合计 156.90 亿元，增长 16.8%，占比 13.73%（图 2-27）。

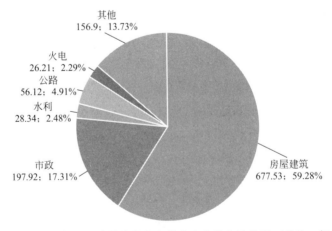

图 2-27　2021 年工程造价咨询业务收入专业分布结构图（单位：亿元）

数据来源：《2021 年工程造价咨询统计公报》。

按工程建设的阶段划分，有前期决策阶段咨询业务收入 91.16 亿元，增长 8.6%，占比 7.98%；实施阶段咨询业务收入 224.59 亿元，增长 12.5%，占比 19.61%；竣工结（决）算阶段咨询业务收入 398.34 亿元，增长 10.2%，占比 34.85%；全过程工程造价咨询业务收入 371.10 亿元，增长 20.3%，占比 32.50%；工程造价经济纠纷的鉴定和仲裁的咨询业务收入 33.46 亿元，增长 25.4%，占比 2.93%；其他工程造价咨询业务收入合计 24.37 亿元，增长 7.5%，占比 2.13%（图 2-28）。

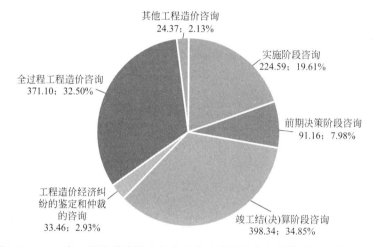

图 2-28　2021 年工程造价咨询业务收入按建设阶段分布结构图（单位：亿元）

数据来源：《2021 年工程造价咨询统计公报》。

（2）企业结构

2021 年末，全国共有 11398 家工程造价咨询企业参加了统计，比上年增长 8.7%。其中，甲级工程造价咨询企业 5421 家，增长 4.7%，占比 47.6%；乙级工程造价咨询企业 5977 家，增长 12.6%，占比 52.4%。专营工程造价咨询企业 3167 家，减少 3.1%，占比 27.79%；兼营工程造价咨询企业 8231 家，增长 14.0%，占比 72.21%（图 2-29）。

（3）人员结构

2021 年末，工程造价咨询企业共有从业人员 868367 人，比上年增长 9.8%。其中，正式聘用人员 803870 人，增长 9.6%，占比 92.57%；临时工作人员 64497 人，增长 12.8%，占比 7.43%（图 2-30）。

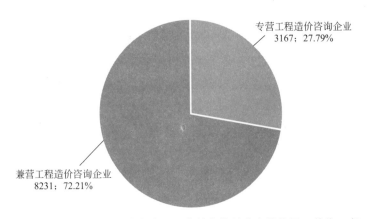

图 2-29  2021 年工程造价咨询企业专兼营状况分布结构图（单位：家）

数据来源：《2021 年工程造价咨询统计公报》。

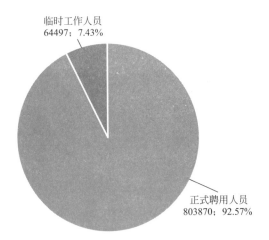

图 2-30  2021 年工程造价咨询企业人员聘用性质结构图（单位：人）

数据来源：《2021 年工程造价咨询统计公报》。

工程造价咨询企业共有专业技术人员 504620 人，比上年增长 6.5%，占全部从业人员的 58.11%（图 2-31）。其中，高级职称人员 131152 人，增长 10.0%，占比 25.99%；中级职称人员 246391 人，增长 4.7%，占比 48.83%；初级职称人员 127077 人，增长 6.6%，占比 25.18%（图 2-32）。

工程造价咨询企业共有各类注册人员 261461 人。其中，注册造价工程师 129734 人，比上年增长 16.0%，占全部从业人员的 14.94%，其他专业注册执业人员 131727 人，增长 19.1%，占全部从业人员的 15.17%（图 2-33）。注册造价师中，一级注册造价工程师 108305 人，增长 6.9%，占注册造价师的 83.48%；二级注册造价工程师 21429 人，增长 104.3%，占注册造价师的 16.52%（图 2-34）。

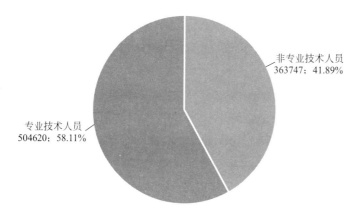

图 2-31　2021 年工程造价咨询企业中专业技术人员占比图（单位：人）

数据来源：《2021 年工程造价咨询统计公报》。

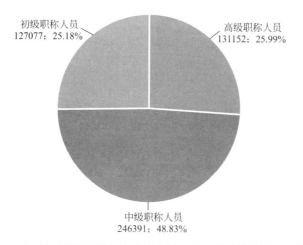

图 2-32　2021 年工程造价咨询企业专业技术人员职称结构图（单位：人）

数据来源：《2021 年工程造价咨询统计公报》。

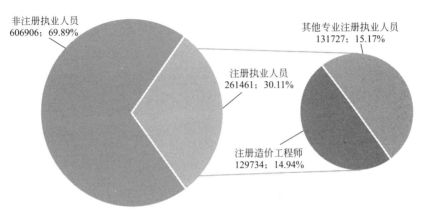

图 2-33　2021 年工程造价咨询企业人员注册情况结构图（单位：人）

数据来源：《2021 年工程造价咨询统计公报》。

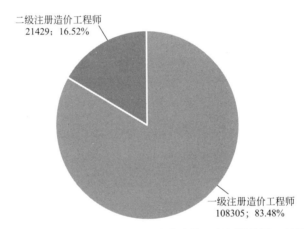

图 2-34　2021 年工程造价咨询企业注册造价工程师结构图（单位：人）

数据来源：《2021 年工程造价咨询统计公报》。

## 五、对外承包工程

### （一）规模分析

2021 年，对外承包工程业务保持了平稳有序发展。据商务部合作司公布的数据显示，对外承包工程业务完成营业额 1549.4 亿美元，同比下降 0.6%；新签合同额 2584.9 亿美元，同比增长 1.2%（图 2-35）。

中国对外承包工程业务行业分布广泛,交通运输建设、房屋建筑、石油化工、电力工程 4 个领域营业额合计占比 79.8%。在本年度各业务领域排名前 10 强的企业榜单中,除通信工程领域外,均有中国企业上榜。对外承包工程大项目增多。新签合同额上亿美元项目 560 个,较上年增加 46 个,主要集中在交通运输等基础设施领域,有利于进一步促进互联互通。2021 年,我国企业在"一带一路"沿线的 60 个国家新签对外承包工程项目合同 6257 份,新签合同额 1340.4 亿美元,同比下降 5.2%,占同期我国对外承包工程新签合同额的 51.9%;完成营业额 896.8 亿美元,同比下降 1.6%,占同期总额的 57.9%。一批"一带一路"标志性项目稳步推进,并取得实质性成果,在国际合作中彰显"中国建设"品牌。2021 年,我国对外劳务合作派出各类劳务人员 32.3 万人,较上年同期增加 2.2 万人;其中承包工程项下派出 13.3 万人,劳务合作项下派出 19 万人,分别占 41.18% 和 58.82%,劳务合作项下派出人数占比较上年增加 5 个百分点。年末在外各类劳务人员 59.2 万人,较上年同期减少 3.1 万人。境外经贸合作区建设成效显著,截至 2021 年末,纳入商务部统计的境外经贸合作区分布在 46 个国家,累计投资 507 亿美元,上缴东道国税费 66 亿美元,为当地创造 39.2 万个就业岗位,有力促进了互利共赢、共同发展。

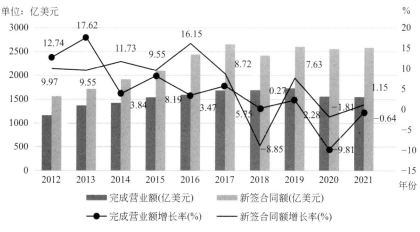

图 2-35　2012—2021 年我国对外承包工程业务情况

数据来源:商务部数据中心。

## （二）企业表现

美国《工程新闻纪录》杂志（ENR）公布的 2021 年度全球最大 250 家国际承包商国际营业总额为 4203.2 亿美元，较 2019 年下降 11.1%，创下了自 2003 年 ENR 发布榜单以来最大的降幅。其中，在 2020 年度与 2021 年度连续两年上榜的 229 家企业中，36.7% 的上榜企业国际营业额有所提升，63.3% 的企业业绩出现下滑。全球营业收入总额和新签合同额变化表明本土市场的战略意义逐渐增强，2020 年，国际承包商 250 强实现全球营业收入总额为 18259 亿美元，比上年度增长 3.7%，在本土市场收入强势增长 9.2%，本土市场的新签合同额大幅增长 20.2%，而海外市场新签合同额则急剧收缩 16.8%。我国内地共有 78 家企业入选 2021 年度全球最大 250 家国际承包商榜单，数量较上年增加 4 家，占 250 家上榜企业的 31%，入选企业数量蝉联各国榜首，超过美国（41 家）、土耳其（40 家）、意大利（12 家）、日本和韩国（均为 11 家）。78 家入选企业共实现海外市场营业收入 1074.65 亿美元，占 250 家国际承包商海外市场营业收入总额的 25.57%，比上年微增 0.23 个百分点。

从进入榜单企业的排名分布来看，78 家内地企业中，进入前 10 强的仍为 3 家，分别是排名第 4 位的中国交通建设集团有限公司，排名第 7 位的中国电力建设集团有限公司和排名第 9 位的中国建筑集团有限公司。共有 9 家中国企业进入榜单 50 强。进入 100 强的有 27 家企业。与 2020 年度排名相比，位次上升的有 34 家，排名保持不变的有 6 家，新入榜企业 6 家。排名升幅最大的是上海电气集团股份有限公司，排名从第 160 位上升至第 51 位，其次为新疆生产建设兵团建设工程（集团）有限责任公司，排名从第 168 位上升至 113 位，河北建工集团有限责任公司排名从第 241 位上升至 186 位（表 2-8）。

各国承包商在各区域市场各有所长，其中中国企业在非洲和亚洲市场继续保持领先地位，份额分别达到 61% 与 49%，值得一提的是在中东市场，中国企业市场份额有较大增长，达到 34%，位居首位。在 2020 年新冠肺炎疫情全球蔓延、国际形势深刻复杂变化等多重因素影响下，中国对外承包工程行业整体表现超出预期，充分展现了行业发展的强大韧性与巨大潜力。

2021年度ENR"全球最大250家国际承包商"上榜中国内地企业名单

表2-8

| 序号 | 公司名称 | 排名 2021年 | 排名 2020年 | 国际营业收入（百万美元） |
|---|---|---|---|---|
| 1 | 中国交通建设集团有限公司 | 4 | 4 | 21348.40 |
| 2 | 中国电力建设集团有限公司 | 7 | 7 | 13007.90 |
| 3 | 中国建筑股份有限公司 | 9 | 8 | 10746.20 |
| 4 | 中国铁建股份有限公司 | 11 | 12 | 8375.00 |
| 5 | 中国中铁股份有限公司 | 13 | 13 | 7419.90 |
| 6 | 中国化学工程集团有限公司 | 19 | 22 | 4221.80 |
| 7 | 中国能源建设股份有限公司 | 21 | 15 | 4177.40 |
| 8 | 中国石油集团工程股份有限公司 | 33 | 34 | 3340.50 |
| 9 | 中国机械工业集团有限公司 | 35 | 25 | 3113.00 |
| 10 | 上海电气集团股份有限公司 | 51 | 160 | 1731.90 |
| 11 | 中国冶金科工集团有限公司 | 53 | 41 | 1659.80 |
| 12 | 中国中原对外工程有限公司 | 55 | 63 | 1635.40 |
| 13 | 中国中材国际工程股份有限公司 | 60 | 54 | 1297.80 |
| 14 | 中信建设有限责任公司 | 63 | 62 | 1242.10 |
| 15 | 中国通用技术（集团）控股有限责任公司 | 67 | 73 | 1151.70 |
| 16 | 中国江西国际经济技术合作有限公司 | 72 | 81 | 1023.60 |
| 17 | 中国电力技术装备有限公司 | 73 | 111 | 1019.40 |
| 18 | 江西中煤建设集团有限公司 | 75 | 85 | 989.90 |
| 19 | 哈尔滨电气国际工程有限责任公司 | 78 | 95 | 942.60 |
| 20 | 北方国际合作股份有限公司 | 81 | 90 | 894.90 |
| 21 | 浙江省建设投资集团股份有限公司 | 84 | 82 | 871.60 |
| 22 | 中石化炼化工程（集团）股份有限公司 | 86 | 90 | 807.20 |
| 23 | 中国水利电力对外有限公司 | 89 | 97 | 772.80 |
| 24 | 山东高速集团有限公司 | 90 | 139 | 736.10 |
| 25 | 上海建工集团股份有限公司 | 93 | 101 | 692.50 |

续表

| 序号 | 公司名称 | 排名 2021年 | 排名 2020年 | 国际营业收入（百万美元） |
|---|---|---|---|---|
| 26 | 青建集团股份公司 | 94 | 58 | 685.30 |
| 27 | 中国地质工程集团有限公司 | 100 | 96 | 588.30 |
| 28 | 中石化中原石油工程有限公司 | 105 | 110 | 524.60 |
| 29 | 云南省建设投资控股集团有限公司 | 106 | 106 | 516.80 |
| 30 | 江苏省建筑工程集团有限公司 | 107 | 99 | 515.10 |
| 31 | 江苏南通三建集团股份有限公司 | 108 | 122 | 507.30 |
| 32 | 北京城建集团有限责任公司 | 109 | 105 | 502 |
| 33 | 特变电工股份有限公司 | 111 | 93 | 489.30 |
| 34 | 新疆生产建设兵团建设工程（集团）有限责任公司 | 113 | 168 | 476.30 |
| 35 | 北京建工集团有限责任公司 | 117 | 117 | 457.40 |
| 36 | 烟建集团有限公司 | 119 | 146 | 450 |
| 37 | 中国河南国际合作集团有限公司 | 121 | 107 | 444.80 |
| 38 | 中国东方电气集团有限公司 | 123 | 123 | 427.90 |
| 39 | 中国江苏国际经济技术合作集团有限公司 | 124 | 120 | 427 |
| 40 | 安徽省华安外经建设（集团）有限公司 | 127 | 126 | 410.20 |
| 41 | 中国武夷实业股份有限公司 | 129 | 138 | 408.10 |
| 42 | 江西省水利水电建设集团有限公司 | 132 | 143 | 388.70 |
| 43 | 中鼎国际工程有限责任公司 | 135 | 144 | 365.30 |
| 44 | 中地海外集团有限公司 | 143 | 136 | 331.70 |
| 45 | 上海城建（集团）公司 | 147 | 185 | 321.30 |
| 46 | 中钢设备有限公司 | 148 | 145 | 314 |
| 47 | 中国有色金属建设股份有限公司 | 155 | 133 | 244.30 |
| 48 | 中国航空技术国际工程有限公司 | 159 | 127 | 231.50 |
| 49 | 西安西电国际工程有限责任公司 | 167 | ＊＊ | 211.70 |
| 50 | 沈阳远大铝业工程有限公司 | 171 | 154 | 197.30 |
| 51 | 中国成套设备进出口集团有限公司 | 172 | 148 | 197 |
| 52 | 山西建设投资集团有限公司 | 173 | 186 | 194.10 |

续表

| 序号 | 公司名称 | 排名 2021年 | 排名 2020年 | 国际营业收入（百万美元） |
|---|---|---|---|---|
| 53 | 安徽建工集团股份有限公司 | 174 | 178 | 191.70 |
| 54 | 山东德建集团有限公司 | 175 | 188 | 191.30 |
| 55 | 龙信建设集团有限公司 | 176 | 194 | 191 |
| 56 | 山东淄建集团有限公司 | 177 | 187 | 189.60 |
| 57 | 湖南建工集团有限公司 | 180 | 191 | 185.20 |
| 58 | 浙江省东阳第三建筑工程有限公司 | 184 | 198 | 167.90 |
| 59 | 河北建工集团有限责任公司 | 186 | 241 | 162.70 |
| 60 | 南通建工集团股份有限公司 | 189 | 205 | 161.60 |
| 61 | 浙江交工集团股份有限公司 | 190 | 201 | 160.40 |
| 62 | 湖南路桥建设集团有限责任公司 | 192 | 221 | 156.30 |
| 63 | 江苏中南建筑产业集团有限责任公司 | 193 | 240 | 155.70 |
| 64 | 江西省建工集团有限责任公司 | 194 | 208 | 153 |
| 65 | 中国建材国际工程集团有限公司 | 197 | 140 | 143 |
| 66 | 天元建设集团有限公司 | 199 | 167 | 134.90 |
| 67 | 重庆对外建设（集团）有限公司 | 200 | 207 | 133.60 |
| 68 | 中国甘肃国际经济技术合作有限公司 | 202 | 204 | 125.90 |
| 69 | 绿地大基建集团有限公司 | 207 | ** | 112.30 |
| 70 | 正太集团有限公司 | 210 | ** | 100.50 |
| 71 | 南通四建集团有限公司 | 211 | 232 | 100.50 |
| 72 | 四川公路桥梁建设集团有限公司 | 213 | 210 | 92 |
| 73 | 中国大连国际经济技术合作集团有限公司 | 217 | ** | 84.70 |
| 74 | 山东科瑞石油装备有限公司 | 219 | 202 | 79.70 |
| 75 | 中铝国际工程股份有限公司 | 221 | 233 | 75.80 |
| 76 | 蚌埠市国际经济技术合作有限公司 | 228 | ** | 70.10 |
| 77 | 江苏南通二建集团有限公司 | 232 | ** | 61.70 |
| 78 | 江联重工集团股份有限公司 | 242 | 177 | 37 |

注：**表示未进入2020年度250强排行榜。

数据来源：《2021年度ENR"全球最大250家国际承包商"上榜中国内地企业名单》，国际工程与劳务，2021年第10期第58页。《2021年度ENR"全球最大250家国际承包商"榜单》，国际工程与劳务，2021年第10期第59-63页。

## 六、安全生产形势

### (一) 总体情况

2021年,全国共发生房屋市政工程生产安全较大及以上事故15起、死亡65人,群死群伤事故得到有效遏制。与上年相比,较大及以上事故起数减少7起、死亡人数减少24人,分别下降31.82%和26.97%。自有统计以来,较大及以上事故数量首次控制到20起以下。

2021年,全国共发生房屋市政工程生产安全事故717起、死亡803人,与上年相比,事故起数增加23起、死亡人数增加6人,安全生产形势依然严峻。

### (二) 分类情况

2021年,全国事故按照类型划分:高处坠落事故396起,占比55.22%;物体打击事故109起,占比15.20%;土方、基坑坍塌事故46起,占比6.42%;施工机具伤害事故36起,占比5.02%;起重机械伤害事故34起,占比4.74%;触电事故20起,占比2.79%;中毒和窒息事故8起,占比1.12%;模板支撑体系坍塌事故5起,占比0.70%;脚手架坍塌事故4起,占比0.56%;其他类型事故59起,占比8.23%。

由数据可知,高处坠落事故数量最多,超过事故总量的一半,其次为物体打击事故,土方、基坑坍塌事故,三种类型事故总数占所有事故的3/4以上(图2-36)。

2021年,全国较大及以上事故按照类型划分:土方、基坑坍塌事故4起,占比26.66%;起重机械伤害事故3起,占比20.00%;模板支撑体系坍塌事故2起,占比13.33%;高处坠落、脚手架坍塌、中毒和窒息事故各发生1起,各占比6.67%;其他类型事故3起,占比20.00%。

由数据可知,在较大及以上事故中,土方、基坑坍塌事故最多,其次起重机械伤害事故、模板支撑体系坍塌事故,三者合计占比达到6成(图2-37)。

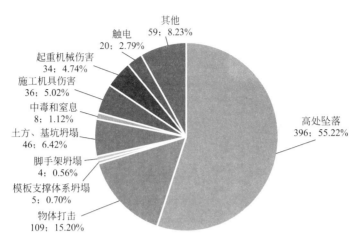

图 2-36　2021 年全国房屋市政工程生产安全事故类型统计图（单位：起）

数据来源：住房和城乡建设部工程质量安全监管司。

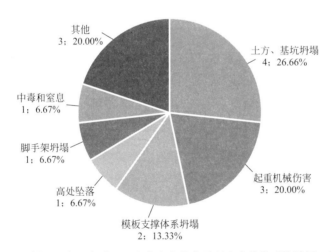

图 2-37　2021 年全国房屋市政工程生产安全较大及以上事故类型统计图（单位：起）

数据来源：住房和城乡建设部工程质量安全监管司。

# 第三章 推进数字赋能

"十四五"规划纲要提出,要充分发挥海量数据和丰富应用场景优势,促进数字技术与实体经济深度融合,赋能传统产业转型升级,催生新产业新业态新模式,壮大经济发展新引擎。在全球进入数字经济时代的背景下,各行各业都在开展数字化转型。建筑业作为国民经济支柱产业,是大数据、云计算等数字技术与实体经济深度融合的重要阵地。然而目前,我国建筑业高污染、高能耗、低效率的现象依然存在,数字化仍在低位运行,要摆脱建筑业发展的困境,就必须利用数字化手段,改变原有落后的建造方式、监管模式、用工模式和企业管理模式,促进建筑业可持续发展,实现建筑行业的转型升级。

## 一、建造方式智能化

智能建造是数字赋能建筑业最主要的体现。2020年,住房和城乡建设部等13部门联合印发《关于推动智能建造与建筑工业化协同发展的指导意见》,明确提出了推动智能建造与建筑工业化协同发展的指导思想、基本原则、发展目标、重点任务和保障措施,加快推进建筑工业化、数字化、智能化升级。2021年,智能建造在BIM技术应用、智慧工地建设、数据标准体系、建筑产业互联网建设、建筑机器人研发应用等方面取得新进展。

### (一)推进BIM技术全生命周期应用

**推进"十四五"期间BIM技术全过程应用工作。**《"十四五"建筑业发展规划》提出要加快智能建造与新型建筑工业化协同发展,推进BIM技术在工程全生命周期的集成应用,到2025年基本形成BIM技术框架和标准体系。一是推进自主可控BIM软件研发,积极引导培育一批BIM软件开发骨干企业和专业人才,保障信息安全。二是完善BIM

标准体系，加快编制数据接口、信息交换等标准，推进 BIM 与生产管理系统、工程管理信息系统、建筑产业互联网平台的一体化应用。三是引导企业建立 BIM 云服务平台，推动信息传递云端化，实现设计、生产、施工环节数据共享。四是建立基于 BIM 的区域管理体系，研究利用 BIM 技术进行区域管理的标准、导则和平台建设要求，建立应用场景，在新建区域探索建立单个项目建设与区域管理融合的新模式，在既有建筑区域探索基于现状的快速建模技术。五是开展 BIM 报建审批试点，完善 BIM 报建审批标准，建立 BIM 辅助审查审批的信息系统，推进 BIM 与城市信息模型（CIM）平台融通联动，提高信息化监管能力。《"十四五"住房和城乡建设科技发展规划》也明确提出重点任务之一是要加强建筑业信息技术应用基础研究，以支撑建筑业数字化转型发展为目标，研究 BIM 与新一代信息技术融合应用的理论、方法和支撑体系，研究工程项目数据资源标准体系和建设项目智能化审查、审批关键技术，研发自主可控的 BIM 图形平台、建模软件和应用软件，开发工程项目全生命周期数字化管理平台。

**专栏 3-1：《"十四五"住房和城乡建设科技发展规划》建筑业信息技术应用基础研究重点任务**

1. BIM 与新一代信息技术融合应用的理论、方法和支撑体系。研究 5G、大数据、云计算、人工智能等新一代信息技术与工程建设全产业链 BIM 应用融合的理论、方法和支撑体系，以及多技术融合发展战略和实施路径。

2. 工程项目数据资源标准体系。结合 BIM 与多源异构数据的管理，建立项目数据资源标准体系，完善 BIM 基础数据标准和 BIM 数据应用标准，开展工程建设规范和标准性能指标数字化研究。

3. 自主可控的 BIM 图形平台、建模软件和应用软件。研发高性能三维图形几何造型和渲染等核心引擎，搭建自主可控的 BIM 三维图形平台，开发 BIM 建模软件及设计、施工和运维应用软件。

4. 工程项目全生命周期数字化管理平台。研究基于 BIM 的跨建设阶段管理流程和数据融合标准，研发贯通工程建设全过程的数字化管理平台，推进 BIM 技术在勘察、设计、制造、施工、运维全生命周期的集成与深入应用。

5. 基于 BIM 的工程项目智能化监管关键技术。研究工程质量安全等智能化监管算法、标准和数字化技术、人工智能辅助审查技术，支撑工程建设项目报建审批、设计审查、工程质量安全检查，实现以远程监管、移动监管、预警防控为特征的数字化监管。

**将加强 BIM 技术集成应用作为发展智能建造的重点工作。**各地发布相关文件进一步推动 BIM 技术应用，助力智能建造发展。2021 年 8 月，上海市发布《进一步推进建筑信息模型技术应用三年行动计划（2021—2023）》，明确要深化 BIM 技术和绿色节能建筑的融合。研究节能建筑和绿色建筑基于 BIM 的设计、分析和评价算法，研发相关配套的节能、绿色建筑等分析评价软件。到 2023 年底，形成基于 BIM 技术的节能绿色建筑分析评价体系。深化 BIM 技术和新基建的融合。鼓励支持企业充分利用 5G（第五代移动通信技术）、云计算等带动的网络性能和算力提高，提升 BIM 技术用户体验；通过 BIM 技术深化应用，提升新基建项目设计建造效率和管理水平。到 2023 年底，BIM 技术的核心应用全部利用新基建网络通信和云计算的基础设施，力争 80％规模以上的新基建项目建设和管理使用 BIM 技术。2022 年 5 月，新疆维吾尔自治区住房和城乡建设厅印发《关于推进自治区建筑信息模型（BIM）应用工作的实施意见》，明确了开展 BIM 技术应用研究、建立标准体系、建立基于 BIM 的技术监管和服务体系、强化 BIM 技术在工程建设全过程应用能力建设四大重点任务，为新疆推进 BIM 技术应用提供了发展方向。

**构建数字管理平台，加强 BIM 技术应用。**为进一步提升工程建设数字化管理水平，提高 BIM 技术在项目全过程中的应用深度，江苏省泰州市住房和城乡建设局打造了 BIM 协同管理平台，努力实现 BIM 技术在项目建设各阶段的一体化管理。该 BIM 协同管理平台的总体框架可以归纳为:"1+N+1",也就是包括一个数据中心、N个应用和项目管理一张图。"一个数据中心",即打造集数据采集、获取、处理、存储、传输和使用于一体的数据库;"N个应用",包括BIM概算系统、BIM辅助审图系统、BIM辅助招标投标系统、BIM项目管理系统和BIM交房系统;"项目管理一张图",则是将项目成本信息、施工进度状态以及质量安全信息以丰富多彩的图表曲线直观清晰地展现出来。泰州市住房和城乡建设局还组织编制了设计模型交付导则、竣工模型交付导则和BIM技术应用导则,起草了BIM辅助审图和辅助招标投标实施方案,BIM技术应用水平得到极大提升。

**运用BIM技术推动工程项目审批程序和管理方式改革。**为深入推进"放管服"改革,持续优化营商环境,海南省海口市江东新区管理局印发《江东新区BIM智能审查导则》,试点运用BIM技术推进审批程序和管理方式改革,力争成为全省首个推进项目BIM报规报建审批、施工图BIM审查、BIM竣工验收的试点区域,大幅提升江东新区整体建设开发质量,通过对工程项目智慧化审查审批应用,全链条保障江东新区各类项目的有序建设,为江东新区高质量建设发展打下坚实基础。

### (二)大力推进智慧工地建设

**明确智慧工地建设目标。**为加快推动智能建造和建筑业高质量发展,2021年7月,山东省住房和城乡建设厅印发《全省房屋建筑和市政工程智慧工地建设指导意见》,明确智慧工地建设的指导思想、基本原则、工作目标、主要任务和保障措施,着眼于从根本上消除事故隐患、从根本上解决问题,积极应用物联网、区块链、云计算、大数据、人工智能等信息技术,加快推动建造方式智能化、现场管理智慧化、部门监管可视化,加快提升建筑施工安全生产治理体系和治理能力现代化水平,按照一年打基础、两年求突破、三年上水平的推进路径,到2023年底,全面推行三星(AAA)级智慧工地,智能建造技术普遍应用,智慧管理手段成为常态,机械化换人、自动化减人目标基本实现,安全隐患大幅减少,工程质量安全水平显著提升。

**专栏 3-2：山东省住房和城乡建设厅《全省房屋建筑和市政工程智慧工地建设指导意见》（摘要）**

三、工作目标

按照高起点规划、高质量发展和"分级推进、逐年提升"的总体思路，在全省施工许可限额以上的新建、在建房屋建筑和市政工程中全面推行，力争用3年时间形成较为完善的智慧工地应用和评价体系。

（一）一年打基础。到2021年底，全省房屋建筑和市政工程规模以上项目全面推行一星（A）级标准，并鼓励企业将项目信息接入全省建筑施工安全监管平台，实现视频监控、远程监管，安全隐患人工预警、及时消除。

（二）两年求突破。到2022年底，全面推行二星（AA）级智慧工地，施工现场做到智慧管理、自动监测，安全隐患实时报警、在线预控，实现现场作业标准化、项目管理精细化、决策监管科学化。

（三）三年上水平。到2023年底，全面推行三星（AAA）级智慧工地，智能建造技术普遍应用，智慧管理手段成为常态，机械化换人、自动化减人目标基本实现，安全隐患大幅减少，工程质量安全水平显著提升。

具体评价标准参照山东省建筑安全与设备管理协会发布的团体标准《智慧工地建设评价标准》T/SDJSXH01—2021。

四、主要任务

（一）明确主体架构设计。围绕施工过程管理，以高度的信息化为基础，通过支持对人和物全面感知、施工技术全面智能、工作互联互通、信息协同共享、决策科学分析、风险智慧预控，形成覆盖主管部门、企业、施工现场多方联动的可视化工程项目监管信息系统。

（二）建立标准规范体系。编制智慧工地相关技术导则、评价标准和技术标准，全省统一功能模块标准、设备参数标准、数据格式标准、平台对接标准、数据看板标准。支持企业编制智慧工地应用标准、加强技术创新，促进智慧工地关键技术和成套技术研究成果转化为标准规范。

（三）支持多种模式运营。鼓励智慧工地集成服务商提供总体解决方案、单纯技术服务、租赁服务等多种服务承包模式。鼓励有信息技术研发能力的大型施工企业，在探索应用智慧工地技术解决现场实际问题和实现关键环节管控等方面先行先试，制定相应技术标准。

（四）突出重点模块应用。紧盯易发群死群伤事故的危大工程风险隐患治理，集中在起重机械设备管理、高支模、深基坑监测预警，以及人员信息动态管理、关键部位视频智能监控、现场安全隐患排查以及环境监测管控等方面先行应用。

（五）加快转变监管方式。推动建立安全监管人员考评体系，实现对监督人员能力的动态评价与提升，不断提高行业安全监督及服务能力。发展第三方建筑施工安全生产服务，综合利用大数据分析统计等技术工具，分析薄弱环节，查找风险隐患，为主管部门提供辅助行政执法支撑。

**创新举措建设智慧工地。**基于 2020 年的目标基础，多个省市开始打造智慧工地并投入使用。2021 年初，杭州市结合近年来实名制管理经验和建设工地的实际需求，组织研发升级了"杭州市智慧工地实名制管理应用系统"，并配套发布了《关于进一步加强智慧工地实名制管理工作的通知》，新升级的智慧工地实名制管理系统于 2021 年 4 月 1 日正式启用，对进入建筑工地的人员类别、身份信息和考勤数据进行优化，新增大数据分析统计功能，新增人员到岗情况预警辅助场景，强化全国、省级平台关联并实时推送信息，动态掌握在杭工地现场人员进出场信息，是全面推进数字化改革又一新成果。浙江省台州市玉环市大力推进智慧工地建设，打造了"一套系统监管、一个端口覆盖、一班人马运行"管理体系，创设性嵌入包括安全健康码、应急预警信息推送等功能的"智能预警"应用，实施在建工地、起重设备、操作人员"一对一"

捆绑，对违规现象予以扣分警告，该智慧工地系统已实现全市房屋建筑工地全覆盖。

### （三）加快构建数据标准体系

**明确标准化建设是"十四五"期间的重点任务之一。**《"十四五"建筑业发展规划》中提出在加快智能建造于新型建筑工业化协同发展方面，要夯实标准化和数字化基础，完善模数协调、构件选型等标准，建立标准化部品部件库，推进建筑平面、立面、部品部件、接口标准化，推广少规格、多组合设计方法，实现标准化和多样化的统一。《"十四五"住房和城乡建设科技发展规划》中也明确应以推动建筑业供给侧结构性改革为导向，开展智能建造与新型建筑工业化政策体系、技术体系和标准体系研究，促进建筑业转型升级。

**发布关于城市信息模型、房屋建筑的行业数据标准。** 2021年，住房和城乡建设部组织中国城市规划设计研究院、广州市住房和城乡建设局、广州市规划和自然资源局、广州市规划和自然资源自动化中心等单位起草了《城市信息模型应用统一标准》《城市信息模型平台工程建设项目数据标准》《城市信息模型数据加工技术标准》《城市信息模型基础平台技术标准》4项标准，其中《城市信息模型基础平台技术标准》CJJ/T 315—2022已发布，自2022年6月1日起实施，该标准的主要技术内容包括总则、基本规定、平台架构和功能、平台数据、平台运维和安全保障等内容，适用于城市信息模型基础平台的建设、管理和运行维护。2022年6月，住房和城乡建设部批准《房屋建筑统一编码与基本属性数据标准》为行业标准，编号为JGJ/T 496—2022，自2022年7月1日起实施，《房屋代码编码标准》JGJ/T 246—2012同时废止。该标准主要包括总则、术语和符号、编码规则、基本属性4项技术内容，适用于房屋建筑编码、基本属性采集、数据处理和信息共享应用，不适用于构筑物。

### （四）培育建筑产业互联网平台

加大"十四五"期间建筑产业互联网平台建设力度。《"十四五"建筑业发展规划》中将"打造建筑产业互联网平台"列为加快智能建造与新型建筑工业化协同发展方面的主要任务之一，提出要加大建筑产业互联网平台基础共性技术攻关力度，编制关键技术标准、发展指南和白皮书。开展建筑产业互联网平台建设试点，探索适合不同应用场景的系统解决方案，培育一批行业级、企业级、项目级建筑产业互联网平台，建设政府监管平台。鼓励建筑企业、互联网企业和科研院所等开展合作，加强物联网、大数据、云计算、人工智能、区块链等新一代信息技术在建筑领域中的融合应用。

**专栏 3-3：《"十四五"建筑业发展规划》建筑产业互联网平台建设**

2025 年，建筑产业互联网平台体系初步形成，培育一批行业级、企业级、项目级平台和政府监管平台。

1. 加快建设行业级平台。围绕部品部件生产采购配送、工程机械设备租赁、建筑劳务用工、装饰装修等重点领域推进行业级建筑产业互联网平台建设，提高供应链协同水平，推动资源高效配置。

2. 积极培育企业级平台。发挥龙头企业示范引领作用，以企业资源计划（ERP）平台为基础，建设企业级建筑产业互联网平台，实现企业资源集约调配和智能决策，提升企业运营管理效益。

3. 研发应用项目级平台。以智慧工地建设为载体，推广项目级建筑产业互联网平台，运用信息化手段解决施工现场实际问题，强化关键环节质量安全管控，提升工程项目建设管理水平。

4. 探索建设政府监管平台。完善全国建筑市场监管公共服务平台，推动各地研发基于建筑产业互联网平台的政府监管平台，汇聚整合建筑业大数据资源，支撑市场监测和数据分析功能，探索建立大数据辅助科学决策和市场监管的机制。

**部分地方和企业已在搭建建筑产业互联网平台方面取得成效。** 2021年12月，住房和城乡建设部发布第一批智能建造新技术新产品创新服务典型案例，其中有20项与建筑产业互联网相关，代表了该领域的行业领先成果。如"装建云"装配式建筑产业互联网平台，由住房和城乡建设部科技与产业化发展中心牵头、北京和创云筑科技有限公司提供技术支撑，联合江苏省住房和城乡建设厅住宅与房地产业促进中心等单位研发，主要为装配式建筑企业提供产业互联网平台，通过跨系统、跨企业信息互通，为解决企业间信息壁垒、企业内信息孤岛问题提供了解决方案。截至2021年9月，"装建云"注册企业1405家，涵盖822个装配式建筑项目，4532个单体工程，14570064条构件生产、检验、入库、运输、吊装等信息。又如"筑享云"建筑产业互联网，由三一筑工科技股份有限公司研发，依托树根互联的工业互联网技术，打造了项目"全周期、全角色、全要素"的在线协同平台，可以为智能建造提供数字化整体解决方案。平台包含项目管理、深化设计管理、构件生产管理、现场施工管理、BIM数字孪生交付5个核心模块，支持用户进行平台策划、定制化设计、数字工厂自动化生产、数字工地智能化施工、一件一码孪生交付及数据化运营，有利于实现建筑产业链的互联互通。目前，已在天津国家合成生物技术创新中心核心研发基地项目中投入使用。

## （五）加大力度研发应用建筑机器人

进一步推动"十四五"期间建筑机器人研发应用。《"十四五"建筑业发展规划》中提出要加快建筑机器人研发和应用，加强新型传感、智能控制和优化、多机协同、人机协作等建筑机器人核心技术研究，研究编制关键技术标准，形成一批建筑机器人标志性产品。积极推进建筑机器人在生产、施工、维保等环节的典型应用，重点推进与装配式建筑相配套的建筑机器人应用，辅助和替代"危、繁、脏、重"施工作业。推广智能塔吊、智能混凝土泵送设备等智能化工程设备，提高工程建设机械化、智能化水平。

建筑机器人研发应用走向标准化、规模化和市场化。2022年6月，广东省建筑机器人制造及应用标准化试点在佛山启动，这是广东首个在机器人领域获批创建的标准化试点，位于佛山市顺德区的广东博智林机器人有限公司成为该项试点的创建单位。根据规划，建筑机器人标准化试点为期两年，试点期间将成立建筑机器人标准化试点管理委员会，建立建筑机器人标准体系和建筑机器人工程建设标准及产品标准,并将在试点后期开展实施评价、改进和验收工作。作为建筑机器人制造及应用标准化试点的重要内容,博智林机器人有限公司将在佛山市顺德区北滘镇滨河路项目上,通过使用建筑机器人施工,对建造过程进行记录、总结,制定并实施相关产品标准和施工技术标准,规范并推广建筑机器人应用。

**各类建筑机器人投入施工应用。**第一批智能建造新技术新产品创新服务典型案例中列举了13项建筑机器人投入使用的典型案例,如中亿丰建设集团股份有限公司研发的智能砌筑机器人"On-site"在苏州星光耀项目中投入使用,该机器人可以在无预设的实际工况下开展人机协作施工,可以满足单块重量30kg以下的各种尺寸砌块施工需求。通过与同等条件下的传统人工砌筑情况对比发现,智能砌筑机器人在砌筑大工减少50%、整体砌筑质量提升的情况下,平均砌筑工期节省了1~2天,降低了人员劳动强度,提高了持续施工作业能力,提升了砌筑施工环节的机械化和工业化水平,有利于缓解建筑工人招工难、用工贵的问题。又如中建科技集团有限公司研发的三维测绘机器人在智能建造试点深圳长圳公共住房项目中投入使用,该机器人适用于墙面平整度、垂直度、方正性、阴阳角、天花和地面的水平度及平整度等内容的测量,可在2分钟内完成单个房间实测作业,能够自动生成点云数据,测量效率较人工提升2~3倍,测量结果客观、准确。机器人采用先进的点云扫描、点云数据拼接处理测量算法技术,可自主移动到指定位置点云扫描室内建筑完成实测实量工作,具有一键启停、易操作、易维护、效率高、精度高、智能化程度高、数据可追溯以及无纸化测量等特点。

## 二、监管体系数字化

建筑业是国民经济支柱产业,也是我国所有产业中数字化程度较低的行业。为推动数字产业化和产业数字化快速发展,"十四五"时期,政府发挥产业发展引领者、市场秩序规范者作用,推动政府监管数字化与产业数字化同步发展。

## （一）加强建设工程项目全生命周期智慧监管

**推动勘察设计监管方式数字化网络化智能化创新。**为加强工程勘察设计质量监管，创新勘察设计质量监管方式，保障工程质量安全，2021年12月27日，住房和城乡建设部工程质量安全监管司组织召开工程勘察设计质量监管工作视频座谈会。会议以"落实勘察设计质量监管责任，推动勘察设计质量监管方式数字化、网络化、智能化创新"为主题，江苏、浙江、湖南、广东等地住房和城乡建设主管部门就开展工程勘察设计质量监管、施工图数字化审查、人工智能审图、建筑信息模型（BIM）审图等工作情况进行了交流，不断推动"互联网＋勘察设计监管"。2022年4月，甘肃省住房和城乡建设厅上线运行勘察设计行业监管公共服务平台，平台集成勘察设计企业库、从业人员库、项目信息库、信用记录库、工作门户以及公共服务门户等模块，用户包含省、市（州）、县（区）各级住房和城乡建设部门、勘察设计相关单位等，通过现代信息手段进一步推进勘察设计市场平稳健康发展。

**采用数字化手段规范建设工程招标投标活动。**为持续优化营商环境，加快数字政府建设，不断提升政府治理效能，2022年2月，新疆维吾尔自治区住房和城乡建设厅、自治区政务服务和公共资源交易中心联合印发《关于自治区房屋建筑和市政基础设施工程招标投标监督管理平台与公共资源交易平台对接的通知》，要求各地住房和城乡建设主管部门、公共资源交易机构做好房屋建筑和市政基础设施工程招标投标监督管理平台与公共资源交易平台对接工作，尽快形成统一高效、互联互通的数据资源库，推动数据共享共用，为建设工程"两场联动"提供重要保障，新疆将实现建设工程招标投标活动全流程监管一张网。2022年8月，杭州市在实现全市统一的电子化招标投标系统基础上，创新构建园林绿化招标投标数智监管平台，寻求数字化改革在招标投标监管以及公权力监督小场景理论和实际应用新的突破，为全市乃至浙江建设领域招标投标预警监督体系和公权力监督场景应用等方面的探索提供有效经验。

**打造建筑工地智慧监管平台。**为加强建筑工地全生命周期监管，浙江省嘉兴市海盐县大力推广"建筑业智慧监管云平台",以贯穿项目交底、桩基验收、基础标化、结构验收、主体中间结构验收、竣工初验等各阶段的"一条项目管理线",实现全流程全周期监管,以覆盖所有在监工地24小时监控设备的"一张全域监管网"实现全天候全方位监管,以包括住建、公安、人力资源和社会保障各部门的"一个协同管理系统",实现多部门全领域监管,取得了一定成效。北京市朝阳区住房和城乡建设委员会规划建设了"朝阳区建设工程智慧监管平台",将安全生产监督工作全部纳入平台管理,大大提高了安全监管方式科技化、监管流程标准化、数据统计自动化水平,是北京首个建设工程综合性监督管理信息化平台。杭州市滨江区围绕"数字化"管理,聚焦"智慧工地"建设,创新研发了"平安工地一码通",按照"一项目一码、动态评价"的原则,以重大危险源为基础,结合访源治理、劳动保障、治安风险、火灾风险、安全风险5个方面9个指标,形成"平安工地五色分级治理体系",构建起全时触碰、全员参与、全程覆盖的工地全生命周期智慧管理体系,实现"数治工地"。

**创新举措加强建筑垃圾全过程数字化监管。**多地利用现代信息技术加强渣土等建筑垃圾运输环节的全过程监管。2021年,重庆市开始推广新型智能建筑渣土车,充分利用车辆出厂标配的车载智能终端接入城市建筑垃圾信息监管平台,实现定人、定时、定点、定线、定速、定区域6大功能,为主管部门和企业实现规范、实时、全面、智能的管理提供有力的信息支撑。城市管理部门通过建筑垃圾信息监管平台可进行工地信息、消纳场信息管理维护,并可以绘制电子围栏,避免违规倾倒,减少安全隐患和环境污染。天津市滨海新区住房和城乡建设委员会在天津市率先推出"智慧渣土平台",协同区交通运输局等部门,从证件线上联审联批、渣土车辆全过程监管、企业信用评价三方面入手,推行营运审批"不见面"服务、渣土车辆"精细化"监控,建立了滨海新区建筑垃圾排放、运输和消纳的全过程监管体系。浙江省宁波市自2021年4月上线建筑垃圾处置智管服务应用以来,已成功执法办案5500余件,在线登记出土工程600余处,核准运输单位180余家、运输车辆3300辆,该应用入选《中国城市环卫行业智慧化发展白皮书(2021)》建筑垃圾应用典型案例。

## （二）健全数字化建筑市场监管体系

**做好建筑市场监管服务信息平台运维。** 持续完善全国建筑市场监管公共服务平台，进一步加大信用信息的公开和共享力度。截至 2021 年底，平台共收录 77 万条企业资质信息、340 万条注册人员信息、197 万条工程项目信息、209 条建筑市场主体"黑名单"信息。

**推动行业信用分级分类监管平台建设。** 为加快构建住房和城乡建设行业信用监管责任体系，推动住房和城乡建设行业信用分级分类监管平台建设，天津市住房和城乡建设委员会主动与市公共信用中心对接，按照天津市信用体系建设整体进展、场景应用等情况，加快房地产、建筑业、物业管理、勘察设计等七大行业的信用监管体系构建，有力推动了行业信用分级分类监管平台建设，为实现市住房和城乡建设委员会分类监管、动态监管、精准监管提供保障。

**创新建筑业企业资质智慧监管模式。** 近年来，建设领域的非法中介为牟取不正当利益，有意钻资质资格"放管服"改革的空子，致使"挂证"等扰乱市场行为屡禁不止。上海市住房和城乡建设管理委员会借助信息化手段，从源头打击"挂证"乱象，强化数字化应用的监管手段。2013 年，上海市启动建设市场管理信息平台建设，截至 2021 年，25780 家从事建设工程的各类企业全部纳入平台监管，其中本市企业 19987 家，外省市进沪企业 5793 家。依托统一的信息平台，上海市住房和城乡建设管理委员会在建设项目审批、建设主体管理等方面深入应用，在信息化建设方面取得了诸多成果。例如，以在沪企业和个人的信息库为基础，建立个人建档和作业人员实名制采集模块，加上行政处罚、信访、信用模块，形成一个以企业和个人信用管理为核心的监管系统；以企业资质审批和个人执业注册管理为核心，汇集工程建设过程中企业和人员的业绩、处罚等信息，建立了企业信用和人员档案并开启评价试点工作等。

## （三）加快推进电子证照在建筑业领域应用

**加快推进建筑业企业资质电子证照全国互通互认。** 住房和城乡建设部同意山东省、青海省、天津市、重庆市等地实行部分建设工程企业资质证书和部分从业人员注册执业资格证书电子证照。各省市积极推进电子证照建设，多地发出首个施工许可电子证照，湖南省自2021年3月起全面实行竣工验收备案电子证照，全省正式实现竣工验收备案"网上申请""网上审批"和"零跑腿"办理；四川省自2021年7月10日起，全省范围内的房屋建筑和市政基础设施工程项目全面实行施工许可证电子证照。2022年8月，为贯彻落实《国务院办公厅关于加快推进电子证照扩大应用领域和全国互通互认的意见》（国办发〔2022〕3号）工作部署，住房和城乡建设部办公厅发布《关于开展建筑施工企业安全生产许可证和建筑施工特种作业操作资格证书电子证照试运行的通知》，决定自2022年10月1日起，在天津、山西、黑龙江、江西、广西、海南、四川、重庆、西藏9个省（区、市）和新疆生产建设兵团开展建筑施工企业安全生产许可证电子证照试运行，在河北、吉林、黑龙江、浙江、江西、湖南、广东、重庆8个省（市）和新疆生产建设兵团开展建筑施工特种作业操作资格证书电子证照试运行。未来，电子证照数据将实时上传至全国工程质量安全监管信息平台，并可通过微信小程序向社会公众提供证照信息公开查询以及二维码扫描验证服务，各省市将实时共享电子证照信息，实现电子证照信息跨地区互联互通互认。

**实施注册执业资格证书、电子注册证书工作取得初步进展。**2021年，住房和城乡建设部和国务院办公厅电子政务办公室发布注册建筑师、勘察设计注册工程师、监理工程师等注册证书电子证照的具体实施方案。2021年8月1日起，一级注册建筑师电子注册证书在全国范围内正式启用，2021年10月15日起，一级建造师电子注册证书在全国全面启用。截至2021年底，全国3.4万名一级注册建筑师的电子注册证书已全部在注册系统内生成；已有54.37万人次申领一级建造师电子注册证书。同时在全国建筑市场监管公共服务平台微信小程序和中国建造师网公众号中，增加了扫码查询功能，方便社会公众扫描电子证书二维码查询、核实有关信息。人员注册系统实现了与国家政务服务平台、住房和城乡建设部政务服务门户数据对接，通过不断加强对注册系统的联调联试，确保注册系统运行稳定和安全。

### (四) 打造"数字政府"建设新引擎

**住建部门加强"数字政府"建设。**近年来,各地住房和城乡建设主管部门致力于加强信息化建设应用、推动监管方式转变,建设业务系统和办公系统,办公效率、监管效率不断提高,但也出现了系统林立、数据孤岛等问题。国务院印发的《"十四五"数字经济发展规划》对我国数字经济发展作出整体部署,要求更好发挥政府在数字经济发展中的作用,并提出了数字经济治理体系更加完善以及政府数字化监管能力显著增强、行业和市场监管水平大幅提升等目标。住房和城乡建设部《"十四五"建筑业发展规划》中也提出"探索建设政府监管平台",为各地住房和城乡建设主管部门加强数字政府建设指明了方向。

**"数字住建厅"助建筑业数字化监管变革提速。**2022年7月,广联达科技股份有限公司发布《"数字住建厅"白皮书(建筑业分册·2022)》,提出了建筑业数字化监管解决方案,以"云、大、物、移、智、BIM、CIM"等新科技为支撑手段,实现跨部门、跨业务、跨层级的政府组织的融合集成应用,智能化服务于业务监管和领导决策。该方案强化顶层设计,构建了"1231N"的建筑业数字化监管新框架。"1"即1个大数据中心,"2"即2个门户(工作门户、服务门户),"3"即3级(省级、市级、区县级)贯穿,"1"即1套指标体系(包括行业发展指标、市场发展指标、工程建造指标、创新能力指标等),"N"即N类监管场景(市场主体监管、招标投标监管、合同履约监管、施工许可监管、劳务用工监管等)。该方案作为赋能政府监管的平台,可为工程建设行业主管部门提供三大核心价值:面向厅局,建设"资源可视中心",打造资源管理和基础支撑能力,服务于信息中心,全面统筹数字化建设;面向业务处室,建设"业务分析中心",打造业务"一网通办、一网统管、一窗综办"能力,服务于处室的业务协同监管;面向领导层,建设"数据决策中心",为领导决策提供科学的指数指标体系,可视化呈现"指挥调度运行全景图"。目前,"数字住建厅"已在多个项目落地实施,如住房和城乡建设部建筑市场监管服务公共平台移动版、住房和城乡建设部科创住建大数据平台、贵州省住建大数据智能化平台等,取得了一定成效。

**通过打造住建系统市场监管平台提升服务水平。**部分省级住房和城乡建设厅打造统一监管平台，实现智慧住房和城乡建设大监管。2021年4月，广西建筑市场监管云平台（"桂建云"）上线试运行，与全国和自治区建筑业管理各系统实现数据互联互通。该平台整体定位为数字化、智能化、一体化的建筑市场监管和服务平台，采用了区块链技术应用加强信息安全管理以及数据管理可溯源。该平台支持企业填报信息一处录入、多处共享。"桂建云"的上线解决了各系统信息孤岛、数据不流通的情况，进而实现了"一网通办、数据多跑路、企业少跑腿"的目的。同时，降低了企业办事成本，加大了信用监管力度，助力提升政府服务水平。2022年，湖北省住房和城乡建设厅搭建湖北省房屋建筑和市政工程监管数据中心，整合全省在建工程、企业资质、人员资格等建筑业关联信息，融合在建工程项目立项、招标投标、合同、施工图审查、施工许可、安全监督、质量监督、竣工验收等环节信息，发现过程监管中的突出问题，如企业经营和项目状况、监管薄弱环节、安全风险隐患等，对接省建筑业大数据中心、省建筑市场监管一体化平台等数字住建领域相关系统数据，依据"一数一源"原则，归集、整合、应用相关数据，搭建基础数据库、工程管理、GIS一张图、可视化分析模块，实现在建工程全过程业务数字化监管。

## 三、用工模式规范化

建筑产业工人是我国产业工人的重要组成部分，是建筑业发展的基础，为经济发展、城镇化建设作出重大贡献。在当前形势下，要提升建筑工人素质、建设产业工人队伍、加强工匠培育，应借助现代化信息手段采取强有力的措施，主要包括推行建筑工人实名制管理、保障建筑工人权益、加强建筑工人业务培训等。

### （一）持续推进建筑工人实名制管理制度

**完善全国建筑工人管理服务信息平台。**2021年，住房和城乡建设部加快推进建筑工人实名制管理，截至2021年12月底，全国建筑工人管理服务信息平台已入库建筑工人4335万人，为规范劳务用工发挥了重要作用。《"十四五"建筑业发展规划》提出要加强建筑工人实名制管理，完善全国建筑工人管理服务信息平台，充分运用物联网、生物识别、区块链等新一代信息技术，实现建筑工人实名制、劳动合同、培训记录与考核评价、作业绩效与评价等方面的信息化管理。制定统一数据标准，加强各系统平台间数据对接互认，实现全国数据互联共享。将建筑工人管理数据与日常监管相结合，加强数据分析应用，提升监管效能。在建筑工人实名制管理的基础上，加强管理人员到岗履职监管，严格实行特种作业人员实名上岗，压实现场管理和技术人员责任。

**两部门修改《建筑工人实名制管理办法（试行）》。**为进一步促进就业，保障建筑工人合法权益，2022年8月，住房和城乡建设部、人力资源和社会保障部印发通知，修改《建筑工人实名制管理办法（试行）》部分条款。一是将第八条修改为："全面实行建筑工人实名制管理制度。建筑企业应与招用的建筑工人依法签订劳动合同，对不符合建立劳动关系情形的，应依法订立用工书面协议。建筑企业应对建筑工人进行基本安全培训，并在相关建筑工人实名制管理平台上登记，方可允许其进入施工现场从事与建筑作业相关的活动"。二是将第十条、第十一条、第十二条和第十四条中的"劳动合同"统一修改为"劳动合同或用工书面协议"。

**各地强化建筑工人实名制管理。**2021年3月，江苏省住房和城乡建设厅发布《关于进一步强化建筑工人实名制管理工作的通知》，进一步加强建筑工人实名制管理的数据归集、数据应用等体系建设，拓展实名制人员信息录入的范围，充分发挥实名制管理工作在根治欠薪、市场行为监管、信用体系建设等领域的拓展应用。山东省不断加强建筑工人管理，截至2021年4月，建筑工人实名制更新率达到90.28%，达到国务院对农民工工资支付工作考核实名制更新率指标满分标准，实名制管理工作迈上新台阶。2022年1月，江西省住房和城乡建设厅、人力资源和社会保障厅联合修订印发《江西省建筑工人实名制管理实施细则》，明确全省行政区域内建筑面积500平方米以上、工程投资额100万元以上的在建房屋建筑和市政基础设施工程均应实行建筑工人实名制管理，并列入标准化工地考核办法和评优内容。江西省住房和城乡建设厅对省建筑工人实名制管理服务信息平台进行升级改造，将统一数据标准，全省房屋建筑和市政基础设施工程建设项目须按标准要求，通过设备直联形式向新平台实时传输数据。

**专栏 3-4：江苏省住房和城乡建设厅《关于进一步强化建筑工人实名制管理工作的通知》（摘要）**

实名制管理是贯彻《保障农民工工资支付条例》的基础性工作。为进一步加强建筑工人实名制管理的数据归集、数据应用等体系建设，充分发挥实名制管理工作在根治欠薪、市场行为监管、信用体系建设等领域的拓展应用，现就进一步强化实名制管理工作有关事项通知如下。

一、切实加强项目管理人员的录入和考勤

各地住房城乡建设主管部门要加强本行政区域内房屋建筑和市政基础设施项目实名制管理工作监管力度，拓展实名制人员信息录入的范围。自 2021 年 4 月 1 日起，凡进入施工现场的建设单位、总包单位、分包单位、监理单位、劳务企业的项目管理人员必须纳入实名制管理范围，包括总承包和分包单位管理人员（含八大员、特种作业人员等）、建设单位项目负责人员、监理单位管理人员等相关基本信息（包括相关持证上岗人员的证书类别、证书编号、有效期等）；应及时修改完善建筑工人的技能等级、联系方式、银行账号等信息，对于临时聘用人员也应纳入实名制管理之中，做到应录尽录、准确无误，相关信息完善、录入工作务必于 2021 年 5 月 1 日前完成。全省房屋建筑和市场基础设施项目要严格按照实名制管理要求，实行每日考勤，考勤记录将作为各地对建筑市场行为监管以及核实管理人员是否履职的重要依据，其中项目经理以及总监每月考勤记录不得低于 70%。对于未按要求执行的项目，省厅将纳入预警项目清单，逾期未改正的将予以通报、处罚并扣除项目和企业对应的信用分。有条件的地区可以将本地建筑市场执法人员信息一并录入，方便执法和监管人员对项目实名制管理落实情况的督导检查，执法监督数据一并纳入实名制管理之中。

二、严格执行统一规范的实名制管理数据标准

全省建筑工人实名制管理平台是统一标准数据的信息管理平台，全省房屋建筑和市政基础设施工程建设项目必须以省级制定的统一标准数据，通过县、市平台向省级平台实时传输数据。对于实施智慧工程建设的项目，在实名制管理终端必须加强数据的融通性，按照"四项制度"要求，保证数据实时、准确传输至县、市、省级实名制管理平台。各地应认真核对并及时调整实名制管理平台中工程建设项目的状况（包括在建、停工、竣工等施工状态），确保真实反映工程建设的现状，省厅将于2021年5月1日起，通过全省建筑工人实名制管理平台对上述情况进行系统内排查、核查。

三、强化建设工程项目全过程监督管理

各地要按照3个"百分百"的要求，即实名制考勤率100%、工资专户开户率100%、总包委托银行代发工资率100%，强化工程项目建设过程中的监督管理，要严格落实"四项制度"，重点检查总包单位委托银行代发工资、工资专用账户、实名制考勤等制度落实，对于在检查中发现的问题，及时督促相关责任单位进行改正。对于代发工资数据无法实现与省、市实名制平台对接或者不能准确反馈工资发放数据的银行，应停止其在当地开设工资专用账户资格。严禁总包单位直接将农民工工资委托分包企业和劳务企业代发，严禁将工资直接发给班组长，工资必须经农民工本人确认后，通过银行直接发放到农民工本人银行卡。

对于不能真实反映工程项目的实时状态，弄虚作假，擅自变更工程状况，逃避监管的建设项目（含已实施智慧工地建设的项目）和企业，一经查实，严格按《保障农民工工资支付条例》第五十五条规定，给予全省通报，扣除项目和企业相应信用分，并处以限制企业承接新工程，逾期整改不到位的降低资质等级，直至吊销资质证书等处罚。

四、推进实名制管理信息数据的共享和应用

各地住房城乡建设主管部门要加强与当地人社、信访、公安等

部门的沟通协调，加快实名制管理平台与劳动监察、信访、公安、质检、安监、教育培训等系统的对接，积极推动实名制管理数据共享。省厅今年将推进与劳动监察部门实施"一案双查"机制，与信访部门开展投诉案件信息对接，与公安部门实现人员信息比对、确认，推进安全教育、人员资质资格等信息共享。各地要进一步加强实名制管理数据的应用，探索将实名制管理情况与企业信用等级、招标投标、资质升级、市场行为监管等挂钩，不断拓展数据的应用范围。

### （二）通过信息化手段加强建筑产业工人权益保障

**建立欠薪预警机制，保障建筑工人工资发放。**欠薪问题是建筑用工的痛点、难点。广西通过"桂建通"平台对实名制采集率、"桂建通"卡发放率、工资专户绑定率、工人考勤率、工资代发率、工人欠薪投诉等各环节进行实时监控分析，自动关联预警通知系统，建立了分角色、分指标、分等级的预警监管机制，进一步确保农民工工资及时足额发放。海南开发工资支付监管平台设置了农民工工资支付监控预警功能，以实名制信息化管理为基础、银行代发工资为保证、多功能预警管理为支撑、按月足额支付工资为目标，将用工单位及务工人员基本信息、考勤、工资支付等内容纳入平台实时动态监管，创新建立数字化监管模式，规范农民工工资支付行为，进一步加强欠薪源头治理。新疆上线运行农民工工资支付监控预警平台，实现全疆工程建设领域从农民工劳动合同签订到工资发放实时监管，让农民工干活有数据、讨薪有实据。

**提高建筑工人安全技能水平和身心健康素养。**2021年2月5日，中国建筑业协会建筑供应链与劳务管理分会印发《关心关爱建筑工人行动方案（2021）》文件，以"中国劳务"企业微信平台，为建筑工人提供"健康福利""安全培训""法律援助""文化娱乐""党建活动"以及"技能提升"6大项关系到建筑工人切身利益和保障的公益性服务活动，以加强建筑工人权益保护，提升建筑工人生活环境、作业环境、劳动保护水平。通过开展"关心关爱建筑产业工人"项目，宣传建筑产业工人相关政策、协会活动与成果、项目工作等，增加公众对建筑产业工人群体的认知与了解，呼吁社会关心关爱建筑产业工人群体。开发建设服务建筑产业工人的综合服务平台，借助互联网科技手段提升健康、医疗、生活消费、金融保险等方面服务，开展适于建筑产业工人群体的各类文体活动，加快新时代建筑产业工人队伍的建设工作。

**打造建筑服务产业园，规范建筑劳务用工。**为形成有利于建筑产业工人队伍培育和发展的劳务用工制度，《江苏省建筑产业工人队伍培育试点工作方案（2020—2022年）》明确要在全省范围内重点培育1~2个"互联网＋人力资源"服务平台，1~2个建筑人力资源产业园，若干个省级产教融合型企业。多个建筑企业入住中亿丰建设集团与苏州相城区政府共同打造的江苏建筑服务（苏州）产业园，该园区采用"政府主导、企业主体、市场运营"的模式，通过聚合建筑产业链上下游企业，实现资源共享，合作共赢，着力于打造建筑工地＋建筑服务产业园＋建筑产业工人服务平台，形成"一地一园一平台"的"三位一体"建筑产业工人全生命周期生态机制体系，方便建筑业企业和建筑产业工人就地、就近、就便进行双向选择。

### （三）数字化建设助力高素质建筑产业工人队伍培育

**加强建筑产业工人职业技能考评标准建设。**近年来，中国建设劳动学会组建了标准化技术委员会，编制了标准化建设规划和标准架构体系，相继组织制定并发布实施了《PC构件装配工》等16部涉及装配式建筑相关工种的职业技能考评标准，组织开展了《建筑信息模型（BIM）应用技术技能人员培训及考评标准体系》软科学课题研究，配套完成了信息软件、考评题库的开发与编制工作，搭建了远程培训和建筑劳务市场服务平台，开发了职业技能人员培训评价管理系统、资源配置管理系统、第三方机构平台接入口系统，完善了组织架构体系、会员组成体系、专家队伍体系、业态联盟机制体系，形成了一套较为完整的技术技能人才培养评价体系和管理模式。

**疫情期间，提供免费网络培训课程供建筑工人学习。**为切实落实疫情防控要求，最大限度减少人员聚集，充分利用冬季居家防疫时间开展培训学习，2021年1月，河北省住房和城乡建设厅提供免费网络培训课程，鼓励全省施工现场从业人员参加网络学习，提升专业素养和技能水平。该网络培训课程主要针对省内建筑工人和施工现场专业人员。建筑工人培训内容涉及安全生产知识、建筑法律法规知识和涂裱工、抹灰工、镶贴工、装饰装修木工、混凝土工等9个职业（工种）的理论知识，施工现场专业人员培训内容涉及土建施工员、设备安装施工员、市政工程施工员等13个岗位的专业知识。建筑施工企业或个人可根据需求选择相关的网络学习平台，将姓名、身份证号、本人手机号码、拟培训工种或岗位等信息分别发送至对应平台邮箱，经过注册后登录平台进行学习。学习结束后，学员还可登录测试练习平台参加安全生产知识、理论知识（建筑工人）或专业知识（施工现场专业人员）测试练习，检验学习效果。

**简化流程，构建建筑产业工人队伍培育新机制。** 为有效解决工人一人多卡、开户流程繁琐等问题，2022年，江苏省住房和城乡建设厅、省人力资源和社会保障厅、省总工会联合中国工商银行江苏省分行、江苏银行面向全省共同发布江苏"建工卡"，大力推进全省"建安码"建设，通过整合建筑工人实名制管理、工资发放、技能培训、安全管理等功能，实现全省建筑工人"一人一卡一码"，努力打造建筑工人权益保障和建筑产业工人队伍培育的新机制。

**提高工程建设行业产业工人综合素质和职业技能。** 为进一步提高深圳市工程建设行业产业工人综合素质和职业技能，提升建设领域工程质量和安全管理水平，为深圳加快建设中国特色社会主义先行示范区提供专业化、职业化、规模化产业工人队伍，深圳住房和建设局会同市人力资源保障局、市交通运输局、市水务局于2021年7月1日发布了《深圳市工程建设行业产业工人职业训练管理办法》，自2021年7月11日起施行，有效期5年。本办法所称职业训练是指以提升产业工人质量安全意识和职业技能水平为目的的教育培训活动，主要包括质量安全基础训练、职业技能提升训练、建设工匠训练。深圳市产业工人职业训练级别分为入门级、初级、中级、高级、工匠级。全市产业工人职业训练工作，采取"行政部门＋主基地＋分基地"的产业工人职业训练管理模式，实行训练基地标准化管理。在安全文明施工措施费中单列产业工人职业训练专项经费，作为不可竞争性费用，用于产业工人职业训练，建设单位对经费使用进行监督。经费使用相关条款写入施工合同，实行专款专用。深圳职业技术学院等院校会同产业工人职业训练主基地，统筹产业工人职业训练的课程设计、教材编制、师资审核以及建设工匠培育工作。2021年12月23日，深圳市住房和建设局对深圳市特区建工职业技能培训学院有限公司等10个工程建设行业产业工人职业训练基地（首批）遴选结果进行公示。

**专栏3-5：《深圳市工程建设行业产业工人职业训练管理办法》（摘要）**

质量安全基础训练

第十八条 新进入本市建设工程的产业工人应当在进场作业前完成我市质量安全基础训练。

已进场施工从业的产业工人，应当在本办法生效之日起一年内完成质量安全基础训练。

鼓励非国有资金投资的建设工程项目的产业工人参加安全基础训练。

第十九条 产业工人质量安全基础训练应当按照相关要求实施，时长为两天，具体课程内容包括：

（一）理论课程。内容包括通识教育、事故案例分析、职业素养教育、实操理论等；

（二）实训课程。内容包括早晚班会、安全体验、质量实训、安全实训等。

第二十条 产业工人完成质量安全基础训练后由训练基地发放入门级训练证书。

职业技能提升训练

第二十一条 从事工程建设行业相关技术工种的工人在取得入门级训练证书后，可以自愿参加更高级别职业技能提升训练。

第二十二条 初、中、高级训练工作由训练基地负责组织实施。训练以技能实操课程为主，理论课程为辅，训练基地可以开设全日制短期课程、工种在职进修课程等训练课程。

第二十三条 参训产业工人完成职业技能提升训练课程后，获得相应级别的职业训练证书。训练证书发放工作由主基地负责组织实施。

第二十四条 已取得国家职业资格证书、职业技能等级证书或职业技能竞赛相关荣誉称号的工人，经入门级训练后，可以按照规定进行申报获得相应等级的深圳市工程建设行业产业工人职业训练证书。

市人力资源保障局可针对工程建设行业核心工种以及新职业、新工种定向开发专项职业能力。从事工程建设行业产业工人可以按照规定申请参加职业技能等级认定或专项职业能力考核。

建设工匠训练

第二十五条 相关主管部门组织行业协会、训练基地、用人单位每年度采取自主选拔、职业技能竞赛等方式，综合考虑以下条件选拔建设工匠候选人：

思想品德：具备良好的职业道德、职业素养及劳动态度等；

工作能力：熟悉国家行业规范，具备解决关键生产基础难题、技术创新、实际操作、传授技艺的能力等；

教育经历：取得学历情况、参加相关技能培训、工匠培育等学习情况，学习应用新技术、新设备、新材料、新工艺情况；

工作业绩：为单位创造效益和突出贡献情况，获得过各项先进荣誉称号和参加竞赛获奖情况。

第二十六条 深圳职业技术学院等院校会同主基地制定建设工匠训练课程，具备以下条件之一的人员可以自愿申报参加建设工匠训练课程：

按照本办法第二十五条被评选为建设工匠候选人的工人；

已取得高级训练证书的工人；

> 获得市级及以上技术能手称号的企业员工；
>
> 获得市级及以上职业技能大赛奖项的在校大学生。
>
> 第二十七条　符合申报条件的产业工人在深圳职业技术学院等院校完成建设工匠训练课程规定内容后，可以获得建设工匠证书。
>
> 深圳职业技术学院等院校设立工匠奖学金、助学金等项目，符合相关条件的学员可以进行申报。

**开展试点培育新时代建筑企业自有工人队伍。** 2021年1月，住房和城乡建设部等12部门联合印发了《关于加快培育新时代建筑产业工人队伍的指导意见》，明确提出"加快自有建筑工人队伍建设"等工作任务。《"十四五"建筑业发展规划》中再次提出"鼓励建筑企业培育自有建筑工人"的要求。重庆市制定《重庆市培育新时代建筑企业自有工人队伍试点工作方案》，从总体要求、主要任务、工作要求提出了具体要求。试点主要内容有：一是深化建筑劳务用工制度改革；二是引导劳务企业转型发展；三是大力培育企业自有工人；四是全面强化质量安全管理；五是不断提升建筑工人技能水平；六是不断加强建筑工人从业保障；七是探索创新激励机制。本方案提出了"自有工人"概念，建筑企业自有工人是指具有一定专业技能水平，与建筑企业依法签订劳动合同，社会权益有保障，安全生产有保证，有较好经济收入，所属企业对其进行持续的培训和管理的工人队伍。要求总承包、专业承包企业大力培育自有工人和自有专业作业企业，与建筑工人签订劳动合同，明确双方权利义务，依法为建筑工人缴纳社会保险，建立相对稳定的劳动关系，取消"包工头"环节，让农民工直接对接企业，接受企业的持续培训，成为企业的自有工人。

## 四、企业管理系统化

数字化转型不仅是建筑业改变高消耗、高排放、粗放型传统产业现状的重要途径，也是建筑业企业增强竞争力、打造新优势，提升"中国建造"水平、实现高质量发展的核心要求，是建筑业在数字时代的必经之路。

## （一）拓展现代信息技术的应用范围

**BIM技术应用范围进一步扩大。** 中国建筑业协会、广联达科技股份有限公司发布《中国建筑业BIM应用分析报告（2021）》。报告对国内1093家施工企业进行了调研，结果显示有14.56%的企业在项目上全部应用了BIM技术；17.55%的企业在项目上应用BIM技术的比例超过75%；19.19%的企业在项目上应用BIM技术的比例超过50%；18.51%的企业在项目上应用BIM技术的比例超过25%；25.36%的企业在项目上应用BIM技术的比例低于25%。与2020年对比，项目应用BIM技术比例高于25%的企业均有增加，低于25%的比例大幅减少，印证企业不断扩大BIM应用规模。从企业应用BIM技术的项目数量来看，大多数企业开展BIM应用的项目数量仍然停留在10个以下，占比36.93%；10~20个已开工项目应用BIM技术的调研对象占21.22%；有16.97%的调研对象应用BIM技术的已开工项目在50个以上。与2020年相比，10个以下项目应用BIM技术的企业大幅下降，而其他均有增加，尤其已开工项目在50个以上，较2020年提升了6个百分点，企业在应用BIM技术的规模上有所扩大。

**加强物联网、人工智能等现代信息技术的应用。** 除BIM技术外，建筑业企业也扩大了其他数字化技术的应用范围。中建科技运用RFID（射频识别技术）、物联网等技术建设智能建造平台，构建"智慧工厂管理系统"，通过多个功能模块进行设计管理、生产管理、质量管理、物资管理、成品管理，云端的数据可进行修正、完善、整理，再反馈回生产车间，构建业务机理模型。采用系统进行管理后，可减少人工30%，节省生产经营成本20%，提升效率50%。上海建工打造行业领先的全过程数字化"智慧工地"平台，集BIM、GIS系统、物联网技术、人工智能等为一体，结合HSE管理体系，将在现实环境下采集到的工程信息进行数据挖掘分析，提供过程趋势预测及决策指引，实现对施工现场的可视化智能化管理。

## （二）推动建筑业企业组织管理方式变革

**多措并举促进建筑业企业数字化转型。** 各地发布相关文件，鼓励建筑业企业加强信息技术应用，实现数字化转型。2021年3月16日，重庆市印发《重庆市住房城乡建设领域数字化企业试点管理办法（试行）》，明确数字化企业试点申报分为三类：数字化技术应用类包括住房城乡建设领域传统企业，通过数字化技术应用，实现企业数字化转型；数字化工程建设类包括从事智能化工程、信息通信等数字化基础设施建设的设计、施工和监理的企业，通过参与数字化工程项目建设，实现企业数字化转型；数字化产品类包括从事软件开发的数字化企业，通过服务住房城乡建设领域，促进行业数字化转型。2021年8月30日，湖北省住房和城乡建设厅发布了《湖北建筑业发展"十四五"规划》的通知，鼓励建筑企业创建技术研发中心，加大研究与试验发展经费投入，推进自主可控BIM软件研发，逐步形成完备的科研开发和技术运用体系。推进基于BIM模型的数字化设计体系建设，推广工程三维建设数字化成果交付与应用，实现设计信息传递云端化，打通从数字设计、制造工厂、施工现场及运营维护的信息传递流程。打造建筑产业互联网平台，鼓励企业建立基于BIM数据的建造平台，推进BIM与企业管理信息系统的一体化应用，促进建筑企业"触网、上云、用平台"，推动全产业链资源高效共享。建立全省房屋建筑和市政工程项目管理平台，构建可视化"智慧工地"，推行"互联网＋监管"模式。

**专栏3-6：《重庆市住房城乡建设领域数字化企业试点管理办法（试行）》（摘要）**

第一章　总则

第一条　为推进住房城乡建设领域的高质量发展，培育产业体系，引导企业数字化转型，根据《关于推动智能建造与建筑工业化协同发展的指导意见》（建市〔2020〕60号）、《关于印发重庆市推进建筑产业现代化促进建筑业高质量发展若干政策措施的通知》（渝府办发〔2020〕107号）、《关于推进智能建造的实施意见》（渝建科〔2020〕34号）等文件精神，制定本办法。

第二条 本办法所称住房城乡建设领域数字化企业（以下简称"数字化企业"）是指具有明确发展目标、较好产业基础、技术先进成熟、研发创新能力强、产业关联度大、注重数字化相关人才培养培训、能够发挥示范引领和带动作用的建设、勘察、设计、监理、施工、部品部件生产、物业管理、中介咨询服务、软件开发企业等相关单位。

第二章 申报

第六条 数字化企业分为数字化技术应用类、数字化工程建设类、数字化产品类等三类，每个单位只能选择一种类型申报。

数字化技术应用类：住房城乡建设领域传统企业，通过数字化技术应用，实现企业数字化转型。

数字化工程建设类：从事智能化工程、信息通信等数字化基础设施建设的设计、施工和监理的企业，通过参与数字化工程项目建设，实现企业数字化转型。

数字化产品类：从事软件开发的数字化企业，通过服务住房城乡建设领域，促进行业数字化转型。

第七条 申报数字化企业试点应具备下列条件：

（一）具有独立法人资格；

（二）具有可实施的总体战略规划；

（三）具有明确的数字化工作推进组织架构，可统揽企业数字化工作，研究决定数字化建设的路线及关键工作，协调解决过程中的重大问题；

（四）具有适应数字化发展的企业运行体制机制，以及较强的经济技术实力和较好的经济效益，在全市同行业中具有显著的规模优势和竞争优势，能够发挥示范引领作用；

（五）具有与企业营业收入、经营成本、员工数量、行业特点、数字化水平等相匹配的数字化建设专项资金投入，产业数字化创新水平在全市同行业中处于领先地位；

（六）人员队伍结构合理，具有信息化专家、信息化专业人才和信息化从业人员三个层次的人才梯队，在人员数量和能力结构两个方面，全市同行业中具有较强的人才优势；

（七）以 BIM 技术应用为核心，搭建形成多方协同的智能建造、智能制造或智能运维工作平台和工程大数据中心；

（八）具有一定的智能化解决方案提供能力和基于数据的全过程工程咨询服务能力；

（九）企业上年度没有发生因技术原因造成的较大质量安全事故及其他违法行为；

（十）其他应具备的条件。

**依靠数字化管理平台优化建筑业企业管理结构。**我国大型建筑业企业大多采用集团公司（总公司/股份公司）、二级集团公司、分公司、子公司、项目部 5 级管理层级，容易出现同质化竞争、资源配置分散、协同性不强、运营成本高、效率效益低等问题。要优化企业组织管理模式需建立管理信息系统平台，要将企业的运营管理逻辑通过信息化系统管理与信息互联技术的深度融合，实现企业数据全方位的互联互通，从而提高企业运营管理效率，提升社会生产力。企业应具有以产业链为主线的一体化建造方式、以成本管理为核心的综合项目管理体系、以组织层级优化为目标的高效运营管控体系。

### （三）加大相关专业人才培养力度

**产学研协同完善人才培养制度体系。**为促进建筑业企业数字化转型，为推动建筑业高质量发展提供人才保障和技术支撑，河北省秦皇岛市举办了 BIM 设计师职业技能竞赛暨 BIM 产学研研讨会，积极与本地及国内高等院校、科研机构建立产学研机制，抓好各层级人才培养。要求政府部门、院校、企业在 BIM 技术教学科研培训上加大投入，培养不同层级的研究人才、应用人才、技术骨干。市 BIM 中心联合各相关企业，有针对性地开展 BIM 技术实践活动，促进更多人才脱颖而出。

**自发培育激励 BIM 人才。**BIM 人才是企业 BIM 技术应用发展的根基，中建一局重视 BIM 人才发展，开展对建筑施工企业 BIM 技术技能人员培训和考评体系的研究，总结了多年来的人才培养体系、考核评价、激励机制等多方面的管理经验，打造"325"体系，即三个层级（专业层、岗位层、企业层），两套体系（培训体系、考评体系），五位一体化联动激励机制（培训、评价、使用、待遇、职业发展），激发员工 BIM 技术应用热情，为实现建筑施工企业 BIM 技术的落地应用，提供复合型人才支撑。

# 第四章　建筑业转型发展

建筑业作为传统行业，为推动生产方式由粗放型向高质量发展转变，从装配式建筑和绿色建筑、组织方式与工人队伍、质量安全等方面都采取了有效举措。预制装配式混凝土结构和钢结构住宅得到推广，全产业链协同发展；星级认定、绿色建筑三年创建活动、绿色建造示范工程、工程建设全过程绿色建造取得成功经验；推进工程总承包、全过程工程咨询、建筑师负责制、工程造价咨询管理改革和消防审验技术服务市场化，组织模式不断优化；工人实名制、配备标准、培训力度不断加强；完善工程质量评价制度、强化市场与现场监管联动、重大隐患排查治理制度得到落实等。

## 一、大力发展装配式建筑

2021年10月，《中共中央 国务院关于完整准确全面贯彻新发展理念做好碳达峰碳中和工作的意见》发布，对碳达峰、碳中和进行了系统谋划、总体部署。装配式建筑是建筑业实现双碳目标的重要技术路径，是建筑业供给侧结构性改革的重要举措，对实现资源节约、减少污染、提升质量安全水平、推进建筑业转型升级有着重要意义。装配式建筑的发展是应对建筑工人不断减少、适应社会化大生产趋势的必然选择，装配式建筑主要包括装配式混凝土结构、装配式钢结构、木结构、铝结构、组合结构建筑等。近年来，装配式混凝土结构和装配式钢结构建筑得到了较大发展。

### （一）加大装配式混凝土结构推广力度

**促进预制混凝土部件标准化。** 住房和城乡建设部科技与产业化发展中心等单位牵头组织业内科研、设计、生产和施工等单位的专家，编制了《装配式混凝土结构住宅主要构件尺寸指南》，解决各地在推进装配式建筑发展过程中标准化程度不高、构件通用性和互换性较差等问题。该指南涵盖了装配式混凝土结构住宅中的楼板、楼梯、墙板、梁、柱等预制构件，对构件的编码规则、常用尺寸、配筋和连接节点等进行规定，引导建筑设计、构件生产、施工安装企业就构件常用截面形式、尺寸、做法等进行协调统一，促进住宅设计的标准化、构件生产的连续化、安装施工的规范化，促进预制混凝土部件标准化设计和生产体系的建立与推广应用。

**指导地方在保障房和商品住宅中积极应用装配式混凝土结构。**2021年10月25日，国新办举行《关于推动城乡建设绿色发展的意见》发布会，明确将指导地方在保障性住房和商品住宅中积极应用装配式混凝土结构，积极开展钢结构住宅试点，鼓励医院、学校等公共建筑优先采用钢结构。为推动装配式建筑、钢结构建筑发展，根据《关于推动城乡建设绿色发展的意见》要求，构建标准化设计和生产体系，编制《装配式住宅设计选型标准》JGJ/T 494—2022，推行"少规格、多组合"的正向设计方法，扩大标准化构建生产使用规模，推动装配式建筑市场化、规模化发展。

**标准化为项目带来经济效益。**标准化构件为增加项目经济效益提供重要基础和根本保障。如深圳市长圳公共住房及其附属工程项目通过创新建筑设计手段，实现了标准化设计的多样化呈现，已实现标准化批量化产生的经济效益。此项目位于深圳市光明区凤凰城，项目用地面积约17.7万平方米，由中建科技集团有限公司作为工程总承包单位，概算总投资57.97亿元，总建筑面积约116万平方米。地上建筑中多层建筑高度10~20米，高层建筑高度100~150米。该项目是深圳市在建规模最大的公共住房项目，建成后可提供9672套住房。楼体已于2021年7月30日封顶。该项目较好地采用了"1+3"标准化设计和生产体系思路，充分应用《装配式混凝土结构住宅主要构件尺寸指南》构件尺寸、截面及节点形式，联通了设计与部品，简化了加工与施工工艺。该项目以"有限模块，无限生长"的户型理念，形成了四种符合深圳特点、便于推广应用的装配式结构建筑体系，综合指标达到国标AAA级，装配率为80%。

**BIM 技术的应用有效提高装配式混凝土项目质量与管理水平。**BIM 技术是以建筑工程项目的各项相关信息数据为基础而建立的建筑模型，通过数字信息仿真，模拟建筑物所具有的真实信息，具有可视化、可模拟性以及动态管理的特点。如河北省邯郸市魏县某社区装配式项目中提出了具备通用性的云平台选择、标准化设计方法、信息物理化优化方法以及提高生产施工过程中信息化自动化的实施方法；沈阳市惠生新城公租房项目中，采用了 BIM 技术对外墙板的制作与施工进行了全面的方案优化以及质量管控；徐州市安置房项目地块采用了 BIM 技术对整个项目的建筑质量进行管控。BIM 技术的融入为装配式建设项目提供了便捷的管理协调方式，提高了装配式混凝土建筑设计质量，优化了预制构件的生产方案，加强了施工管理水平，达到缩短工期、降低成本的目的，并为各利益相关方提出了多方协同、易于实施的流程。

### （二）积极推广钢结构住宅

**编制相关标准规范。**住房和城乡建设部组织编制了《钢结构住宅评价标准》和钢结构住宅建设相关标准规范。组织住房和城乡建设部科技与产业化发展中心等单位起草行业标准《钢结构住宅评价标准》（征求意见稿），已于 2022 年 2 月向社会公开征求意见。编制报批《装配式住宅设计选型标准》JGJ/T 494—2022，已于 2022 年 4 月 1 日起实施。发布实施《住宅装配化装修主要部品部件尺寸指南》《钢结构住宅主要构件尺寸指南》《钢结构通用规范》GB 55006—2021、《钢框架内填墙板结构技术标准》JGJ/T 490—2021、《建筑装配式集成墙面》JG/T 579—2021、《装配式建筑用墙板技术要求》JG/T 578—2021 等标准规范。

**持续推进钢结构住宅建设试点。**组织浙江、山东等 7 个省份开展钢结构住宅建设试点，7 个省齐头并进，政策特色鲜明（表 4-1），深入开展钢结构住宅建设试点工作，如山东省、江西省、四川省将钢结构住宅建设要求列入建设用地规划条件，并落实到土地出让合同中；浙江省、湖南省给予钢结构农房试点项目一定财政奖补；河南省、山东省提出在重污染天气应急响应期间，在建钢结构建筑项目的非土石方作业可不停工；山东省将钢结构住宅纳入绿色金融重点支持范围。此外，工业和信息化部在组织实施国家新型建筑工业化产业示范基地工作中,将中冶天工集团、浙江大地钢结构公司等一批钢结构企业列入重大装备产业基地。

7个钢结构住宅试点省试点目标及范围　　　　　表4-1

| 省份 | 试点目标 | 试点范围 |
| --- | --- | --- |
| 山东 | 到2020年,初步建立符合山东省实际的钢结构装配式住宅技术标准体系。到2021年,全省新建钢结构装配式住宅300万平方米以上 | 济南、枣庄、烟台、潍坊、济宁、日照、临沂、聊城、菏泽、淄博淄川区 |
| 湖南 | 力争用3年时间(2019～2021年),培育5家以上大型钢结构装配式住宅工程总承包企业,完成10个以上钢结构装配式住宅试点示范项目 | 长沙、株洲、娄底、邵阳、吉首、岳阳湘阴县、常德西洞庭管理区 |
| 河南 | 到2022年,培育5家以上省级钢结构装配式产业基地,建成10项城镇钢结构装配式住宅示范工程,积极开展装配式农房试点,探索建设轻钢结构农房示范村1～2个 | 新乡、安阳、商丘、济源 |
| 四川 | 到2022年,全省培育6～8家年产能8～10万吨钢结构骨干企业;培育10家以上钢结构装配式住宅建设的新型墙材和装配式装修材料企业;新开工钢结构装配式住宅500万平方米以上 | 成都、绵阳、广安、宜宾、甘孜、凉山 |
| 浙江 | 到2020年,全省累计建成钢结构装配式住宅500万平方米以上,占新建装配式住宅面积的比例力争达到12%以上,打造10个以上钢结构装配式住宅示范工程,其中试点地区累计建成钢结构装配式住宅300万平方米以上。到2022年,全省累计建成钢结构装配式住宅800万平方米以上,其中农村钢结构装配式住宅50万平方米 | 杭州、宁波、绍兴 |
| 江西 | 到2020年底,全省培育10家以上年产值超10亿元钢结构骨干企业,开工建设20个以上钢结构装配式住宅示范工程,建设轻钢结构农房示范村不少于5个。到2022年,全省新开工钢结构装配式住宅占新建住宅比例达到10%以上 | 南昌、九江、赣州、抚州、宜春、新余 |
| 青海 | 通过3年的试点,初步建立适合青海省实际的钢结构装配式技术体系,重点开发适合高原的产品体系,形成高原农牧区低层轻钢结构住宅体系。到2022年,建成3项城镇钢结构示范工程和1～2个轻钢结构农房示范村 | 西宁、海东 |

资料来源:张守峰,钢结构住宅的技术体系与发展趋势[J].建筑,2021(11)21-25.

**开展综合试点**。选取浙江绍兴、广东湛江的2个钢结构住宅项目开展综合试点,加快完善标准规范,创新技术体系,推进产业链协同发展。如浙江绍兴试点项目采用标准化设计,实现主要构件采用热轧型钢的比例达到 90% 以上，有效降低了建设成本。调研总结地方经验做法，起草钢结构住宅建设可复制经验做法清单。2021 年 5 月 23 日，中国建筑业协会在广东省湛江市东盛路公租房试点项目举办了"钢结构装配式住宅建设试点项目观摩及技术交流会"，以专家报告、视频展示、经验分享、现场观摩、样板展示等形式，全面展示了住房和城乡建设部推进钢结构住宅试点的工作成果和经验，部分省市住房和城乡建设主管部门、专家学者、企业代表等 340 余人现场参会，46 万余人通过线上直播观看了会议视频，取得了较好的宣传效果。

**项目推广应用取得成效。**通过对装配式钢结构住宅建筑产品、结构部件、外围护、内装系统、设备与管线系统进行标准化设计，形成标准化的钢结构住宅产品在北京市首钢二通厂南区棚改定向安置房项目进行推广应用，此项目于 2021 年底入住。在钢结构住宅的建筑功能、部品部件优化设计、快速装配等方面充分发挥了装配式钢结构住宅标准化建造高效的特点，总结出一套可推广复制的装配式钢结构住宅产品体系及建造方案，可为今后装配式钢结构住宅的大面积推广提供参考。

### （三）推动全产业链协同发展

**持续推广钢木结构装配式建筑应用。**钢结构建筑和木结构建筑具有新型建筑工业化和绿色建筑的特征，容易实现建筑部件的工业化生产及模块化安装，有效节省建材使用量及施工能耗，节能环保优势显著，是对传统建筑在建造方式上的革新。就推动我国新型建筑工业化、建筑产业现代化而言，钢木建筑行业正迎来发展新机遇，虽然现阶段我国钢木结构装配式建筑总体应用规模依旧较小，但在新型城镇化深入推进、产业政策和管理机制不断完善、信息化智能化技术水平提高、社会公众认知度和接受度提升等带动下，钢木结构装配式建筑将迎来更广阔的市场空间。加快推广钢木结构装配式建筑应用，有利于推动建筑业从劳动密集型向技术密集型转变。为解决钢木结构装配式建筑生产加工企业和上下游企业之间存在信息不对称、协作水平低等问题，陆续成立了一批行业协会、学会和产业联盟等，如中国建筑业协会专门成立了钢木建筑分会、山东省胶州市成立了胶州市钢结构产业联盟等。同时，"首届钢木建筑行业发展与新技术论坛""全国钢结构装配式住宅建设试点项目观摩与技术交流会""新型建筑工业化暨装配式钢木建筑发展专题论坛"等行业活动也在陆续开展,"钢木结构建筑企业质量管理评价体系""推动钢木结构建筑质量提升行动方案"等也在持续推进。在住房和城乡建设部陆续批复山东、湖南、河南、江西、四川、浙江、青海7个省份开展钢结构装配式住宅建设试点后,各地重大钢木结构装配式建筑项目也在不断落地建成。如湖南省首个钢结构装配式住宅试点小区——常德市西洞庭管理区祝丰镇紫湾村钢结构装配式住宅试点小区已建成、山东省烟台市首个6层木结构装配式建筑——山东鼎驰木业研发中心2020年建成、福建省厦门市首个完成装配式评价的钢结构项目即将投用等。

**打造"1+3"标准化设计和生产体系。**为将标准化理念贯穿装配式建筑项目的设计、生产、施工、装修、运营维护全过程,住房和城乡建设部标准定额司着力打造"1+3"标准化设计和生产体系,即编制1项行业标准《装配式住宅设计选型标准》JGJ/T 494—2022、3项主要构件和部品部件尺寸指南《钢结构住宅主要构件尺寸指南》《装配式混凝土结构住宅主要构件尺寸指南》《住宅装配化装修主要部品部件尺寸指南》。其中,《装配式住宅设计选型标准》JGJ/T 494—2022于2022年4月1日正式实施,为国内首部装配式住宅部品部件标准化设计选型标准,主要从正向的系统集成设计角度出发,解决标准化部品部件与前端设计衔接的相关问题,通过阐述如何通过标准化的部品部件进行结构、外围护、内装、设备与管线四大系统的集成设计,有效将建筑设计与部品部件选用结合。该标准为设计人员提供强有力技术指导,推广"少规格、多组合"的设计方法,推进全产业链协同发展,通过明确通用部品部件的具体尺寸,逐步将定制化、小规模的生产方式向标准化、社会化转变,全面提升新型建筑工业化生产、设计和施工效率,推动装配式住宅产业向标准化、规模化、市场化迈进。装配式混凝土建筑和钢结构建筑是我国目前应用最为普遍的装配式建筑,该标准主要适用于这两种结构类型。

**发布装配式钢结构模块建筑技术指南。**为推动装配式钢结构模块建筑发展,2022年6月9日,住房和城乡建设部印发了《住房和城乡建设部办公厅关于印发装配式钢结构模块建筑技术指南的通知》（建办标函〔2022〕209号）。该指南适用于工业与民用装配式钢结构模块建筑的设计、制作、安装、质量验收与维护管理。模块建筑是主要采用钢结构集成模块单元在施工现场组合而成的装配式建筑。其中，钢结构集成模块单元是由工厂预制完成的钢结构主体结构、围护墙体、底板、顶板、内装部品、设备管线等组合而成的具有建筑使用功能的三维空间体。模块建筑的建筑主体装配率可达90%以上，现场用工量可比传统模式减少70%，综合建设工期可比传统建造方式工期缩短1/3以上。在绿色与低碳方面，与传统建造方式相比，模块建筑可减少现场建筑垃圾75%以上，减少90%以上的现场施工噪声污染，在实现标准化生产、快速集成装配的同时保证了工程项目的高品质和工程建设绿色低碳发展。模块建筑在英国、美国、澳大利亚、新加坡等国家应用较多。近年来，模块建筑在我国北京、天津、江苏、广东等省市也逐步得到应用，如北京经济技术开发区N20项目、昆山福园工业邻里中心等，建设项目类型涵盖了公租房、商品房、办公楼、酒店、学校等，最高建设层数达到18层。

**打造装配式产业基地。**近年来，多地通过打造装配式产业基地，推动全产业链发展。如广西壮族自治区大力发展装配式建筑，推动装配式钢结构在公共建筑和住宅项目中的应用。截至2021年底，全区打造钢结构产业基地22家，钢构件年产能达108.41万吨，2022年，广西以柳州等试点城市为依托，探索建立成熟的、可推广的装配式钢结构建筑体系。2021年，山西全省新开工装配式建筑达776万平方米，占新建建筑面积的23.26%，顺利完成年度目标任务。随着支持装配式建筑发展的政策举措逐步落地，技术标准体系更加健全，山西省从事装配式建筑的企业数量不断增长，2021年全省新增装配式建筑相关企业13家，总量达到46家，部品部件生产企业达到24家，产能约3680万平方米，比2020年翻一番，产业布局更趋合理，目前，全省11个市均有装配式建筑产业基地，实现百公里范围内产业基地全覆盖，混凝土结构、钢结构、木结构体系全覆盖。2022年，山西省积极推进装配式建筑项目落地，督促指导政府投资的大型公共建筑采用钢结构，开展钢结构住宅试点，培育高装配率居住建筑，稳步推进装配式混凝土建筑建设，同时加强对在建装配式建筑项目的质量安全监管，探索分层验收、分项验收等方法，在保证施工质量的同时，提高施工效率。

**开展第三批装配式建筑生产基地认定。** 2022年5月18日，《住房和城乡建设部办公厅关于组织申报第三批装配式建筑生产基地的通知》（建办标函〔2022〕187号）下发，住房和城乡建设部决定开展第三批装配式建筑生产基地认定工作。生产基地申报需要具备以下5项条件：一是具有独立法人资格。二是具有较强的装配式建筑产业能力，对区域装配式建筑发展具有示范引领作用。设计、施工、部品部件生产类企业累计参建或产品应用的装配式建筑工程项目不少于30万平方米，装备制造类企业成套生产线年投产不少于10条（或年生产不少于12条），科技研发类企业主持不少于5项省部级以上装配式建筑相关科研项目。三是具有先进成熟的装配式建筑技术体系，设计类企业应成熟应用BIM技术进行装配式建筑正向设计，部品部件生产类企业应具备智能自动化生产能力和部品部件数据库，施工类企业应具备成熟的工艺工法和相应的施工技术水平。四是具有较高的标准化水平，在推进标准化设计和生产方面有具体实践。五是具有完善的现代企业管理制度和产品质量控制体系，市场信誉良好，近三年未发生较大及以上生产安全事故。要求省级住房和城乡建设主管部门按照《装配式建筑产业基地管理办法》有关要求，组织专家评审推荐。住房和城乡建设部将组织专家和有关单位对推荐的生产基地进行复核，必要时进行现场核查，复核通过的生产基地名单经住房和城乡建设部认定后公布。生产基地的建设周期为5年，省级住房和城乡建设主管部门要加强对本地区生产基地的监督指导。住房和城乡建设部将对认定的生产基地进行复核、评估。

## 二、持续开展绿色建筑创建行动

为大力推广绿色建筑发展，《"十四五"建筑节能与绿色建筑发展规划》明确，到2025年，城镇新建建筑全面建成绿色建筑。"十四五"时期，建筑节能与绿色建筑发展9项重点任务分别为提升绿色建筑发展质量、提高新建建筑节能水平、加强既有建筑节能绿色改造、推动可再生能源应用、实施建筑电气化工程、推广新型绿色建造方式、促进绿色建材推广应用、推进区域建筑能源协同、推动绿色城市建设。在提升绿色建筑发展质量方面，要加强高品质绿色建筑建设，完善绿色建筑运行管理制度。开展绿色建筑创建行动，同时，开展星级绿色建筑推广计划，采取"强制＋自愿"推广模式，适当提高政府投资公益性建筑、大型公共建筑以及重点功能区内新建建筑中星级绿色建筑建设比例。引导地方制定绿色金融、容积率奖励、优先评奖等政策，支持星级绿色建筑发展。

## （一）开展绿色建筑星级认定工作

**组织开展绿色建筑标识设计。**继 2021 年上半年印发了《绿色建筑标识管理办法》、启动三星级绿色建筑标识申报工作后，住房和城乡建设部办公厅于 2021 年 7 月 16 日发布了《住房和城乡建设部办公厅关于发布绿色建筑标识式样的通知》（建办标〔2021〕36 号），增加了标牌式样，通知明确绿色建筑标识由牡丹花叶、长城、星级和中国绿色建筑中英文构成，体现中国绿色建筑最大限度实现人与自然和谐共生。绿色建筑标识证书和标牌应严格按照绿色建筑标识制作指南、标识证书矢量文件和标识标牌矢量文件规定的式样与要求制作。扫描证书和标牌中的二维码可查询项目证书信息。自 2021 年 6 月起，住房和城乡建设部门按照《绿色建筑标识管理办法》认定绿色建筑项目，授予绿色建筑标识证书。绿色建筑项目申请单位可根据不同应用场景自行制作绿色建筑标识标牌。绿色建筑标识式样除用于绿色建筑标识制作外，不得用做其他用途。

**地方出台绿色建筑标识分级管理规则。**细化标识管理细则，推动绿色建筑标识管理更好发展。如福建省住房和城乡建设厅印发《福建省绿色建筑标识管理实施细则》，进一步规范绿色建筑标识管理工作，建立健全绿色建筑标识体系，推进绿色建筑高质量发展。该细则建立了绿色建筑标识认定分级管理规则。其中，由福建省住房和城乡建设厅负责全省绿色建筑标识管理工作，认定二星级绿色建筑并授予标识，指导监督设区市一星级绿色建筑标识工作。各设区市住房和城乡建设主管部门负责本地区一星级绿色建筑认定和标识授予工作，负责监督管理本地区认定的绿色建筑标识项目。该细则还规定了标识认定申报条件和标识认定工作程序，并规定统一标识式样及编号规则，完善惩罚机制，强化专家库管理，建立信息上报机制等。为实现该细则的落实落地，福建提出有关引导激励措施，一方面，对获得绿色建筑标识的项目，优先推荐参加各类工程奖项评选；另一方面，鼓励通过预评价、绿色履约保险、绿色性能保险等方式申请绿色金融服务。此外，河北省根据《河北省促进绿色建筑发展条例》、住房和城乡建设部《绿色建筑标识管理办法》有关规定，在2021年出台了《河北省绿色建筑标识管理办法》，并要求全省各地各相关部门按要求组织做好三星级绿色建筑标识申报工作。

**专栏 4-1：《福建省绿色建筑标识管理实施细则》（摘要）**

*总则*

- 绿色建筑标识星级由低至高分为一星级、二星级和三星级3个级别。

- 省住房和城乡建设厅负责全省绿色建筑标识管理工作，认定二星级绿色建筑并授予标识，指导监督设区市一星级绿色建筑标识工作。各设区市住房和城乡建设部门负责本地区一星级绿色建筑认定和标识授予工作，并负责制定一星级绿色建筑推荐规则。三星级绿色建筑标识按照《住房和城乡建设部办公厅关于做好三星级绿色建筑标识申报工作的通知》（建办标〔2021〕23号）进行推荐。

- 认定和标识授予不得向申报单位收取费用，所需评审费用列入住房和城乡建设部门年度预算。

- 绿色建筑三星级标识认定统一采用国家标准，二星级、一星级标识认定可采用国家标准或与国家标准相对应的地方标准。

- 新建民用建筑认定三星级标识采用《绿色建筑评价标准》GB/T 50378—2019，新建民用建筑认定二星级、一星级标识采用《绿色建筑评价标准》GB/T 50378—2019、《福建省绿色建筑评价标准》DBJ/T 13—118等标准，工业建筑采用《绿色工业建筑评价标准》GB/T 50878—2013，既有建筑改造采用《既有建筑绿色改造评价标准》GB/T 51141—2015。

> • 省住房和城乡建设厅负责建立省级绿色建筑专家库。设区市可建立市级绿色建筑专家库，也可直接使用省级绿色建筑专家库。

## （二）持续推动绿色建筑与绿色金融协同发展

**指导推进绿色建筑和绿色金融协同发展试点。**为持续推动绿色金融与绿色建筑协同发展，组织召开"湖州市绿色建筑和绿色金融协同发展工作推进会"。浙江省湖州市结合建设全国唯一的绿色建筑和绿色金融协同发展试点城市契机，全力构建政策引领、标准先行、产品创新、科技支撑、示范带动的"五步法"工作体系，推动绿色建筑和绿色金融协同发展取得明显成效，为在全国推开试点积累了有益经验，也为加快实现碳达峰、碳中和探索出一条行之有效的实践路径。开展试点建设以来，全市新增绿色建筑面积1896万平方米，减少碳排放46.44万吨；绿色建筑贷款余额同比增长53.6%，增幅高于绿色贷款5.3个百分点；带动与绿色建筑相关行业的市场占有率全国领先，如实木地板行业、椅业在全国市场占有率达60%、30%，其中国家绿色产品企业数量位居全国地级市首位，极大地推动了金融与建筑领域的融合，解决了很多体制机制障碍，打造了协同发展的"湖州模式"。

**绿色债券支持既有建筑节能及绿色化改造。**2021年4月21日，中国人民银行、国家发展改革委、证监会三部门联合发布了《绿色债券支持项目目录（2021年版）》，该目录于2021年7月1日生效。目录中增加了有关绿色建筑等新时期国家重点发展的绿色产业领域类别，支持"既有建筑节能及绿色化改造"相关项目，对绿色建筑发展具有重要指导意义和推动作用。绿色建筑项目要求是依据国家绿色建筑相关规范、标准设计建设，建筑施工图预评价达到有效期内绿色建筑星级标准，以及按照绿色建筑星级标准建设，达到有效期内国家相关绿色建筑运营评价标识星级标准的各类民用、工业建筑建设和购置消费。既有建筑节能及绿色化改造项目要求改造后建筑相关技术指标符合国家或地方相关建筑节能标准的既有建筑物节能改造活动、建筑用能系统节能改造活动有关要求；获得有效期内国家相关绿色建筑星级标识的既有建筑改造和运营及购置消费,以及改造后达到有效期内国家相关绿色建筑星级标识的既有建筑改造和运营及购置消费。

### (三) 实施绿色建造示范工程创建行动

**扎实推进绿色建筑创建行动。**2021年,住房和城乡建设部高度重视绿色建筑创建行动,督促各地落实落细,扎实推进各项工作,取得了较好的成效。当年城镇新建建筑中绿色建筑面积占比达到84%,超额完成《绿色建筑创建行动方案》提出的70%的目标。星级绿色建筑持续增加,全国获得绿色建筑标识项目累计达到2.5万个,建筑面积超过36亿平方米。新建建筑节能水平再提高20%~30%,既有建筑改造稳步推进,住宅性能不断提高,截至2021年底,全国累计建成节能建筑面积达到277亿平方米。全国新开工装配式建筑面积达7.4亿平方米,占新建建筑面积的比例为24.5%,较2020年增长18%。全国共有123家机构获得绿色建材产品认证资格,3114个建材产品获得绿色建材标识。

**开展绿色建造示范工程。**2022年1月6日,为指导住房和城乡建设系统深入贯彻习近平总书记关于长江经济带发展、黄河流域生态保护和高质量发展等重要讲话及指示批示精神,科学部署、积极推动"十四五"期间长江、黄河流域城乡建设高质量发展,住房和城乡建设部制定了《"十四五"推动长江经济带发展城乡建设行动方案》和《"十四五"黄河流域生态保护和高质量发展城乡建设行动方案》,其中提出开展绿色建造示范工程,推广绿色化、工业化、信息化、集约化、产业化建筑方式。将能耗总量和能耗强度双控目标纳入城市更新和旧城区拆除重建的监督指标,建立建筑材料循环利用管理办法。发挥绿色建造试点省(市)、装配式建筑示范城市、生产基地和示范项目的引领作用,鼓励有条件的城市率先深化应用自主创新建筑信息模型(BIM)技术,全面提升建筑设计、施工、运营维护协同水平,加强建筑全生命周期管理,即在建筑工程立项阶段明确主要减碳指标和技术措施,制定碳减排方案。结合湖南省、江苏省常州市等已有绿色建造试点示范,进一步在长江经济带具备条件的城市开展部省共建绿色建造试点,探索可复制、可推广的绿色建造技术体系、管理体系、实施体系以及量化考核评价体系，为长江经济带全面推行绿色建造奠定基础。

**组建绿色建造科技创新联合体，打造绿色建造示范项目。**联合体是联合企业、科研机构、高等院校、产业园区、投融资机构等政产学研金服用各领域各类创新主体，发起成立的开放性、非营利、非法人组织。组建联合体有利于推动跨界合作，营造创新生态，促进科技经济深度融合，服务产业转型升级和经济社会高质量发展。2021年3月4日，湖北省房建与市政工程绿色建造科技创新联合体在武汉组建，计划通过三年时间实践总结一批绿色建造成果经验在全省范围推广。此次联合体由省住房和城乡建设厅发起，由武汉市汉阳市政建设集团有限公司牵头实施，联合体成员包括中南建筑设计院、中建八局中南建设有限公司以及武汉理工大学、宜昌市住房和城乡建设局、汉阳区住房和城乡建设局等一批产学研单位和政府部门。启动会上，发布了《房建与市政工程绿色建造科技创新联合体工作实施方案（讨论稿）》。方案从绿色设计技术、绿色施工技术、绿色信息化技术三方面初步罗列了房建与市政工程试点项目大致涉及的绿色建造关键技术，明确了成员单位分工和方案实施步骤。该方案计划通过三年时间，形成一整套绿色建造创新关键技术集成应用清单和可复制推广的技术指导性文件，制定一整套推动绿色建造成果转化的有效实施机制，并打造一批绿色建造示范项目。联合体形成的系列成果将在第三年向全省范围内推广应用。到2022年，规划全省绿色建筑竣工面积占比要达70%以上。湖北省还将组建以企业牵头的智能建造、住宅品质提升创新联合体，充分发挥企业技术创新主体作用，为全省住建事业高质量发展增添新动能。

### （四）推进工程建设全过程绿色建造

**不断研究探索全过程绿色建造。**2020年底，选择湖南省、广东省深圳市、江苏省常州市作为绿色建造试点地区，预期到2023年底形成可复制推广的绿色建造技术体系、管理体系、实施体系和评价体系，为全国其他地区推行绿色建造奠定基础。2021年3月，住房和城乡建设部又发布了国家层面第一本用于指导绿色建造的导则——《绿色建造技术导则（试行）》，划分了绿色策划、绿色设计、绿色施工、绿色交付的绿色建造四个过程，明确了实现绿色建造的两大主要手段分别是工业化、信息化。目前，全过程绿色建造仍处于研究探索阶段。如山东省绿色建造进展主要从绿色建造过程、绿色建造手段、绿色建造产品等方面展开。2021年，发布了《建筑与市政工程绿色施工技术标准》DB37/T 5175—2021和《建筑与市政工程绿色施工管理标准》DB37/T 5086—2021，修订了《建筑与市政工程绿色施工评价标准》DB37/T 5087—2016，启动了山东省绿色施工科技项目评价工作，为山东省绿色建造科技试点项目做准备。2021年印发的《全省房屋建筑和市政工程智慧工地建设指导意见》，提出了"一年打基础、两年求突破、三年上水平"的三年计划。

**政府采购支持绿色建材试点取得积极成效。**南京、杭州、绍兴、湖州、青岛、佛山6个试点城市逐步形成了"绿色采购、绿色建材、绿色建造、绿色建筑"的"四绿模式"以及一系列行之有效的做法，绿色建材应用比率、建筑装配率、高品质绿色建筑比例均大幅提高。6个试点城市共确定222个试点项目，涉及医院、学校、办公楼、综合体、展览馆、会展中心、体育馆、保障房8种建筑类型。试点项目总投资约1000亿元，累计采购各类绿色建材53亿元，推动了绿色策划、各专业协同设计、全过程咨询以及建材产业结构调整，促进了装配式预制构件生产和建造的发展，逐步形成了绿色建筑全产业链协同推进的发展局面。湖州市通过试点培育5家绿色建材生产企业，绿色建材销量增长7%，建成10个装配式建筑生产基地。绍兴市带动地方50%以上的建材生产企业转型，培育6家国家级装配式建筑产业基地。试点工作有效带动了建筑品质提升，部分项目已被列为试点城市示范项目，如杭州市祥符桥历史文化街改造工程、湖州市地理信息小镇运动中心建设项目、绍兴市龙山书院项目。试点项目形成了显著的经济社会效益，降低了采购价格、减少了碳排放、调动了企业参与积极性等，如绍兴已完成应急消防灯、透水砖等绿色建材产品政府批量集中采购，中标价比市场价降低45%，青岛市对全市13个试点项目开展防水材料集中采购谈判，节约资金39%；绍兴市要求新建试点项目需减少碳排放达30%以上，并在棒球未来社区试点项目中开展碳中和试点研究。

**推进农房用能绿色低碳转型。** 2021年6月，住房和城乡建设部会同农业农村部、国家乡村振兴局印发《住房和城乡建设部 农业农村部 国家乡村振兴局关于加快农房和村庄建设现代化的指导意见》（建村〔2021〕47号），提出推动农村用能革新，推广应用太阳能光热、光伏等技术和产品，推动村民日常照明、炊事、采暖制冷等用能绿色低碳转型，推动既有农房节能改造。此外，住房和城乡建设部组织编制了《严寒和寒冷地区农村住房节能技术导则（试行）》《农村居住建筑节能设计标准》GB/T 50824—2013、《近零能耗建筑技术标准》GB/T 51350—2019、《村镇宜居型住宅技术推广目录》《农村地区被动式太阳能暖房图集（试行）》等系列技术指导文件，加强对农房建筑节能设计、施工及管理等关键环节的技术指导，推动建筑节能新技术、新产品、新材料在农房建设和节能改造中的应用。

## 三、完善工程建设组织模式

我国工程建设组织模式的变革发展是提升建筑业核心竞争力的战略选择。从传统施工模式到工程总承包，体制机制不断完善，扶持政策不断充实丰富，推动我国建筑业迈向高质量发展。2021年，住房和城乡建设部指导福建、湖北深入开展工程总承包向全产业链延伸试点；工程总承包项目计价不断规范；全过程工程咨询服务指引及相关政策进一步完善；建筑师负责制持续推进；工程造价咨询事中事后管理得到加强。

### （一）开展工程总承包向产业链延伸试点

**深入开展工程总承包向产业链延伸试点。** 为解决工程总承包项目延伸全产业链过程存在的问题，提升工程总承包管理水平，住房和城乡建设部指导福建、湖北开展工程总承包向全产业链延伸试点，在20个试点项目中延伸开展投融资、运营服务，促进产业链协同，提升服务价值。福建省住房和城乡建设厅在2021—2023年开展工程总承包延伸全产业链试点工作，在11个试点项目中指导服务（项目名单见表4-2），协调解决工程技术、标准、软件应用、承发包、工程结算等实施过程存在的问题和困难。支持试点项目应用新技术、新工艺、新材料,鼓励创建优质工程,提升工程项目管理水平。支持企业及时总结实践经验,编制企业标准和施工工法,典型示范成果可优先转化地方标准。11个项目均实施了智慧工地建设内容,且大多在投融资、运营服务等方面有试点实施内容,其中4个项目列入了福建省房屋建筑和市政基础设施工程智慧工地试点项目名单(第一批),分别为厦门新会展中心—展览中心"融建、股权合作一体化"项目Ⅰ标段、凤浦安置小区二期工程、龙海市第一医院急诊内科综合楼、福建省兴岩建筑科技有限公司科研楼,促进建筑施工企业质量安全管理标准化、信息化、智能化,助力建筑业高质量发展。

**福建省工程总承包延伸全产业链试点项目名单** 表4-2

| 序号 | 工程项目名称 | 建设单位 | 工程总承包单位 | 实施内容 |
| --- | --- | --- | --- | --- |
| 1 | 厦门新会展中心—展览中心"融建、股权合作一体化"项目Ⅰ标段 | 厦门国贸会展集团有限公司 | 杭州中联筑境建筑设计有限公司/东南大学建筑设计研究院有限公司+中国建筑第四工程局有限公司 | 项目采用融建、股权合作一体化+工程总承包模式。全过程采用BIM技术,实施智慧工地+装配式建筑 |
| 2 | 新经济产业园—2号地块 | 厦门市特房新经济产业园运营有限公司 | 厦门特房建设工程集团有限公司 | 实施全过程BIM+装配式建筑。建设单位建立智能化运营平台,用于后期运营工作 |
| 3 | 二建·华府一号 | 福建省二建建设集团有限公司 | 福建省二建建设集团有限公司 | 投融资+工程总承包+后期运营维护模式。实施装配式建筑(评价等级二星级),应用总承包模拟清单和施工过程结算,建立智慧工地应用管理平台 |
| 4 | 榕发夏荷郡 | 福州市建设发展集团有限公司 | 中建海峡建设发展有限公司 | 推行工程总承包模拟清单和施工过程结算,推行全过程BIM技术和装配式建筑,运用智慧工地平台 |
| 5 | 福建建工集团有限责任公司、福建省建筑科学研究院有限责任公司建筑设计生产基地 | 福建建工集团有限责任公司、福建省建筑科学研究院有限责任公司 | 福建建工集团有限责任公司、福建省建筑科学研究院有限公司 | 投融资+工程总承包+后期运营维护模式。采用BIM技术,采用装配式建筑建造 |

续表

| 序号 | 工程项目名称 | 建设单位 | 工程总承包单位 | 实施内容 |
|---|---|---|---|---|
| 6 | 福兴开发区提升改造A1-B地块 | 福州市城投建筑有限公司 | 福州市城投建筑有限公司 | 投融资+工程总承包。采用BIM技术,采用装配式建筑+智慧工地建造。推行工程总承包模拟清单和施工过程结算 |
| 7 | 方圆建筑产业化大厦(暂定名) | 方圆建设集团有限公司 | 方圆建设集团有限公司 | 投融资+工程总承包+后期运营维护模式。主体结构采用装配式钢板混凝土组合结构、内外墙维护采用三维钢网轻质陶粒墙板、室内天地墙工业化装修。现场施工采用智能建造 |
| 8 | 凤浦安置小区二期工程 | 泉州台商投资区城市建设发展有限公司 | 福建省东霖建设工程有限公司 | 为装配式建筑,实行建筑、结构、机电设备一体化设计,且在建造全过程均将应用BIM技术;在建造过程中,将全程实施智慧工地管理 |
| 9 | 中国陶瓷电商物流园项目(电商仓配基地) | 福建省瓷都云谷电商物流园有限责任公司 | 福建建工集团有限责任公司 | 采用全过程BIM技术并移送建设单位运营维护使用。实施智慧工地管理+装配式建筑、采用新材料T63高强钢筋 |
| 10 | 龙海市第一医院急诊内科综合楼 | 龙海市城市建设投资开发有限公司 | 福建省泷澄建设集团有限公司 | 全过程采用BIM技术,实施智慧工地管理,推行工程总承包模拟情况和施工过程结算 |
| 11 | 福建省兴岩建筑科技有限公司PC构件厂—科研楼 | 福建省兴岩建筑科技有限公司 | 福建省兴岩建设集团有限公司 | 投融资+工程总承包。采用BIM技术,采用装配式建筑+智慧工地建造。推行工程总承包模拟清单和施工过程结算 |

**规范工程总承包项目计价。**国内对工程总承包计价模式尚处于探索阶段,没有形成统一的、系统的计价方式,常见的计价模式为以批复的初步设计概算进行下浮或者按照施工图预算进行费率招标,执行过程中

因设计变更、索赔等往往容易产生争议，进一步明确规范工程总承包项目计价有利于解决争议。如浙江省杭州对 EPC 工程总承包项目实施过程中的计价行为作出进一步明确规范。2021 年 3 月 15 日，《杭州市房屋建筑和市政基础设施工程总承包项目计价办法（暂行）》实行后，对规范杭州市房屋建筑和市政基础设施工程总承包项目的计价行为，解决工程价款确定、工程计价管控及竣工结算等方面的各类计价问题发挥了积极作用。2021 年 11 月 22 日，浙江省住房和城乡建设厅、浙江省发展和改革委员会、浙江省财政厅联合发布《浙江省房屋建筑和市政基础设施项目工程总承包计价规则（2018 版）》，为切实做好省级计价规则的贯彻落实及与计价办法的衔接工作，杭州市城乡建设委员会结合杭州实际，印发《杭州市房屋建筑和市政基础设施项目工程总承包项目计价指引》，于 2022 年 3 月 10 日正式实施，该指引由总则、工程总承包费用的构成、项目清单、招标控制价和投标报价编制、合同价款的确定与调整、合同价款的支付及结算、附则等内容组成。该指引明确工程总承包费用由工程设计费、设备购置费、建筑安装工程费和工程总承包其他费四部分构成。计价指引实施后，杭州市城乡建设委员会也将同步推出杭州市工程总承包合同专用条件示范文本，规范发承包双方的签约行为，充分发挥 EPC 总承包模式的优势，实现杭州市建筑业的高质量发展。四川省住房和城乡建设厅组织起草了《四川省房屋建筑和市政基础设施项目工程总承包合同计价指导意见（征求意见稿）》。

### （二）推广全过程工程咨询

**组织研究修改完善全过程工程咨询服务指引及相关政策。** 会同国家发展改革委组织开展全过程工程咨询系列研究和推进工作，为行业企业开展全过程工程咨询服务提供支持。住房和城乡建设部建筑市场监管司委托中国勘察设计协会完成《全过程工程咨询模式研究》课题，课题研究对全过程工程咨询的实质和内涵、组织模式等提出了建设性建议；推进全过程工程咨询试点工作，组织开展试点情况调研，编制《工程勘察设计企业全过程工程咨询业务试点情况调研报告》，为有关政策的研究和制定提供依据；会同国家发展改革委联合组织《全过程工程咨询服指引》和《房屋建筑和市政工程项目全过程工程咨询服务费用估算编制指南》的编制；组织编制《全过程工程咨询服务规程》团体标准，为行业企业发挥技术优势，推进全过程工程咨询服务提供更为精准、翔实的指导。

**分类加快推进全过程工程咨询服务发展。** 自 2019 年 3 月，国家发展改革委、住房和城乡建设部联合印发《关于推进全过程工程咨询服务发展的指导意见》以来，各地出台相关政策（表 4-3），明确重点任务，为进一步完善工程建设组织模式，提高投资效益、工程建设质量和运营效率，推动建筑业高质量发展提供有效保障。2021 年 6 月，江西省住房和城乡建设厅、省发展和改革委员会联合出台关于加快推进江西省全过程工程咨询服务发展的实施意见，在房屋建筑和市政基础设施领域加快推进全过程工程咨询服务发展。意见提出，政府投资和国有企业投资的项目要率先推行全过程工程咨询；EPC 项目、PPP 项目和装配式建筑项目要积极推行全过程工程咨询；鼓励民间投资项目积极采用全过程工程咨询。意见提出，全过程工程咨询服务应由一家具有综合能力的咨询单位实施，也可由多家具有招标代理、勘察、设计、监理、造价、项目管理、投资咨询等不同能力的咨询单位联合实施。由多家咨询单位联合实施的，应明确牵头单位及各单位的权利、义务和责任。

建设主管部门近年来关于全过程工程咨询政策一览表　　　表 4-3

| 文件号 | 文件名 | 发布时间 |
| --- | --- | --- |
| 国办发〔2017〕19 号 | 《国务院办公厅关于促进建筑业持续健康发展的意见》 | 2017.02 |
| 中华人民共和国住房和城乡建设部令第 33 号 | 《建筑工程设计招标投标管理办法》 | 2017.05 |
| 建市〔2017〕101 号 | 《住房城乡建设部开展全过程工程咨询试点工作》 | 2017.05 |
| 建建发〔2017〕208 号 | 《浙江省全过程工程咨询试点工作方案》 | 2017.06 |
| 川建发〔2017〕11 号 | 《四川省全过程工程咨询试点工作方案》 | 2017.07 |
| 粤建市〔2017〕167 号 | 《广东省全过程工程咨询试点工作实施方案》 | 2017.08 |
| 闽建科〔2017〕36 号 | 《福建省全过程工程咨询试点工作方案》 | 2017.08 |
| 苏建科〔2017〕526 号 | 《江苏省开展全过程工程咨询试点工作方案》 | 2017.10 |
| 中华人民共和国国家发展和改革委员会令第 9 号 | 《工程咨询行业管理办法》 | 2017.11 |

续表

| 文件号 | 文件名 | 发布时间 |
|---|---|---|
| 建市设函〔2017〕62号 | 《关于征求在民用建筑工程中推进建筑师负责制指导意见(征求意见稿)意见的函》 | 2017.12 |
| 桂建发〔2018〕2号 | 《广西全过程工程咨询试点工作方案》 | 2018.02 |
| 湘建设〔2018〕17号 | 《湖南省全过程工程咨询工作试行文本》 | 2018.02 |
| 发改投资规〔2018〕623号 | 《国家发展改革委关于印发〈工程咨询单位资信评价标准〉的通知》 | 2018.04 |
| 宁建(建)发〔2018〕3号 | 《宁夏回族自治区全过程工程咨询试点工作方案》 | 2018.04 |
| 粤建市商〔2018〕26号 | 《广东省住房和城乡建设厅关于征求〈建设项目全过程工程咨询服务指引(咨询企业版)〉(征求意见稿)和〈建设项目全过程工程咨询服务指引(投资人版)〉(征求意见稿)〉意见的函》 | 2018.04 |
| 豫建设标〔2018〕44号 | 《河南省全过程工程咨询试点工作方案(试行)》 | 2018.07 |
| 建市〔2018〕138号 | 《安徽省开展全过程工程咨询试点工作方案》 | 2018.09 |
| 内建工〔2018〕544号 | 《内蒙古关于开展全过程工程咨询试点工作通知》 | 2018.10 |
| 陕建发〔2018〕388号 | 《陕西省关于开展全过程工程咨询试点通知》 | 2018.10 |
| 苏建科〔2018〕940号 | 《江苏省全过程工程咨询服务合同示范文本(试行)》《江苏省全过程工程咨询服务导则(试行)》 | 2018.12 |
| 陕建发〔2019〕1007号 | 《关于印发〈陕西省全过程工程咨询服务导则(试行)〉〈陕西省全过程工程咨询服务合同示范文本(试行)〉的通知》 | 2019.01 |
| 发改投资规〔2019〕515号 | 《国家发展改革委 住房城乡建设部〈关于推进全过程工程咨询服务发展的指导意见〉》 | 2019.03 |
| 川建质安监协〔2019〕40号 | 《关于印发四川省全过程工程咨询服务招标文件示范文本和合同示范文本(试行)的通知》 | 2019.07 |
| 浙发改基综〔2019〕368号 | 《浙江省推进全过程工程咨询试点工作方案》 | 2019.08 |
| 鲁建建管字〔2019〕19号 | 《山东省住房和城乡建设厅 山东省发展和改革委员会关于在房屋建筑和市政工程领域加快推行全过程工程咨询服务的指导意见》 | 2019.10 |
| 国家发展改革委、住房和城乡建设部 | 《关于征求〈房屋建筑和市政基础设施建设项目全过程工程咨询服务技术标准(征求意见稿)〉意见的函》 | 2020.04 |
| 陕建发〔2020〕1118号 | 《关于在房屋建筑和市政基础设施工程领域加快推进全过程工程咨询服务发展的实施意见》 | 2020.08 |

续表

| 文件号 | 文件名 | 发布时间 |
| --- | --- | --- |
| 建司局函市〔2020〕199号 | 《住房和城乡建设部建筑市场监管司关于征求全过程工程咨询服务合同示范文本（征求意见稿）意见的函》 | 2020.08 |
| 湘建设〔2020〕91号 | 《湖南省住房和城乡建设厅关于推进全过程工程咨询发展的实施意见》 | 2020.10 |
| 黑龙江省住房和城乡建设厅〔2020〕1618号 | 《黑龙江省住房和城乡建设厅关于征求〈黑龙江省全过程工程咨询导则〉修改意见的函》 | 2020.11 |
| 黑龙江省住房和城乡建设厅 | 《关于在全省房屋建筑和市政基础设施领域工程项目实行工程总承包和全过程工程咨询服务的函》 | 2021.02 |

资料来源：董国伟，新形势下全过程工程咨询企业的发展前瞻［J］.建设监理，2021（11）30-35.

## （三）推进建筑师负责制试点

**试点探索推进建筑师负责制**。建筑师负责制是一种国际通行的工程建设组织模式，以注册建筑师为主导的设计师团队受建设单位委托，开展设计咨询及管理服务，对建筑的品质、进度和造价进行总体把控，并对项目策划、设计、建设和运营等进行全流程监督管理。建筑师负责制赋予建筑师更多权力，也给予建筑师更多责任，使建筑师更好地从保护公众利益和人民生命财产安全的角度出发，提升建筑品质，保障建设工程质量安全，助力建筑产品实现从"有没有"向"好不好"的转变。按照党中央、国务院总体部署及住房和城乡建设部批准的试点方案，上海浦东新区、深圳、北京等地区分别于2016年、2018年、2020年开展建筑师负责制试点工作。2021年11月，国务院印发《关于开展营商环境创新试点工作的意见》，选择北京、上海等6个城市开展营商环境创新试点工作，推进建筑师负责制被列为首批营商环境创新试点改革事项。6个试点城市按照营商环境创新试点工作要求，积极推进建筑师负责制。

**制定政策制度，指导推动试点工作**。试点城市均出台政策文件和配套措施，全力推进建筑师负责制试点工作。一是制定指导意见。试点城市均印发了营商环境创新试点方案，明确开展建筑师负责制工作，并因地制宜制定了适合本地区工程设计行业发展需要的政策文件。如重庆市住房和城乡建设委员会印发《重庆市全过程工程咨询建筑师负责制工作实施意见》，广州市住房和城乡建设委员会起草《广州市建筑师负责制试点实施工作方案》（征求意见稿），为建筑师负责制开展提供制度保障。二是出台配套措施。试点城市围绕建筑师负责制的具体实施，出台了一系列支持措施。如北京市出台了《建筑师负责制项目应用指南》《建筑师标准服务内容与流程》，明确工作细则、服务标准等，为建筑师负责制开展提供工作依据。杭州市制定了建筑师负责制合同示范文本、招标示范文本，为建筑师负责制项目推进提供定价、招标投标指导。三是完善体制机制。试点城市强化建筑师负责制项目全过程监管，完善监督管理机制。如北京市健全信息公开制度，在"首都之窗"政务服务平台开设专栏，将130余名骨干建筑师信息公开，为建设单位提供选择参考。上海市优化建筑师负责制项目招标投标制度，建设单位可以在立项之前开展设计招标投标，招标投标方式更加符合设计特点。深圳市建立后评估机制，委托第三方机构对试点项目设计质量、建筑师工作内容等进行评估，结果计入建筑市场诚信系统并向社会公布，强化事中事后监督管理。

**整合行业优势资源，配合推进试点工作。** 试点城市的有关社团组织、高等院校等共同成立工作专班或咨询委员会，凝聚行业力量，推进试点开展。一是开展课题研究。如广州市成立由广州市勘察设计协会、华南理工大学等参与的建筑师负责制试点课题小组，对香港建筑师职业实践、国内试点城市工作推进情况等开展研究，为制定政策文件提供理论支撑。二是组织调研交流。如上海市成立由上海市勘察设计协会、华建集团等组成的工作专班，对建设单位、设计单位、保险公司等开展实地调研，听取相关单位和注册人员目前开业执业痛点难点以及对推进试点工作的意见，为相关扶持措施制定提供针对性建议。三是协助项目落实。如北京市组织北京市工程勘察设计协会、清华大学等成立工作专班，编制试点项目清单，对试点项目全程跟踪指导和评估。北京市注册建筑师管理委员会、中国建筑学会等成立行业咨询委员会，开展试点项目遴选、合同审核把关、质量品质管理管控等，为项目有序开展提供保障。

**企业健全管理体系，积极参与试点项目实践。**试点城市建设单位、设计单位等各方积极申报和参与试点项目，探索有益经验，发挥示范引领作用。一是建设单位主动开展项目。如北京市重型机械厂老旧厂区改造等10个试点项目均为公开申报选用建筑师负责制的项目，北京市海淀区树村棚户区改造等11个试点项目均为建设单位主动承诺高标准商品住宅建设中采用建筑师负责制的项目，为试点开展起到了良好的带动作用。二是设计单位完善组织管理体系。北京市建筑设计研究院等研究制定符合建筑师负责制特点的人员管理和风险防控体系，建立健全适合建筑师负责制项目的内部组织架构和管理机制。三是建筑师牵头组建专业团队。如浙江省建筑设计研究院、大象建筑设计有限公司等由部分工程经验丰富的注册建筑师主动担任团队负责人，组织来自建筑、结构、水暖电等多个专业的设计人员以及管理、造价、法务等多个部门的员工形成建筑师负责制团队，并开展专项培训，提升承担试点项目的综合能力。

**试点项目取得初步成效。**6个试点城市共有建筑师负责制试点项目110个，其中，北京市36个，上海市19个，重庆市10个，杭州市20个，广州市2个，深圳市23个。从工程类型看，试点项目以居住、办公建筑为主，同时也包括医疗、商业、体育、教育、工业建筑等多种类型。从投资主体看，试点项目以政府投资、国有资本投资为主，同时也涵盖民营企业投资、外商投资等多种主体。从服务领域看，试点项目以新建房屋建筑为主，同时也涉及城市更新（包括老旧小区改造、工业遗产改扩建等）、乡村建设等多个领域。建筑师依据约定，在策划、设计、招采、施工、交付、运维六个阶段提供服务，多个建筑师负责制试点项目在社会、经济效益方面起到了示范作用。一是更安全，如深圳市福田区纪委监委案件工作基地项目施工现场管理效果良好，获得"深圳市建设工程安全生产及文明施工优良工地奖"，安全事故为零。二是更舒适，如杭州市天目里综合艺术园区项目设计建造效果精美，体量色彩感受良好，材料风格创新融合，被誉为杭州"城市客厅"和"最火网红打卡艺术园区"。三是更绿色，北京市潞城全民健身中心项目钢结构绿色建筑专项设计水平突出，获得第十五届中国钢结构金奖并达到绿色建筑三星级标准。

**（四）推动工程造价咨询管理改革**

**修订完善工程造价管理办法。**为深入推进"放管服"改革，贯彻落实《国务院关于深化"证照分离"改革 进一步激发市场主体发展活力的通知》（国发〔2021〕7号）要求，住房和城乡建设部对《工程造价咨询企业管理办法》和《注册造价工程师管理办法》进行了合并修订，形成《工程造价咨询业管理办法》（征求意见稿）。修订主要思路是：健全政府主导、企业自治、行业自律、社会监督的协同监管新格局，加强信用管理，探索建立企业信用与执业人员信用挂钩机制，加强注册执业人员管理。

**加强工程造价咨询企业事中事后管理。**工程造价咨询是工程建设活动的重要组成部分。近年来，造价改革、资质取消等系列政策对造价咨询企业的服务模式、发展方向以及行业监管机制提出了新挑战。山东省住房和城乡建设厅出台《关于促进工程造价咨询行业高质量发展的指导意见》，为造价咨询行业转型发展指出新路。该指导意见坚持目标导向，从两个方面明确造价咨询行业的发展目标。一是扩展外延，在传统造价咨询业务基础上实现链条延伸，提供项目策划、决策、实施、评价各阶段的多元化咨询服务，开展贯穿全生命周期造价管控的全过程咨询服务；二是丰富内涵，在传统造价咨询业务基础上挖掘更有深度、更加精细的服务内容，将工作重心转移到事前成本管控、设计优化、风险控制等高附加值造价咨询服务上。意见提出，到2025年，形成以综合性、跨阶段、一体化服务企业为主体，专业化、精细化、特色化服务企业为补充，统一开放、链条完整、布局合理、竞争有序的行业组织结构，造价咨询企业多元化服务能力显著提升，行业核心竞争力显著增强，以信用管理为核心的事中事后监管体系基本建立。

## 四、健全工程质量安全保障体系

针对当前房屋市政工程领域安全生产工作的新情况新问题，住房和城乡建设部对相关法律法规已有规定和近年来发生的重特大生产安全事故进行了全面梳理，深刻剖析了群死群伤事故原因，系统归纳了工地现场高度危险施工环节，聚焦项目的安全管理缺失、人的不安全行为和物的不安全状态，明确了重大事故隐患判定情形。

## （一）推进工程质量评价和保险

**开展建筑工程质量评价试点。**印发《住房和城乡建设部办公厅关于开展建筑工程质量评价试点工作的通知》（建办质函〔2021〕306号），选取山西、黑龙江、浙江、安徽、山东、湖北、广东、广西、贵州、宁夏10个省（区）作为试点地区，指导试点地区根据当地实际情况及时制定试点方案和工作推进计划。对2020年试评价工作进行总结，收集相关单位对评价工作的意见和建议，组织北京、上海、深圳的专家对评价指标体系进行研讨，进一步修改完善评价指标体系，编制《建筑工程质量评价工作实施手册（2021年版）》。委托第三方机构对浙江、湖北和广东3个试点地区针对建筑工程区域质量综合评价、建筑工程实体质量评价、建筑工程质量用户满意度评价、建筑工程质量扣分项评价及建筑工程质量加分项评价五个方面进行建筑工程质量评价。召开建筑工程质量评价反馈座谈会，就建筑工程质量评价工作进行深入交流，对下一步工作进行部署。

**开展工程质量保险顶层设计研究。**系统梳理上海、江苏、浙江、安徽、山东、河南、广东、广西、四川9省（市）开展工程质量保险试点的情况，对上海、江苏试点工作情况开展调研，总结复制可推广的经验做法。在此基础上，召开部分省区市工程质量保险座谈会，部署开展工程质量保险顶层设计研究。

## （二）防范各类风险挑战

**指导北京市、河北省强化冬奥会场馆建筑质量安全排查和运行安全监管。**奥运工程建设标准高、要求严，且面临新冠肺炎疫情等挑战工期收紧，各单位在突破大量场馆设计和技术瓶颈的同时，赶在关键时间节点完工，为北京冬奥会、冬残奥会奉献了世界一流的场馆设施和配套保障。北京市 55 项冬奥工程全部按计划高质量完工交付，8 个竞赛场馆提前一年全部完工认证，主要配套基础设施提前两年完工投用。京张高速铁路、京礼高速公路等重要设施不仅承担赛时保障任务，更长期助力区域协同发展；国家高山滑雪中心、国家雪车雪橇中心等是填补我国空白的专业场馆；多项科技创新持续为北京市冬奥工程赋能。如山东省建筑业企业紧紧围绕"低碳、环保、科技"的施工理念，先后有近万人参与建设、运维工作，北京冬奥会开幕式现场的大型视频显示装置"冰瀑"表演离不开山东经典重工集团，山东泰建集团参与承建北京市延庆区的国家高山滑雪中心部分进口索道架设。冬奥会、冬残奥会赛事结束，场馆运行良好。

**持续开展疫情隔离观察场所和在建工程集中居住场所安全风险隐患专项排查整治。** 截至 2021 年底，累计排查疫情隔离观察场所建筑 5.77 万栋。深入推进违法建设和违法违规审批专项清查，截至 2021 年底，各地共排查出房屋建筑违法建设行为 54.1 万起，整治各类存在严重隐患的建筑 38.54 万栋、建筑面积 28.83 亿平方米。

## （三）严格执行重大隐患排查治理制度

**印发城市轨道交通工程基坑、隧道施工坍塌防范导则。** 为加强城市轨道交通工程建设质量安全管理，提升基坑、隧道坍塌事故防范水平，减少生产安全事故发生，2021 年 9 月 27 日，住房和城乡建设部印发《住房和城乡建设部办公厅关于印发城市轨道交通工程基坑、隧道施工坍塌防范导则的通知》（建办质〔2021〕42 号）。城市轨道交通工程周边环境和地质条件复杂多变，工法工艺难度大，施工过程风险高。一些城市尤其是新开工城市，建设管理经验不足，风险防控意识不强、手段欠缺，导致基坑、隧道施工过程中发生坍塌事故，不仅破坏工程自身结构，而且波及周边道路、管线和环境，造成严重的生命财产损失和不良社会影响。该导则将基坑、隧道施工坍塌防范贯穿于城市轨道交通工程建设全过程及各参建单位，对于进一步提升轨道交通工程建设坍塌事故防范水平具有重要的意义，将督促主管部门和参建各方强化坍塌防范意识，落实坍塌防范责任，细化全过程防范措施，提升应急处置能力，有效遏制事故发生，保障施工过程安全、顺畅、平稳。

**强化既有超高层建筑安全管理**。近年来，一些城市脱离实际需求，攀比建设超高层建筑，盲目追求建筑高度第一、形式奇特，抬高建设成本，加剧能源消耗，加大安全管理难度。为贯彻落实新发展理念，统筹发展和安全，科学规划建设管理超高层建筑，2021年10月22日，《住房和城乡建设部 应急管理部关于加强超高层建筑规划建设管理的通知》（建科〔2021〕76号）下发，要求贯彻落实新发展理念，统筹发展和安全，科学规划建设管理超高层建筑，从四方面强化既有超高层建筑安全管理，一是全面排查安全隐患，二是系统推进隐患整治，三是提升安全保障能力，四是完善运行管理机制。并要求各地抓紧完善超高层建筑规划建设管理协作机制，严格落实相关标准和管控要求，探索建立超高层建筑安全险。建立专家库，定期开展既有超高层建筑使用和管理情况专项排查，有关情况要及时报告住房和城乡建设部，住房和城乡建设部将定期调研评估工作落实情况。

**印发危险性较大的分部分项工程专项施工方案编制指南**。加强危大工程管理是落实《全国安全生产专项整治三年行动计划》的重要内容之一，2021年12月8日，住房和城乡建设部办公厅印发《住房和城乡建设部办公厅关于印发危险性较大的分部分项工程专项施工方案编制指南的通知》（建办质〔2021〕48号）。为有效管控建筑施工安全风险、防范生产安全事故发生，住房和城乡建设部于2004年建立了危险性较大的分部分项工程（以下简称"危大工程"）管理制度，其核心内容是对于危大工程必须编制专项施工方案，对于超过一定规模的危大工程专项施工方案必须组织专家论证，并在施工过程中严格按照专项施工方案进行施工，对有效遏制较大及以上事故发生发挥了重要作用。近年来，房屋建筑和市政基础设施工程较大及以上安全事故仍时有发生，如广东珠海石景山隧道"7·15"透水重大事故、上海长宁"5·16"厂房坍塌重大事故等。为进一步规范危大工程专项施工方案编制，提高其指导建筑施工的科学性及规范性，有效管控和化解重大安全风险，该指南对《住房城乡建设部办公厅关于实施〈危险性较大的分部分项工程安全管理规定〉有关问题的通知》中的"专项施工方案内容"作了进一步明确、细化，使之规范化、标准化，包括基坑工程、模板支撑体系工程、起重吊装及安装拆卸工程、脚手架工程、拆除工程、暗挖工程、建筑幕墙安装工程、人工挖孔桩工程和钢结构安装工程共9类危险性较大的分部分项工程，明确细化了危大工程专项施工方案的主要内容、专项施工方案中可采取风险辨识与分级、危大工程的验收内容、细化应急处置措施。

**推动淘汰行业落后工艺、设备和材料。** 为防范化解房屋建筑和市政基础设施工程重大事故隐患，降低施工安全风险，推动住房和城乡建设行业淘汰落后工艺、设备和材料，提升房屋建筑和市政基础设施工程安全生产水平，根据《建设工程安全生产管理条例》等有关法规，2021年12月14日，住房和城乡建设部发布了《房屋建筑和市政基础设施工程危及生产安全施工工艺、设备和材料淘汰目录（第一批）》，第一批目录共淘汰22项施工工艺、设备和材料，其中，竹（木）脚手架和现场简易制作钢筋保护层垫块工艺被禁止，门式钢管支撑架被限制。公告发布之日起6个月后，新开工项目不得在限制条件和范围内使用该目录所列限制类施工工艺、设备和材料，房屋建筑和市政基础设施工程从业单位要在本公告发布之日起9个月后，全面停止在新开工项目中使用该目录所列禁止类施工工艺、设备和材料。

**开展房屋市政工程安全生产治理行动。** 为认真贯彻习近平总书记关于安全生产的重要论述和指示批示精神，深刻吸取重大事故教训，按照国务院安委会关于进一步加强安全生产和坚决遏制重特大事故的工作部署，针对房屋市政工程领域暴露出的突出问题，2022年3月25日，住房和城乡建设部下发《住房和城乡建设部关于开展房屋市政工程安全生产治理行动的通知》（建质电〔2022〕19号），决定开展房屋市政工程安全生产治理行动，集中用两年左右时间，全面排查整治各类隐患，防范各类生产安全事故，切实保障人民生命财产安全，坚决稳控安全生产形势。重点任务有：严格管控危险性较大的分部分项工程、全面落实工程质量安全手册制度、提升施工现场人防物防技防水平、严厉打击各类违法违规行为、充分发挥政府投资工程示范带头作用。工作安排分为动员部署阶段（2022年4月1日至2022年4月15日）、排查整治阶段（2022年4月至2022年12月）、巩固提升阶段（2023年1月至2023年

12月)。此外,住房和城乡建设部下发了《住房和城乡建设部关于印发〈房屋市政工程生产安全重大事故隐患判定标准(2022版)〉的通知》(建质规〔2022〕2号),将判定标准作为监管执法的重要依据。为深入推进全国自建房安全专项整治,住房和城乡建设部依托全国自然灾害综合风险普查房屋建筑和市政设施调查系统,扩展开发了城乡自建房安全专项整治信息归集平台。

### (四)加强工程质量安全监管信息化建设

为全面推行"互联网+监管"模式,住房和城乡建设部组织开发了全国工程质量安全监管信息平台,于2021年5月15日正式启用。该平台覆盖建筑施工安全监管、工程勘察设计质量监管、工程质量监管、城市轨道交通工程质量安全监管等多项业务,集成工程质量安全监管业务信息系统、全国工程质量安全监管数据中心、工作门户以及公共服务门户,供各地免费使用。其中,工程质量安全监管业务信息系统,支持各级住房和城乡建设部门与有关部门办理各类房屋建筑和市政基础设施工程质量安全监管业务;全国工程质量安全监管数据中心,按照统一的共享交换数据标准和技术规范,全面归集全国房屋建筑和市政基础设施工程质量安全监管信息,构建全国工程质量安全监管大数据集合,与各地工程质量安全监管信息系统、住房和城乡建设部数据中心以及国家数据共享交换平台互联互通;工作门户,向各级住房和城乡建设部门及有关部门提供文件办理、数据查询、统计分析、可视化展示、事故案例分析、监管人员培训、意见建议征集、舆情监测、法律法规以及事故信息快报等支撑和服务;公共服务门户,发布房屋建筑和市政基础设施工程质量安全监管领域相关通知公告、行业动态、地方信息、全国工程勘察设计大师、工程质量安全专家委员会、城市轨道交通专家委员会信息以及工程质量安全事故情况,提供工程质量安全监管数据和政策法规查询等服务。该平台能够贯穿工程项目生命周期全过程,大大提升了工程质量安全管理信息化水平。

# 第五章　建筑业改革发展展望

"十四五"时期是新发展阶段的开局起步期,是实施城市更新行动、推进新型城镇化建设的机遇期,也是加快建筑业转型发展的关键期。根据《中华人民共和国国民经济和社会发展第十四个五年规划和 2035 年远景目标纲要》,住房和城乡建设部组织编制了《"十四五"建筑业发展规划》,提出在"十四五"期间初步形成建筑业高质量发展体系框架,建筑市场运行机制更加完善,营商环境和产业结构不断优化,建筑市场秩序明显改善,工程质量安全保障体系基本健全,建筑工业化、数字化、智能化水平大幅提升,建造方式绿色转型成效显著,加速建筑业由大向强转变,为形成强大国内市场、构建新发展格局提供有力支撑。

## 一、智能建造与新型建筑工业化协同发展

推动智能建造与新型建筑工业化协同发展是促进建筑业转型升级、实现高质量发展的必然要求,是有效拉动内需、做好"六稳""六保"工作的重要举措,是顺应国际潮流、提升我国建筑业国际竞争力的有力抓手。要转变我国建筑业的粗放型发展模式,就需要通过加快推动智能建造与建筑工业化协同发展,集成 5G、人工智能、物联网等新技术,形成涵盖科研、设计、生产加工、施工装配、运营维护等全产业链融合一体的智能建造产业体系,走出一条内涵集约式高质量发展之路。

### (一)完善智能建造政策与产业体系

为完善智能建造政策与产业体系,2022 年,住房和城乡建设部印发《关于征集遴选智能建造试点城市的通知》,决定征集遴选部分城市开展智能建造试点,并明确本次试点的重点是建设智能建造产业基地,完善产业链,培育一批具有智能建造系统解决方案能力的工程总承包企业以及建筑施工、勘察设计、装备制造、信息技术等配套企业,发展数

字设计、智能生产、智能施工、智慧运维、建筑机器人、建筑产业互联网等新产业，打造智能建造产业集群，同时提供打造部品部件智能工厂、推动技术研发和成果转化、完善标准体系和培育专业人才四项任务供地方结合实际自主选择，推动试点城市建立跨部门协同推进机制，形成可复制可推广的智能建造政策体系、发展路径和监管模式，为全面推广智能建造提供经验借鉴。"十四五"期间，将继续实施智能建造试点示范创建行动，发展一批试点城市，建设一批示范项目，加强基础共性和关键核心技术研发，构建先进适用的智能建造标准体系；发布智能建造新技术新产品创新服务典型案例，编制智能建造白皮书，推广数字设计、智能生产和智能施工；培育智能建造产业基地，加快人才队伍建设，进一步完善涵盖科研、设计、生产加工、施工装配、运营等全产业链融合一体的智能建造产业体系。

## （二）夯实建造标准化和数字化基础

《关于加快新型建筑工业化发展的若干意见》要求，要将标准化理念贯穿于新型建筑工业化项目的设计、生产、施工、装修、运营维护全过程。为完善装配式建筑标准体系，住房和城乡建设部标准定额司着力打造"1+3"标准化设计和生产体系，即启动编制 1 项装配式住宅设计选型标准、3 项主要构件和部品部件尺寸指南（钢结构住宅主要构件尺寸指南、装配式混凝土结构住宅主要构件尺寸指南、住宅装配化装修主要部品部件尺寸指南），全面打通装配式住宅设计、生产和工程施工环节，推进全产业链协同发展，有效解决装配式建筑标准化设计与标准化构件和部品部件应用之间的衔接问题，为设计人员提供强有力的技术指导，推广少规格、多组合的设计方法。同时，通过明确通用标准化构件和部品部件的具体尺寸，逐步将定制化、小规模的生产方式向标准化、社会化转变，引导生产企业与设计单位、施工企业就构件和部品部件的常用尺寸进行协调统一，极大提升新型建筑工业化生产、设计和施工效率，推动装配式住宅产业向标准化、规模化、市场化迈进。标准建设是智能建造和新型建筑工业化协同发展的基础，未来将构建数字设计体系，提高建筑方案创作水平和施工图设计精细化水平，促进设计、生产、施工协同,提升建筑品质;完善模数协调、构件选型等标准,建立标准化部品部件库,推进建筑平面、立面、部品部件、接口标准化,推广少规格、多组合设计方法,实现标准化和多样化的统一;加快推进建筑信息模型(BIM)技术在工程全生命周期的集成应用,健全数据交互和安全标准,强化设计、生产、施工各环节数字化协同,推动工程建设全过程数字化成果交付和应用。

### (三) 培育智能建造新业态新模式

智能建造产业具有科技含量高、产业关联度大、带动能力强等特点,既有巨大的投资需求,又能为新一代信息技术提供庞大的消费市场。发展智能建造,不仅能够带动人工智能、物联网、高端装备制造等新兴产业发展,还能培育建筑产业互联网、建筑机器人、数字设计等新产业新业态新模式,进而培育新的经济增长点。**在建筑产业互联网平台构建方面**,《关于推动智能建造与建筑工业化协同发展的指导意见》提出,要加快打造建筑产业互联网平台,推进工业互联网平台在建筑领域的融合应用,开发面向建筑领域的应用程序。《"十四五"建筑业发展规划》和《"十四五"住房和城乡建设科技发展规划》中进一步明确了对建筑产业互联网平台构建的要求和目标,为建立全产业链、全要素数据一体化的建筑产业互联网平台,将加大建筑产业互联网平台基础共性技术攻关力度,编制关键技术标准、发展指南和白皮书;开展建筑产业互联网平台建设试点,探索适合不同应用场景的系统解决方案,培育一批行业级、企业级、项目级建筑产业互联网平台,建设政府监管平台;鼓励建筑企业、互联网企业、科研院所等开展合作,加强物联网、大数据、云计算、人工智能、区块链等新一代信息技术在建筑领域的融合应用。**在建筑机器人研发应用方面**,继续研究建筑机器人智能交互、感知、通信、空间定位等关键技术,研发自主可控的施工机器人系统平台,突破高空作业机器人关键技术,研究建立机器人生产、安装等技术和标准体系,力争到2025年形成部品部件机器人、施工机器人、运维机器人等一批建筑机器人标志性产品,加强建筑机器人应用场景探索,实现部分领域批量化应用。

### (四）以装配式建筑助力新型建筑工业化

装配式建筑是实现我国建筑工业化的重要抓手，是当前建筑业转型升级的主要方向之一。《"十四五"建筑业发展规划》《"十四五"住房和城乡建设科技发展规划》和《"十四五"建筑节能与绿色建筑发展规划》中都反复提及要大力发展装配式建筑，构建装配式建筑标准化设计和生产体系，推动生产和施工智能化升级，扩大标准化构件和部品部件使用规模，提高装配式建筑综合效益；完善适用不同建筑类型装配式混凝土建筑结构体系，加大高性能混凝土、高强钢筋和消能减震、预应力技术集成应用。完善钢结构建筑标准体系，推动建立钢结构住宅通用技术体系，健全钢结构建筑工程计价依据，以标准化为主线引导上下游产业链协同发展；积极推进装配化装修方式在商品住房项目中的应用，推广管线分离、一体化装修技术，推广集成化模块化建筑部品，促进装配化装修与装配式建筑深度融合；大力推广应用装配式建筑，积极推进高品质钢结构住宅建设，鼓励学校、医院等公共建筑优先采用钢结构。住房和城乡建设部将培育一批装配式建筑生产基地，建立以标准部品部件为基础的专业化、规模化、数字化生产体系，推动形成完整产业链，提升建筑工业化水平，力争到2025年新建装配式建筑占比达到30％以上。

## 二、建筑业科技支撑力量持续加强

随着新一轮科技革命和产业变革向纵深发展，以人工智能、大数据、物联网、5G和区块链等为代表的新一代信息技术加速向各行业全面融合渗透。"十四五"时期是立足新发展阶段，贯彻新发展理念，构建新发展格局，推动住房和城乡建设事业高质量发展的关键时期，亟须进一步强化科技创新支撑引领作用，促进中国建造从价值链中低端向中高端迈进。

### （一）促进BIM与新一代信息技术融合应用

加强建筑业信息技术应用研究是"十四五"时期住房和城乡建设领

域科技创新赋能的重点任务之一。BIM技术是工程领域数字化转型升级的核心技术，目前已得到较为广泛的应用。BIM技术与新一代信息技术融合应用，将进一步加速建筑业变革创新，如BIM技术与云计算融合，能够将BIM应用中计算量大且复杂的工作交给云端，大幅提升计算效率，BIM协同管理平台可以快速直观地获取BIM模型和数据，及时处理项目信息，有利于用户随时随地访问并与协作者实现共享，进而实现高效查阅、加载、分享、协调和管理项目。BIM技术与物联网结合，则是建筑全过程信息的集成和融合，BIM技术起到了上层信息集成、交互、展示和管理的作用，而物联网技术则实现底层信息感知、采集、传递和监控的功能。智慧工地管理平台可以对工程建造人员、设备、资产等进行科学管理，对可能发生的隐患进行有效预防；同时还能根据系统规划合理的施工进度，并对设备和重要资产进行监控维护，大幅提高运维工作的效率和水平。未来将继续以支撑建筑业数字化转型发展为目标，研究5G、大数据、云计算、人工智能等新一代信息技术与工程建设全产业链BIM应用融合的理论、方法和支撑体系，研究工程项目数据资源标准体系和建设项目智能化审查、审批关键技术，研发自主可控的BIM图形平台、建模软件和应用软件，开发工程项目全生命周期数字化管理平台，研发高性能三维图形几何造型和渲染等核心引擎，搭建自主可控的BIM三维图形平台，开发BIM建模软件及设计、施工和运维应用软件。

### （二）新基建、新城建为建筑业转型带来新机遇

"十四五"时期，我国正处在转变发展方式、优化经济结构、转换增长动力的关键阶段，将推出一批重大工程和项目，着力提升基础设施水平。我国将以建立绿色智能、安全可靠的新型城市基础设施为目标，推动5G、大数据、云计算、人工智能等新一代信息技术在城市建设运行管理中的应用，开展基于城市信息模型（CIM）平台的智能化市政基础设施建设和改造、智慧城市与智能网联汽车协同发展、智慧社区、城市运行管理服务平台建设等关键技术和装备研究。如在CIM平台建设方面，将继续研究CIM构建理论、方法及标准体系，研究城市基础设

施数据资源体系与要素编码及 CIM 多源异构数据治理、存储、调用、共享等技术，研究 CIM 基础平台图形引擎、城市空间仿真模拟与智能化技术，CIM 典型业务场景应用范式与平台建设评估方法，以及国家、省、市 CIM 平台互联互通方法、技术和保障措施；在智能化市政基础设施建设和改造方面，将研究基于 CIM 的市政基础设施智能化管理平台构建技术。研发城镇供水、排水管网病害识别技术，管网运行健康评估技术及产品，黑臭水体监测评估与修复治理技术，城市燃气高效利用与节能减排关键技术，高效热泵供热技术和可再生能源供热技术，综合交通枢纽高效便捷换乘技术，市政基础设施安全运行监测监管、大数据分析和模拟仿真技术等。智慧城市、智能交通、智能能源、智能建筑等成为新的发展方向，新型基础设施与传统基础设施的嵌套、融合发展成为必然，将深刻改变建筑业的实现方式、生产组织和管理模式，促进建筑业加快向信息化、数字化、智能化转型，为建筑业发展带来新的机遇。

### （三）围绕建筑品质提升加强技术攻关

建筑品质尤其是住宅品质与民生息息相关，以提高住宅质量和性能为导向，研究住宅结构、装修与设备设施一体化设计方法、适老化适幼化设计技术与产品，开展住宅功能空间优化技术、环境品质提升技术、耐久性提升技术研究与应用示范，形成相关评价技术和方法，是"十四五"时期设计和建造技术提升的目标之一。一是住宅功能空间优化设计技术。针对家庭人口结构多样、生活方式多元、气候条件不同、后疫情时代住宅健康要求等因素，研究户型设计新方法和各专业协同的一体化设计流程和方法，研究设备管线与主体结构相分离的集成技术，优化功能空间。二是住宅环境品质提升技术。研究住宅小区景观系统、道路系统、标识系统、无障碍系统及其他配套设施的精细化规划设计技术，研究建筑隔音降噪技术和室内环境污染风险管控技术，研发健康环保的装修材料和部品部件。三是住宅耐久性技术。基于建筑全生命周期管理理念，研究提高建筑耐久性能的新材料、技术体系和标准体系，研发提高住宅结构、装修、设备、外墙、门窗、防水等耐久性能的技术和产品，研究与建筑结构同寿命的墙体保温隔热技术和产品。四是住宅适老及适幼设计与设施。针对老年人和儿童身体机能、行动特点、心理特征等，研究适老化和适幼化的居住建筑空间、室内装修与设备设施、室内环境、部品集成等技术，研究社区公共设施、公共空间的适老化和适幼化设计技术与产品。五是既有住宅品质提升技术。研究不同场景低碳装修改造设计技术，研发既有住宅功能提升与改造技术及产品，构建新型低碳、绿色、环保的装配化装修成套技术体系。六是住宅品质评价技术。研究高品质住宅的建设要求、全过程质量管控技术和方法、全生命周期的质量检测技术与产品，形成高品质住宅评价技术与标准。七是数字家庭智能化服务技术体系。开发数字家庭系统关键技术、应用标准和平台，开展基于云服务和大数据的智慧社区与数字家庭示范应用。

## 三、建筑行业节能减碳目标进一步明确

2020年9月，习近平总书记在联合国大会上对外宣示碳达峰碳中和目标以来，中央多个部门围绕"双碳"开展了一系列卓有成效的工作，"1+N"政策文件陆续推出，各地方、各行业也在积极研究制定本地区本行业碳达峰行动方案。《关于完整准确全面贯彻新发展理念做好碳达峰碳中和工作的意见》《2030年前碳达峰行动方案》等中央政策文件中都对住房和城乡建设领域贯彻落实碳达峰碳中和目标的工作进行了相应部署，《城乡建设领域碳达峰实施方案》进一步明确了建筑行业节能减碳的中长期目标和工作重点。

### （一）全面提升绿色低碳建筑水平

《中华人民共和国国民经济和社会发展第十四个五年规划和2035年远景目标纲要》明确提出全面推进乡村振兴、提升城镇化发展质量、广泛形成绿色生产生活方式、实现"碳达峰、碳中和"目标等，对绿色建筑效能提出了更高要求。《"十四五"建筑节能与绿色建筑发展规划》提出要通过加强高品质绿色建筑建设、完善绿色建筑运行管理制度提升绿色建筑发展质量；《城乡建设领域碳达峰实施方案》明确了绿色建筑创建行动实施目标。**在新建建筑方面，**启动实施我国新建民用建筑能效

"小步快跑"提升计划,分阶段、分类型、分气候区提高城镇新建民用建筑节能强制性标准,推动政府投资公益性建筑和大型公共建筑提高节能标准,引导京津冀、长三角等重点区域制定更高水平节能标准,推动农房和农村公共建筑执行有关标准,推广适宜节能技术,建成一批超低能耗农房试点示范项目。到2025年,城镇新建建筑全面执行绿色建筑标准,星级绿色建筑占比达到30%以上,新建政府投资公益性公共建筑和大型公共建筑全部达到一星级以上。2030年前,严寒、寒冷地区新建居住建筑本体达到83%节能要求,夏热冬冷、夏热冬暖、温和地区新建居住建筑本体达到75%节能要求,新建公共建筑本体达到78%节能要求。推动低碳建筑规模化发展,鼓励建设零碳建筑和近零能耗建筑。**同时加强既有建筑节能绿色改造**,积极开展既有居住建筑节能改造,提高建筑用能效率和室内舒适度,在城镇老旧小区改造中鼓励加强建筑节能改造,形成与小区公共环境整治、适老设施改造、基础设施和建筑使用功能提升改造统筹推进的节能、低碳、宜居综合改造模式;加强节能改造鉴定评估,编制改造专项规划,对具备改造价值和条件的居住建筑要应改尽改,改造部分节能水平应达到现行标准规定。持续推进公共建筑能效提升重点城市建设,到2030年地级以上重点城市全部完成改造任务,改造后实现整体能效提升20%以上。推进公共建筑能耗监测和统计分析,逐步实施能耗限额管理。加强空调、照明、电梯等重点用能设备运行调适,提升设备能效,到2030年实现公共建筑机电系统的总体能效在现有水平上提升10%。

## (二)推广新型绿色建造方式

促进建筑行业绿色低碳转型的有效举措是利用绿色建造技术或低碳、零碳建造技术,最大限度减少建设项目全生命周期的碳排放,直至实现减排目标。推广绿色建造方式是《"十四五"建筑业发展规划》的主要任务之一,规划提出要持续深化绿色建造试点工作,提炼可复制推广经验;开展绿色建造示范工程创建行动,提升工程建设集约化水平,实现精细化设计和施工;培育绿色建造创新中心,加快推进关键核心技术攻关及产业化应用;研究建立绿色建造政策、技术、实施体系,出台绿色建造技术导则和计价依据，构建覆盖工程建设全过程的绿色建造标准体系；在政府投资工程和大型公共建筑中全面推行绿色建造；积极推进施工现场建筑垃圾减量化，推动建筑废弃物的高效处理与再利用，探索建立研发、设计、建材和部品部件生产、施工、资源回收再利用等一体化协同的绿色建造产业链。发展装配式建筑、推进智能建造等都是转向绿色建造方式的有效途径。《城乡建设领域碳达峰实施方案》提出，要大力发展装配式建筑，推广钢结构住宅，到2030年装配式建筑占当年城镇新建建筑的比例达到40％；推广智能建造，到2030年培育100个智能建造产业基地，打造一批建筑产业互联网平台，形成一系列建筑机器人标志性产品；推广建筑材料工厂化精准加工、精细化管理，到2030年施工现场建筑材料损耗率比2020年下降20％；加强施工现场建筑垃圾管控，到2030年新建建筑施工现场建筑垃圾排放量不高于300吨/万平方米；积极推广节能型施工设备，监控重点设备耗能，对多台同类设备实施群控管理；优先选用获得绿色建材认证标识的建材产品，建立政府工程采购绿色建材机制，到2030年星级绿色建筑全面推广绿色建材；鼓励有条件的地区使用木竹建材；提高预制构件和部品部件通用性，推广标准化、少规格、多组合设计；推进建筑垃圾集中处理、分级利用，到2030年建筑垃圾资源化利用率达到55％。

## （三）构建高品质绿色建材体系

大力发展绿色建材是实现碳达峰、碳中和目标的重要途径之一，也是支撑绿色建筑和新型城镇化建设的重要物质基础。相关部门先后出台了一系列配套政策，明确在"十四五"期间将大幅提高绿色建材在工程建设中的应用比例。2021年6月16日，中国国检测试控股集团股份有限公司（以下简称"国检集团"）为北京东方雨虹防水技术股份有限公司颁发了国内首张绿色建材产品认证证书。这标志着在"十四五"规划的开局之年，我国绿色建材产品认证工作从顶层设计走向了实务操作阶段，适应高品质绿色建筑发展的新型绿色建材与产业化技术体系亟待构建。《"十四五"建筑节能与绿色建筑发展规划》提出，要加大绿色建材产品和关键技术研发投入，推广高强钢筋、高性能混凝土、高性能砌体材料、结构保温一体化墙板等，鼓励发展性能优良的预制构件和部品部件；在政府投资工程率先采用绿色建材，显著提高城镇新建建筑中绿色建材应用比例；优化选材提升建筑健康性能，开展面向提升建筑使用功能的绿色建材产品集成选材技术研究，推广新型功能环保建材产品与配套应用技术，形成高品质绿色建材与高效能绿色建筑的相互支撑，为实现"双碳"战略目标和建材行业高质量发展做出积极贡献。

## 四、建筑市场营商环境不断优化

优化营商环境、降低制度性交易成本是减轻市场主体负担、激发市场活力的重要举措。近年来，建筑市场营商环境明显改善，但仍存在一些薄弱环节。需更好发挥政府作用，积极运用改革创新办法完善健全建筑市场运行机制，建设高标准建筑市场体系，进一步优化营商环境，充分发挥市场在资源配置中的决定性作用，有效激发建筑市场各方主体活力。

### （一）深化建筑业"放管服"改革

建筑业"放管服"改革仍需深入推进，**在企业资质管理方面，**大幅压减企业资质类别和等级，放宽建筑市场准入限制；下放企业资质审批权限，推行企业资质审批告知承诺制和企业资质证书电子证照，简化各类证明事项，实现企业资质审批"一网通办"；加强企业资质与质量安全的联动管理，实行"一票否决"制，对发生质量安全事故的企业依法从严处罚。**在个人执业资格管理方面，**完善注册建筑师、勘察设计注册工程师、注册建造师、注册监理工程师和注册造价工程师管理制度，进一步明确注册人员权利、义务和责任。推进职业资格考试、注册、执业、继续教育等制度改革，推行注册执业证书电子证照。提高注册人员执业实践能力，严格执行执业签字制度，探索建立个人执业保险制度，规范执业行为。弘扬职业精神，提升注册人员的专业素养和社会责任感。

### （二）推进建筑市场体制机制改革

完善建筑市场运行机制，推进建筑市场体制机制改革，有利于持续规范建筑市场秩序，营造统一开放、竞争有序的市场环境。**一是深化招标投标制度改革**，进一步扩大招标人自主权，强化招标人首要责任，鼓励有条件的地区政府投资工程按照建设、使用分离的原则，实施相对集中专业化管理，优化评标方法，将投标人信用情况和工程质量安全情况作为评标重要指标，优先选择符合绿色发展要求的投标方案，积极推行采用"评定分离"方法确定中标人，完善设计咨询服务委托和计费模式，推广采用团队招标方式选择设计单位，探索设计服务市场化人工时计价模式，根据设计服务内容、深度和质量合理确定设计服务价格，推动实现"按质择优、优质优价"，全面推行招标投标交易全过程电子化和异地远程评标，加大招标投标活动信息公开力度，加快推动交易、监管数据互联共享，规范招标投标异议投诉处理工作，强化事中事后监管，依法严肃查处规避招标、串通投标、弄虚作假等违法违规行为，及时纠正通过设立不合理条件限制或排斥外地企业承揽业务的做法，形成统一开放、竞争有序的市场环境。**二是深化工程造价改革**，从国情出发，借鉴国际做法，改进工程计量和计价规则，优化计价依据编制、发布和动态管理机制，更加适应市场化需要，搭建市场价格信息发布平台，鼓励企事业单位和行业协会通过平台发布人工、材料、机械等市场价格信息，进一步完善工程造价市场形成机制，加快建立国有资金投资工程造价数据库，加强工程造价数据积累，为相关工程概预算编制提供依据，强化建设单位造价管控责任，严格施工合同履约管理，全面推行施工过程价款结算和支付，完善造价咨询行业监管制度，构建政府主导、企业自治、行业自律、社会监督的协同监管新格局。

### （三）加强建筑市场信用体系建设

完善建筑市场信用管理政策体系，构建以信用为基础的新型建筑市场监管机制，完善全国建筑市场监管公共服务平台，加强对行政许可、行政处罚、工程业绩、质量安全事故、监督检查、评奖评优等信息的归集和共享，全面记录建筑市场各方主体信用行为。推进部门间信用信息共享，鼓励社会组织及第三方机构参与信用信息归集，丰富和完善建筑市场主体信用档案。实行信用信息分级分类管理，加强信用信息在政府采购、招标投标、行政审批、市场准入等事项中应用，根据市场主体信用情况实施差异化监管，加大对违法发包、转包、违法分包、资质资格挂靠等违法违规行为的查处力度，完善和实施建筑市场主体"黑名单"制度，开展失信惩戒，持续规范建筑市场秩序。到2025年，基本形成覆盖建筑业的"互联网＋政务服务"和"互联网＋监管"体系，对接支撑建筑产业互联网平台，推进行业数据互联共享，提升政务服务质量，创新信用监管模式。

## 五、工程质量安全保障体系加快完善

建设工程质量，关系到人民群众的切身利益，关系到社会和谐稳定的发展大局。"质量第一、安全为本"是建筑业发展的基本原则和根本遵循。应继续坚决把质量安全作为行业发展的生命线，以数字化赋能为支撑，以信用管理为抓手，健全工程质量安全管理机制，强化政府监管作用，防范化解重大质量安全风险，着力提升建筑品质，不断增强人民群众获得感。

### （一）加强落实工程质量安全责任

把满足人民群众对建筑工程高品质需求作为着力点，按照"守底线、提品质、促发展"的要求，发挥数字化赋能优势，突出质量专项治理，强化质量共治，提升建筑品质。进一步明确工程质量监管职责，加强监督保障，提升政府监管效能。开展住宅工程质量常见问题防治技术研究，支持先进技术推广应用。持续开展预拌混凝土质量及海砂使用专项抽查，依法严肃查处并曝光各类违法违规问题，确保混凝土质量和主体结构安全。继续加强数字监管，探索建立大数据辅助监管和决策机制。修订出台建设工程质量检测管理办法，做好宣贯解读，制定检测机构资质标准，做好部令实施和资质就位等配套工作。加快工程质量保险制度顶层设计，研究制定符合我国国情的质量保险制度设计和实施方案，提出加快发展工程质量保险工作的措施。持续推进建筑工程质量评价试点工作，完善指标体系和实施方案，进一步提高工作规范化和标准化水平。

## （二）全面提高工程质量安全监管水平

完善工程建设全过程质量安全管理责任体系，一是要健全工程质量安全监督机制，依托全国工程质量安全监管平台和地方各级监管平台，大力推进"互联网＋监管"，充分运用大数据、云计算等信息化手段和差异化监督方式，实现"智慧"监督。建立建筑施工企业安全生产许可证、建筑施工企业安管人员安全生产考核合格证书、建筑施工特种作业操作资格证书的电子证照标准，实现建筑施工企业安全生产许可证全面电子证照化。提高质量安全监管人员的整体素质和水平，加强对质量安全监管人员的监管业务考核、综合评价与监管。二是要推进工程质量安全管理标准化和信息化，加强数字化监管能力建设，落实风险防控和标准化管理各项措施，围绕多阶段质量验收、全过程风险防控、隐患排查治理和突发事故应急处置等重点内容，推进智慧工地建设，打造智慧管理样板工程。建立完善监管信息系统，发挥信息监管"一张网"作用，不断提升信息共享和业务协同水平。

## （三）构建工程质量安全治理新局面

加快工程质量安全信用体系建设，进一步健全质量安全信用信息归集、公开制度，加大守信激励和失信惩戒力度。完善安全生产处罚机制，严格落实安全生产事故"一票否决"制度。大力发展工程质量保险，积极开展质量保险顶层设计研究，以城市为单位启动新一轮质量保险试点，加快推动全国工程质量保险信息系统建设。制定建筑施工安全生产责任保险实施办法，建立健全投保理赔事故预防机制。推动建立建筑工程质量评价制度，形成可量化的评价指标和评价机制，鼓励通过政府购买服务，委托具备条件的第三方机构独立开展质量评价。推进实施住宅工程质量信息公示制度，充分发挥社会监督约束作用。推动建设工程消防技术服务市场化，规范技术服务行为，不断提升建设工程质量安全水平。

# 附录1  2019—2022年建筑业最新政策法规概览

## 2019年建筑业最新政策法规概览

1. 2019年1月3日,《住房和城乡建设部关于印发建筑工程施工发包与承包违法行为认定查处管理办法的通知》(建市规〔2019〕1号)下发。管理办法规定,本办法所称建筑工程,是指房屋建筑和市政基础设施工程及其附属设施和与其配套的线路、管道、设备安装工程。本办法所称的发包与承包违法行为具体是指违法发包、转包、违法分包及挂靠等违法行为。管理办法对违法发包、转包、违法分包、挂靠等违法行为的认定作出了明确规定。管理办法要求,县级以上人民政府住房和城乡建设主管部门应将查处的违法发包、转包、违法分包、挂靠等违法行为和处罚结果记入相关单位或个人信用档案,同时向社会公示,并逐级上报至住房和城乡建设部,在全国建筑市场监管公共服务平台公示。管理办法自2019年1月1日起施行。

2. 2019年1月30日,《住房和城乡建设部办公厅关于支持民营建筑企业发展的通知》(建办市〔2019〕8号)下发。通知要求,地方各级住房和城乡建设主管部门要全面排查建筑市场监管地方性法规、地方政府规章、规范性文件,重点对涉及行政审批、市场准入、招标投标、施工许可等条款或规定进行合法性合规性审查,全面清理对民营建筑企业生产经营活动设置的不平等限制条件和要求,切实保障民营企业平等竞争地位。民营建筑企业在注册地以外的地区承揽业务时,地方各级住房和城乡建设主管部门要给予外地民营建筑企业与本地建筑企业同等待遇,不得擅自设置任何审批和备案事项,不得要求民营建筑企业在本地区注册设立独立子公司或分公司。通知规定,招标人不得排斥民营建筑企业参与房屋建筑和市政基础设施工程招标投标活动,对依法必须进行招标的项目不得非法限定潜在投标人或者投标人的所有制形式或者组织形式，不得对民营建筑企业与国有建筑企业采取不同的资格审查或者评标标准等。除投标保证金、履约保证金、工程质量保证金和农民工工资保证金外，严禁向民营建筑业企业收取其他保证金。对于保留的上述 4 类保证金，推行银行保函制度，民营建筑业企业可以通过银行保函方式缴纳。未按规定或合同约定返还保证金的，保证金收取方应向民营建筑业企业支付逾期返还违约金。通知还要求，各级住房和城乡建设主管部门在开展建筑企业诚信评价时，对民营建筑企业与国有建筑企业要采用同一评价标准，不得设置歧视民营建筑企业的信用评价指标，不得对民营建筑企业设置信用壁垒。及时清理歧视、限制、排斥民营建筑企业的诚信评价标准。各级住房和城乡建设主管部门研究制定涉及民营建筑企业的重大政策措施时，要广泛、充分听取民营建筑企业意见，做好政策衔接与协调；政策实施后，要加强宣传解读，确保措施落到实处。健全投诉举报处理机制，及时受理并处理民营建筑企业的举报投诉，保护民营建筑企业的合法权益。

3.2019 年 2 月 17 日，《住房和城乡建设部 人力资源社会保障部关于印发建筑工人实名制管理办法（试行）的通知》（建市〔2019〕18 号）（以下简称《管理办法》）下发。《管理办法》所称建筑工人实名制是指对建筑企业所招用建筑工人的从业、培训、技能和权益保障等以真实身份信息认证方式进行综合管理的制度。《管理办法》要求，全面实行建筑业农民工实名制管理制度，**坚持建筑企业与农民工先签订劳动合同后进场施工**。建筑企业应与招用的建筑工人依法签订劳动合同，对其进行基本安全培训，并在相关建筑工人实名制管理平台上登记，方可允许其进入施工现场从事与建筑作业相关的活动。项目负责人、技术负责人、质量负责人、安全负责人、劳务负责人等项目管理人员应承担所承接项目的建筑工人实名制管理相应责任。进入施工现场的建设单位、承包单位、监理单位的项目管理人员及建筑工人均纳入建筑工人实名制管理范畴。《管理办法》规定，建筑工人实名制信息由基本信息、从业信息、诚信信息等内容组成。基本信息应包括建筑工人和项目管理人员的身份证信息、文化程度、工种（专业）、技能（职称或岗位证书）等级和基本安全培训等信息。从业信息应包括工作岗位、劳动合同签订、考勤、工资支付和从业记录等信息。诚信信息应包括诚信评价、举报投诉、良好及不良行为记录等信息。《管理办法》还要求，总承包企业应以真实身份信息为基础，采集进入施工现场的建筑工人和项目管理人员的基本信息，并及时核实、实时更新；真实完整记录建筑工人工作岗位、劳动合同签订情况、考勤、工资支付等从业信息，建立建筑工人实名制管理台账；按项目所在地建筑工人实名制管理要求，将采集的建筑工人信息及时上传相关部门。已录入全国建筑工人管理服务信息平台的建筑工人，1年以上（含1年）无数据更新的，再次从事建筑作业时，建筑企业应对其重新进行基本安全培训，记录相关信息，否则不得进入施工现场上岗作业。建筑企业应配备实现建筑工人实名制管理所必须的硬件设施设备，施工现场原则上实施封闭式管理，设立进出场门禁系统，采用人脸、指纹、虹膜等生物识别技术进行电子打卡；不具备封闭式管理条件的工程项目，应采用移动定位、电子围栏等技术实施考勤管理。相关电子考勤和图像、影像等电子档案保存期限不少于2年。实施建筑工人实名制管理所需费用可列入安全文明施工费和管理费。建筑企业应依法按劳动合同约定，通过农民工工资专用账户按月足额将工资直接发放给建筑工人，并按规定在施工现场显著位置设置"建筑工人维权告示牌"，公开相关信息。《管理办法》还规定，各级住房和城乡建设部门可将建筑工人实名制管理列入标准化工地考核内容。建筑工人实名制信息可作为有关部门处理建筑工人劳动纠纷的依据。各有关部门应制定激励办法，对切实落实建筑工人实名制管理的建筑企业给予支持，一定时期内未发生工资拖欠的，可减免农民工工资保证金。各级住房和城乡建设部门对在监督检查中发现的企业及个人弄虚作假、漏报瞒报等违规行为，应予以纠正、限期整改，录入建筑工人实名制管理平台并及时上传相关部门。拒不整改或整改不到位的，可通过曝光、核查企业资质等方式进行处理，存在工资拖欠的，可提高农民工工资保证金缴纳比例，并将相关不良行为记入企业或个人信用档案，通过全国建筑市场监管公共服务平台向社会公布。《管理办法》强调，严禁各级住房和城乡建设部门、人力资源社会保障部门借推行建筑工人实名制管理的名义，指定建筑企业采购相关产品；不得巧立名目乱收费，增加企业额外负担。对违规要求建筑企业强制使用某款产品或乱收费用的，要立即予以纠正；情节严重的依法提请有关部门进行问责，构成犯罪的，依法追究刑事责任。《管理办法》自2019年3月1日起施行。

4. 2019年3月13日，《住房和城乡建设部关于修改部分部门规章的决定》（中华人民共和国住房和城乡建设部令第47号）发布。决定规定，删去《房屋建筑和市政基础设施工程施工分包管理办法》（建设部令第124号，根据住房和城乡建设部令第19号修改）第十条第二款"分包工程发包人应当在订立分包合同后7个工作日内，将合同送工程所在地县级以上地方人民政府住房城乡建设主管部门备案。分包合同发生重大变更的，分包工程发包人应当自变更后7个工作日内，将变更协议送原备案机关备案"。将《房屋建筑和市政基础设施工程施工招标投标管理办法》（建设部令第89号，根据住房和城乡建设部令第43号修改）第十八条中的"招标人应当在招标文件发出的同时，将招标文件报工程所在地的县级以上地方人民政府建设行政主管部门备案"修改为"招标人应当在招标文件发出的同时，将招标文件报工程所在地的县级以上地方人民政府建设行政主管部门备案，但实施电子招标投标的项目除外"。将第十九条中的"并同时报工程所在地的县级以上地方人民政府建设行政主管部门备案"修改为"并同时报工程所在地的县级以上地方人民政府建设行政主管部门备案，但实施电子招标投标的项目除外"。将《危险性较大的分部分项工程安全管理规定》（住房和城乡建设部令第37号）第九条"建设单位在申请办理安全监督手续时，应当提交危大工程清单及其安全管理措施等资料"修改为"建设单位在申请办理施工许可手续时，应当提交危大工程清单及其安全管理措施等资料"。

5. 2019年3月15日，《国家发展改革委 住房城乡建设部关于推进全过程工程咨询服务发展的指导意见》（发改投资规〔2019〕515号）（以下简称《指导意见》）下发。《指导意见》提出，在项目决策和建设实施两个阶段，重点培育发展投资决策综合性咨询和工程建设全过程咨询，为固定资产投资及工程建设活动提供高质量智力技术服务，全面提升投资效益、工程建设质量和运营效率，推动高质量发展。鼓励投资者在投资决策环节委托工程咨询单位提供综合性咨询服务，统筹考虑影响项目可行性的各种因素，增强决策论证的协调性。投资决策综合性咨询服务可由工程咨询单位采取市场合作、委托专业服务等方式牵头提供，或由其会同具备相应资格的服务机构联合提供。鼓励纳入有关行业自律管理体系的工程咨询单位开展综合性咨询服务。投资决策综合性咨询应当充分发挥咨询工程师（投资）的作用，鼓励其作为综合性咨询项目负责人，提高统筹服务水平。以工程建设环节为重点推进全过程咨询，在房屋建筑、市政基础设施等工程建设中，鼓励建设单位委托咨询单位提供招标代理、勘察、设计、监理、造价、项目管理等全过程咨询服务。工程建设全过程咨询服务应当由一家具有综合能力的咨询单位实施，也可由多家具有招标代理、勘察、设计、监理、造价、项目管理等不同能力的咨询单位联合实施。全过程咨询单位提供勘察、设计、监理或造价咨询服务时，应当具有与工程规模及委托内容相适应的资质条件。工程建设全过程咨询项目负责人应当取得工程建设类注册执业资格且具有工程类、工程经济类高级职称，并具有类似工程经验。对于工程建设全过程咨询服务中承担工程勘察、设计、监理或造价咨询业务的负责人，应具有法律法规规定的相应执业资格。《指导意见》规定，全过程工程咨询服务酬金可在项目投资中列支，也可根据所包含的具体服务事项，通过项目投资中列支的投资咨询、招标代理、勘察、设计、监理、造价、项目管理等费用进行支付。全过程工程咨询服务酬金可按各专项服务酬金叠加后再增加相应统筹管理费用计取，也可按人工成本加酬金方式计取。鼓励投资者或建设单位根据咨询服务节约的投资额对咨询单位予以奖励。

6.2019年3月18日，《住房和城乡建设部关于修改有关文件的通知》（建法规〔2019〕3号）（以下简称《通知》）下发。《通知》指出，为推进工程建设项目审批制度改革，决定对部分文件予以修改。修改《建筑工程方案设计招标投标管理办法》（建市〔2008〕63号），删除第十八条中"招标人和招标代理机构应将加盖单位公章的招标公告或投标邀请函及招标文件，报项目所在地建设主管部门备案"。修改《住房城乡建设部关于进一步加强建筑市场监管工作的意见》（建市〔2011〕86号），删除"（八）推行合同备案制度。合同双方要按照有关规定，将合同报项目所在地建设主管部门备案。工程项目的规模标准、使用功能、结构形式、基础处理等方面发生重大变更的，合同双方要及时签订变更协议并报送原备案机关备案。在解决合同争议时，应当以备案合同为依据"。修改《住房城乡建设部关于印发〈房屋建筑和市政基础设施工程施工安全监督规定〉的通知》（建质〔2014〕153号），将第七条"县级以上地方人民政府住房城乡建设主管部门或其所属的施工安全监督机构（以下合称"监督机构"）应当对本行政区域内已办理施工安全监督手续并取得施工许可证的工程项目实施施工安全监督"修改为"县级以上地方人民政府住房城乡建设主管部门或其所属的施工安全监督机构（以下合称"监督机构"）应当对本行政区域内已取得施工许可证的工程项目实施施工安全监督"。将第九条"（一）受理建设单位申请并办理工程项目安全监督手续"修改为"（一）建设单位申请办理工程项目施工许可证"。修改《房屋建筑和市政基础设施工程施工安全监督工作规程》（建质〔2014〕154号），将第四条"工程项目施工前，建设单位应当申请办理施工安全监督手续，并提交以下资料：（一）工程概况；（二）建设、勘察、设计、施工、监理等单位及项目负责人等主要管理人员一览表；（三）危险性较大分部分项工程清单；（四）施工合同中约定的安全防护、文明施工措施费用支付计划；（五）建设、施工、监理单位法定代表人及项目负责人安全生产承诺书；（六）省级住房城乡建设主管部门规定的其他保障安全施工具体措施的资料。监督机构收到建设单位提交的资料后进行查验，必要时进行现场踏勘，对符合要求的，在5个工作日内向建设单位发放《施工安全监督告知书》"修改为"工程项目施工前，建设单位应当申请办理施工许可证。住房城乡建设主管部门可以将建设单位提交的保证安全施工具体措施的资料（包括工程项目及参建单位基本信息）委托监督机构进行查验，必要时可以进行现场踏勘，对不符合施工许可条件的，不得颁发施工许可证"。将第六条中"已办理施工安全监督手续并取得施工许可证的工程项目"修改为"已取得施工许可证的工程项目"。《通知》自印发之日起施行。

7.2019年3月26日，《国务院办公厅关于全面开展工程建设项目审批制度改革的实施意见》（国办发〔2019〕11号）（以下简称《实施意见》）发布。《实施意见》提出，对工程建设项目审批制度实施全流程、全覆盖改革。改革覆盖工程建设项目审批全过程（包括从立项到竣工验收和公共设施接入服务）；主要是房屋建筑和城市基础设施等工程，不包括特殊工程和交通、水利、能源等领域的重大工程；覆盖行政许可等审批事项和技术审查、中介服务、市政公用服务以及备案等其他类型事项，推动流程优化和标准化。2019 年上半年，全国工程建设项目审批时间压缩至 120 个工作日以内，省（自治区）和地级及以上城市初步建成工程建设项目审批制度框架和信息数据平台；到 2019 年底，工程建设项目审批管理系统与相关系统平台互联互通；试点地区继续深化改革，加大改革创新力度，进一步精简审批环节和事项，减少审批阶段，压减审批时间，加强辅导服务，提高审批效能。到 2020 年底，基本建成全国统一的工程建设项目审批和管理体系。《实施意见》要求，实现工程建设项目审批"四统一"。一是统一审批流程。精简审批环节，规范审批事项，逐步形成全国统一的审批事项名称、申请材料和审批时限。合理划分审批阶段，将工程建设项目审批流程主要划分为立项用地规划许可、工程建设许可、施工许可、竣工验收四个阶段，每个审批阶段确定一家牵头部门，实行"一家牵头、并联审批、限时办结"。制定全国统一的工程建设项目审批流程图示范文本。地级及以上地方人民政府要根据示范文本，分别制定政府投资、社会投资等不同类型工程的审批流程图；同时可结合实际，根据工程建设项目类型、投资类别、规模大小等，进一步梳理合并审批流程。实行联合审图和联合验收，推行区域评估和告知承诺制。二是统一信息数据平台。地级及以上地方人民政府要按照"横向到边、纵向到底"的原则，整合建设覆盖地方有关部门和区、县的工程建设项目审批管理系统，并与国家工程建设项目审批管理系统对接，实现审批数据实时共享。省级工程建设项目审批管理系统要将省级工程建设项目审批事项纳入系统管理，并与国家和本地区各城市工程建设项目审批管理系统实现审批数据实时共享。三是统一审批管理体系。"一张蓝图"统筹项目实施，统筹整合各类规划，划定各类控制线，构建"多规合一"的"一张蓝图"。"一个窗口"提供综合服务，整合各部门和各市政公用单位分散设立的服务窗口，设立工程建设项目审批综合服务窗口。"一张表单"整合申报材料，各审批阶段均实行"一份办事指南，一张申请表单，一套申报材料，完成多项审批"的运作模式。"一套机制"规范审批运行，建立健全工程建设项目审批配套制度，明确部门职责，明晰工作规程，规范审批行为，确保审批各阶段、各环节无缝衔接。四是统一监管方式。加强事中事后监管，建立以"双随机、一公开"监管为基本手段，以重点监管为补充，以信用监管为基础的新型监管机制。加强信用体系建设，构建"一处失信、处处受限"的联合惩戒机制。规范中介和市政公用服务，建立健全中介服务和市政公用服务管理制度。

8.2019年3月26日，《住房和城乡建设部办公厅关于实行建筑业企业资质审批告知承诺制的通知》（建办市〔2019〕20号）（以下简称《通知》）下发。决定在全国范围对建筑工程、市政公用工程施工总承包一级资质审批实行告知承诺制。企业根据建设工程企业资质标准作出符合审批条件的承诺，住房和城乡建设部依据企业承诺直接办理相关资质审批手续，不再要求企业提交证明材料。依托全国建筑市场监管公共服务平台，在对企业承诺内容进行重点比对核验的同时，着力强化审批事中事后监管力度，实现对企业承诺的业绩现场核查全覆盖。审批事中事后监管中发现申报企业承诺内容与实际情况不相符的（企业技术负责人发生变更除外），住房和城乡建设部将依法撤销其相应资质，并列入建筑市场"黑名单"。被撤销资质企业自资质被撤销之日起3年内不得申请该项资质。《通知》规定，2019年4月1日起，住房和城乡建设部负责审批的建筑工程、市政公用工程施工总承包一级资质（不含重新核定、延续）实行告知承诺审批。省级住房和城乡建设主管部门自行开发的资质申报系统，应按照统一数据交换标准，与住房和城乡建设部建设工程企业资质申报和审批系统进行对接。

9.2019年3月26日，《住房和城乡建设部办公厅关于重新调整建设工程计价依据增值税税率的通知》（建办标函〔2019〕193号）下发。按照《财政部 税务总局 海关总署关于深化增值税改革有关政策的公告》（财政部 税务总局 海关总署公告2019年第39号）规定，现将《住房城乡建设部办公厅关于调整建设工程计价依据增值税税率的通知》（建办标〔2018〕20号）规定的工程造价计价依据中增值税税率由10%调整为9%。通知要求各地区、各部门组织有关单位于2019年3月底前完成建设工程造价计价依据和相关计价软件的调整工作。

10. 2019年4月23日，《全国人民代表大会常务委员会关于修改〈中华人民共和国建筑法〉等八部法律的决定》（中华人民共和国主席令第二十九号）发布。将《中华人民共和国建筑法》第八条修改为："申请领取施工许可证，应当具备下列条件：已经办理该建筑工程用地批准手续；依法应当办理建设工程规划许可证的，已经取得建设工程规划许可证；需要拆迁的，其拆迁进度符合施工要求；已经确定建筑施工企业；有满足施工需要的资金安排、施工图纸及技术资料；有保证工程质量和安全的具体措施。建设行政主管部门应当自收到申请之日起七日内，对符合条件的申请颁发施工许可证"。

11. 2019年4月23日，《国务院关于修改部分行政法规的决定》（国务院令第714号）发布，对4部行政法规的部分条款予以修改。其中涉及建筑业的是：修改《中华人民共和国注册建筑师条例》第八条，对申请参加一级注册建筑师考试人员的学历层次作出进一步规定。将《建设工程质量管理条例》第十三条修改为："建设单位在开工前，应当按照国家有关规定办理工程质量监督手续，工程质量监督手续可以与施工许可证或者开工报告合并办理"。

12. 2019年6月20日，住房和城乡建设部、国家发展和改革委员会、财政部、人力资源和社会保障部、中国人民银行、中国银行保险监督管理委员会联合发布《住房和城乡建设部等部门关于加快推进房屋建筑和市政基础设施工程实行工程担保制度的指导意见》（建市〔2019〕68号）。该意见提出，加快推行投标担保、履约担保、工程质量保证担保和农民工工资支付担保。支持银行业金融机构、工程担保公司、保险机构作为工程担保保证人开展工程担保业务。到2020年，各类保证金的保函替代率明显提升；工程担保保证人的风险识别、风险控制能力显著增强；银行信用额度约束力、建设单位及建筑业企业履约能力全面提升。该意见要求，分类实施工程担保制度，一是推行工程保函替代保证金；二是大力推行投标担保；三是着力推行履约担保；四是强化工程质量保证银行保函应用；五是推进农民工工资支付担保应用。该意见还要求，加强风险控制能力建设、创新监督管理方式、完善风险防控机制、加强建筑市场监管、加大信息公开力度、推进信用体系建设。

13.2019年12月19日，《住房和城乡建设部关于进一步加强房屋建筑和市政基础设施工程招标投标监管的指导意见》（建市规〔2019〕11号）公布。意见要求夯实招标人的权责，落实招标人首要责任，政府投资工程鼓励集中建设管理方式，优化招标投标方法，缩小招标范围，探索推进评定分离方法，全面推行电子招标投标，推动市场形成价格机制，加强招标投标活动监管，加强评标专家监管，强化招标代理机构市场行为监管，强化合同履约监管，加快推行工程担保制度，加大信息公开力度，完善建筑市场信用评价机制，畅通投诉渠道。

## 2020年建筑业最新政策法规概览

1.2020年1月17日，《住房和城乡建设部 商务部关于废止〈外商投资建筑业企业管理规定〉等规章的决定》（中华人民共和国住房和城乡建设部 中华人民共和国商务部令第49号）公布。决定废止《外商投资建筑业企业管理规定》（建设部 对外贸易经济合作部令第113号）、《〈外商投资建筑业企业管理规定〉的补充规定》（建设部 商务部令第121号）。

2.2020年2月19日，《住房和城乡建设部关于修改〈工程造价咨询企业管理办法〉〈注册造价工程师管理办法〉的决定》（中华人民共和国住房和城乡建设部令第50号）公布。为贯彻落实国务院深化"放管服"改革，优化营商环境的要求，降低了工程造价咨询企业资质标准，简化了企业申请资质和人员申请注册的申报材料，明确了一级、二级注册造价工程师注册、执业和监管的相关要求。主要修改的内容包括：删除企业出资人中注册造价师人数占比、出资额占比不低于60%的规定；压减注册造价师及相关人员人数要求，其中专业人员中一级造价工程师人数甲级由10人降为6人，乙级由6人降为3人；取消了对办公场所的要求；将乙级资质企业可承接的工程造价上限由5000万元提升为2亿元；明确了造价工程师分为一级造价工程师和二级造价工程师，简化了注册申请材料等。

3.2020年2月26日，《住房和城乡建设部办公厅关于加强新冠肺炎疫情防控有序推动企业开复工工作的通知》（建办市〔2020〕5号）下发。通知要求，牢固树立大局意识，分区分级推动企业和项目开复工，切实落实防疫管控要求，加强施工现场质量安全管理，有序推动企业开复工；加大扶持力度，严格落实稳增长政策，加强合同履约变更管理，加大用工用料保障力度，切实减轻企业资金负担，解决企业实际困难；加快推进产业转型，全面落实建筑工人实名制管理，大力推进企业数字化转型，积极推动电子政务建设，推动资质审批告知承诺制改革，提升行业治理能力。2020年2月28日，《住房和城乡建设部办公厅关于推广疫情防控期间有序推动企业开复工经验做法的通知》（建办市函〔2020〕94号）下发。随通知印发了部分地区疫情防控期间有序推动企业开复工的经验做法，包括浙江、江西、江苏、广西、湖南、北京、四川、山西、河南、广东、安徽、陕西、重庆、贵州等地的经验。同时要求各地认真总结有序推进企业开复工工作的典型经验。

4.2020年2月27日，《关于印发新冠肺炎应急救治设施负压病区建筑技术导则（试行）的通知》（国卫办规划函〔2020〕166号）下发。导则目的是为进一步做好新冠肺炎疫情防控工作，加强新冠肺炎应急救治设施建设。导则从建筑设计、结构设计、给水排水设计、供暖通风及空调设计、电气及智能化设计、医用气体设计、运行维护等方面进行了规定。

5.2020年3月5日，《住房和城乡建设部办公厅关于加强新冠肺炎疫情防控期间房屋市政工程开复工质量安全工作的通知》（建办质函〔2020〕106号）下发。通知要求，精准做好疫情防控和质量安全监管工作，有序推动工程开复工，保障工程质量安全。从提高政治站位，严格落实责任、坚持科学防控、强化精准施策、优化管理举措，提高服务水平、严格值班值守，强化应急准备四个方面，提出十八条要求：强化政治意识、坚持分区分级精准复工和监管、落实质量安全生产责任、做好工程开复工准备、完善疫情防控体系、加强现场防疫管理、加强培训教育工作、坚决防止盲目抢工期、加强重大风险管控、加强施工质量管理、加强工作指导、推行安全生产承诺制、网上办理开复工审核、实行到期证件自动顺延、采取临时顶岗措施、利用信息化监管、强化协调指挥、加强应急准备和值班值守。

6.2020年3月18日,《住房和城乡建设部办公厅 交通运输部办公厅 水利部办公厅关于印发造价工程师注册证书、执业印章编码规则及样式的通知》(建办标〔2020〕10号)下发。明确造价工程师执业印章样式和编码规则,统一造价工程师注册证书、执业印章管理。

7.2020年3月24日,《住房和城乡建设部办公厅关于印发房屋市政工程复工复产指南的通知》(建办质〔2020〕8号)下发,通知要求统筹做好新冠肺炎疫情防控和工程质量安全工作,指导建筑业企业稳步有序推动工程项目复工复产。指南适用于新冠肺炎疫情防控期间房屋市政工程复工复产施工现场的运行和管理。从复工复产条件、现场疫情防控、质量安全管理、应急管理、保障措施、监督管理等方面推动工程项目复工复产。

8.2020年4月1日,《建设工程消防设计审查验收管理暂行规定》(中华人民共和国住房和城乡建设部令第51号)公布。规定自2020年6月1日起施行。规定分43条,明确特殊建设工程的消防设计审查、消防验收,以及其他建设工程的消防验收备案(以下简称"备案")、抽查,适用本规定。本规定所称特殊建设工程,是指本规定第十四条所列的建设工程。本规定所称其他建设工程,是指特殊建设工程以外的其他按照国家工程建设消防技术标准需要进行消防设计的建设工程。国务院住房和城乡建设主管部门负责指导监督全国建设工程消防设计审查验收工作。规定明确了有关单位的消防设计、施工质量责任与义务,特殊建设工程的消防设计审查,特殊建设工程的消防验收,其他建设工程的消防设计、备案与抽查等。

9.2020年4月9日,《人力资源社会保障部办公厅 住房和城乡建设部办公厅关于落实新冠肺炎疫情防控期间暂缓缴存农民工工资保证金政策等有关事项的通知》(人社厅发〔2020〕40号)下发。通知要求按照《国务院办公厅关于应对新冠肺炎疫情影响强化稳就业举措的实施意见》(国办发〔2020〕6号)要求,尽快制定本地区具体落实办法,确保自实施意见发布之日起至 2020 年 6 月底前,暂缓缴存农民工工资保证金政策不折不扣落实落地,政策实施期内新缴存的农民工工资保证金要尽快返还。严格落实农民工工资保证金差异化存储办法,对一定时期内未发生拖欠工资的施工企业,依法依规实行减免措施,切实减轻工资支付记录良好企业的资金压力。加快推行金融机构保函,鼓励使用银行类金融机构出具的银行保函替代现金农民工工资保证金,有条件的地区可以积极引入工程担保公司保函或工程保证保险。加快推行建筑工人实名制管理制度,确保开复工的房屋建筑和市政基础设施工程项目建筑工人实名制管理全覆盖。对严格落实建筑工人实名制管理制度、规范管理农民工工资专户的建筑企业,可按本地区规定享受农民工工资保证金差异化缴存政策。

10. 2020 年 4 月 17 日,《住房和城乡建设部 国家发展改革委关于废止收容教育相关文件的通知》(建标〔2020〕37 号)下发。通知决定对《住房和城乡建设部 国家发展和改革委员会关于批准发布〈收容教育所建设标准〉的通知》(建标〔2010〕223 号)及《收容教育所建设标准》建标 147—2010 予以废止。

11. 2020 年 4 月 21 日,《住房和城乡建设部办公厅关于实行工程造价咨询甲级资质审批告知承诺制的通知》(建办标〔2020〕18 号)下发。决定自 2020 年 5 月 1 日起,在全国范围对工程造价咨询乙级资质晋升甲级资质和甲级资质延续审批实行告知承诺制,简化审批流程。申请企业书面承诺已经符合告知的条件、标准、要求,愿意承担不实承诺的法律责任,不再要求企业提交相关证明材料,依据企业书面承诺直接办理审批手续。减轻企业负担,提高审批效率。加强事中事后监管,对故意隐瞒真实情况,提供虚假承诺申请资质许可的企业,将依法给予相应的行政处罚并记入企业信用档案。

12. 2020 年 5 月 8 日,《住房和城乡建设部关于推进建筑垃圾减量化的指导意见》(建质〔2020〕46 号)公布。意见指出推进建筑垃圾减量化是建筑垃圾治理体系的重要内容,是节约资源、保护环境的重要举措。为做好建筑垃圾减量化工作,促进绿色建造和建筑业转型升级,建立健全建筑垃圾减量化工作机制,加强建筑垃圾源头管控,推动工程建设生产组织模式转变，有效减少工程建设过程建筑垃圾产生和排放，不断推进工程建设可持续发展和城乡人居环境改善。工作目标是到2020年底，各地区建筑垃圾减量化工作机制初步建立。2025年底，各地区建筑垃圾减量化工作机制进一步完善，实现新建建筑施工现场建筑垃圾（不包括工程渣土、工程泥浆）排放量每万平方米不高于300吨，装配式建筑施工现场建筑垃圾（不包括工程渣土、工程泥浆）排放量每万平方米不高于200吨。意见从开展绿色策划、实施绿色设计、推广绿色施工三方面提出十二条措施。

13.2020年5月8日，《住房和城乡建设部办公厅关于印发施工现场建筑垃圾减量化指导手册（试行）的通知》（建办质〔2020〕20号）下发。手册指出施工现场建筑垃圾减量化应遵循"源头减量、分类管理、就地处置、排放控制"的原则，明确了施工现场参建各方的责任。从施工现场建筑垃圾减量化专项方案的编制、施工现场建筑垃圾的源头减量、施工现场建筑垃圾的分类收集与存放、施工现场建筑垃圾的就地处置、施工现场建筑垃圾的排放控制等方面指导施工现场建筑垃圾减量化工作，促进绿色建造发展和建筑业转型升级。

14.2020年5月13日，《住房和城乡建设部办公厅关于西藏自治区房屋建筑和市政基础设施工程施工许可证办理限额意见的函》（建办市函〔2020〕232号）下发。根据《建筑工程施工许可管理办法》（住房和城乡建设部令第18号，根据住房和城乡建设部令第42号修改），同意西藏自治区住房和城乡建设厅将需要申请办理施工许可的房屋建筑和市政基础设施工程限额调整为"工程投资额在50万元以上或者建筑面积在500平方米以上的房屋建筑和市政基础设施工程"。随后，依次同意成都市、宁夏回族自治区、福建省、黑龙江省、江西省、湖北省、陕西省、四川省、甘肃省办理施工许可的房屋建筑和市政基础设施工程限额调整为"工程投资额在100万元以下（含100万元）或者建筑面积在500平方米以下（含500平方米）的房屋建筑和市政基础设施工程"，浙江省、沈阳市将办理施工许可的房屋建筑和市政基础设施工程限额调整为"工程投资额在200万元以下（不含200万元）或者建筑面积在1000平方米以下（不含1000平方米）的房屋建筑和市政基础设施工程,可以不申请办理施工许可证可以不申请办理施工许可证"。

15. 2020年5月26日,《住房和城乡建设部办公厅关于印发房屋建筑和市政基础设施工程勘察质量信息化监管平台数据标准(试行)的通知》(建办质函〔2020〕257号)下发。此标准是为推进房屋建筑和市政基础设施工程勘察质量信息化监管工作,统一勘察质量信息化监管平台数据格式,促进勘察质量监管部门和各方主体的数据共享和有效利用,提升勘察质量监管信息化水平。其主要内容含有十二个方面:适用范围;基本规定;项目信息;单位信息;人员信息;勘探设备信息;勘探信息;取样信息;原位测试信息;室内试验信息;标准指标解释;基础数据字典表。

16. 2020年6月3日,《住房和城乡建设部关于发布〈房屋建筑和市政基础设施工程勘察文件编制深度规定〉(2020年版)的通知》(建质〔2020〕52号)下发。此规定对《深度规定》(2010年版)相同、相近内容进行合并。对组成框架作了较大调整,由原来9章调整为6章,将原"4房屋建筑工程、5市政工程、6城市轨道交通工程、8场地和地基的地震效应评价"内容合并为"4勘察报告-文字部分"。《深度规定》(2010年版)中一些条款存在"宜""可""必要时"等模糊表述,在本次修订中予以明确。本规定根据法规规章要求、工程勘察标准进行相应调整,所述编制深度是详细勘察阶段工程勘察文件编制的基本要求,勘察单位可以根据各地具体条件和合同约定,增加相关勘察文件的编制深度要求。本规定自2020年10月1日起施行。《关于发布〈房屋建筑和市政基础设施工程勘察文件编制深度规定〉(2010年版)的通知》(建质〔2010〕215号)同时废止。

17. 2020年6月8日,《住房和城乡建设部办公厅关于同意北京市开展建筑师负责制试点的复函》(建办市函〔2020〕294号)下发。同意北京市开展建筑师负责制试点工作,拓宽建筑师服务范围,完善与建筑师负责制相配套的建设管理模式和管理制度,培养一批既有国际视野又有民族自信的建筑师队伍。通过建筑师负责制试点工作,充分发挥建筑师及其团队的技术优势和主导作用,提升工程建设品质和价值,优化营商环境,促进建筑行业转型升级和城市建设绿色高质量发展。

18.2020年6月12日,《住房和城乡建设部办公厅关于一级造价工程师注册管理有关事项的通知》(建办标〔2020〕26号)下发。进一步规范土木建筑工程和安装工程专业一级造价工程师注册管理。简化审批材料、优化审批流程、清理不合理的限制条件。申请人在线填写相关信息后即可完成申请,不再需要提交书面申请材料;管理系统接到在线申请后即为受理,实现不见面审批服务;此外,取消了一级造价工程师申请变更注册需满足一年时间的限制。方便企业服务,降低企业办事成本。

19.2020年6月12日,《住房和城乡建设部办公厅关于印发城市轨道交通工程建设安全生产标准化管理技术指南的通知》(建办质〔2020〕27号)下发。指南坚持问题导向,聚焦城市轨道交通工程建设安全生产标准化管理方面的突出问题,围绕管理行为标准化和现场安全生产标准化,涵盖城市轨道交通工程建设各阶段所涉及的主要施工内容,提出了通用性、针对性的标准化要求。一是安全管理行为。明确参建各方应承担的安全责任、义务,突出建设单位对项目建设的安全质量负总责,施工单位承担建设工程安全生产主体责任以及勘察、设计、监理和第三方监测单位承担相应责任。二是安全风险管理。应贯穿工程建设全过程、涵盖参建各方,包括风险分级管控、隐患排查治理、应急管理、危大工程管理、关键节点条件核查、周边环境与不良地质管理、特殊气候安全管理、监控量测与预警管理等。三是现场安全生产。针对现场施工安全制定标准化控制要点,涵盖安全文明施工、通用工程施工、明挖/盖挖法施工、盾构/TBM法施工、矿山法施工、高架施工和机电、系统、设备与装修施工。四是智能建造。包括基于CPS(信息物理系统)的施工风险主动控制技术、基于BIM的施工风险管控技术、城市轨道交通安全风险管控技术、互联网+地铁工程施工质量安全大数据管理成套技术。

20.2020年6月24日,《住房和城乡建设部办公厅关于同意深圳市开展建筑工程人工智能审图试点的复函》(建办质函〔2020〕329号)下发。同意深圳市开展建筑工程人工智能审图试点工作。要求按照《国务院办公厅关于全面开展工程建设项目审批制度改革的实施意见》(国办发〔2019〕11号)、《国务院办公厅转发住房城乡建设部关于完善质量保障体系提升建筑工程品质指导意见的通知》(国办函〔2019〕92号)要求,认真梳理相关法律法规和工程建设强制性标准,以住宅工程作为试点工作切入点,利用人工智能和大数据等技术,研发智能化施工图审查系统,形成可靠的智能审图能力,减少人工审查工作量,提升审查效率和质量,为施工图审查改革和工程建设项目审批制度改革工作提供可复制可推广经验。要求妥善安排资金筹集工作,保障试点顺利进行。2020年9月10日,同意北京市开展建筑工程人工智能审图试点工作。

21. 2020年7月3日,《住房和城乡建设部等部门关于推动智能建造与建筑工业化协同发展的指导意见》(建市〔2020〕60号)公布。意见指出,坚持新发展理念,坚持以供给侧结构性改革为主线,围绕建筑业高质量发展总体目标,以大力发展建筑工业化为载体,以数字化、智能化升级为动力,创新突破相关核心技术,加大智能建造在工程建设各环节应用,形成涵盖科研、设计、生产加工、施工装配、运营等全产业链融合一体的智能建造产业体系,提升工程质量安全、效益和品质,有效拉动内需,培育国民经济新的增长点,实现建筑业转型升级和持续健康发展。发展目标是,到2025年,我国智能建造与建筑工业化协同发展的政策体系和产业体系基本建立,建筑工业化、数字化、智能化水平显著提高,建筑产业互联网平台初步建立,产业基础、技术装备、科技创新能力以及建筑安全质量水平全面提升,劳动生产率明显提高,能源资源消耗及污染排放大幅下降,环境保护效应显著。推动形成一批智能建造龙头企业,引领并带动广大中小企业向智能建造转型升级,打造"中国建造"升级版。到2035年,我国智能建造与建筑工业化协同发展取得显著进展,企业创新能力大幅提升,产业整体优势明显增强,"中国建造"核心竞争力世界领先,建筑工业化全面实现,迈入智能建造世界强国行列。重点任务有加快建筑工业化升级、加强技术创新、提升信息化水平、培育产业体系、积极推行绿色建造、开放拓展应用场景、创新行业监管与服务模式。

22. 2020年7月15日,《住房和城乡建设部 国家发展改革委 教育

部工业和信息化部 人民银行 国管局 银保监会关于印发绿色建筑创建行动方案的通知》(建标〔2020〕65号)下发。决定开展绿色建筑创建行动。绿色建筑创建行动以城镇建筑为创建对象。绿色建筑指在全生命周期内节约资源、保护环境、减少污染,为人们提供健康、适用、高效的使用空间,最大限度实现人与自然和谐共生的高质量建筑。创建目标是到2022年,当年城镇新建建筑中绿色建筑面积占比达到70%,星级绿色建筑持续增加,既有建筑能效水平不断提高,住宅健康性能不断完善,装配化建造方式占比稳步提升,绿色建材应用进一步扩大,绿色住宅使用者监督全面推广,人民群众积极参与绿色建筑创建活动,形成崇尚绿色生活的社会氛围。重点任务有推动新建建筑全面实施绿色设计、完善星级绿色建筑标识制度、提升建筑能效水效水平、提高住宅健康性能、推广装配化建造方式、推动绿色建材应用、加强技术研发推广、建立绿色住宅使用者监督机制八项。

23. 2020年7月16日,《住房和城乡建设部关于印发〈农村地区被动式太阳能暖房图集(试行)〉和〈户式空气源热泵供暖应用技术导则(试行)〉的通知》(建标〔2020〕66号)下发。目的是为指导北方地区农村建筑能效提升,推进北方地区冬季清洁取暖试点工作。本图集适用于我国严寒和寒冷地区农村及牧区新建、改建和扩建被动式太阳能暖房的设计、施工,适用于抗震设防烈度小于或等于8度的地区。导则的主要内容包括:总则、术语、基本规定、室外机布置、设计与选型、施工与验收、运行与维护、运行效果评价。本导则适用于严寒地区、寒冷地区和夏热冬冷地区采用户式空气源热泵进行供暖的设计、施工、验收和运行管理。

24. 2020年7月24日,《住房和城乡建设部办公厅关于印发工程造价改革工作方案的通知》(建办标〔2020〕38号)。为贯彻落实党的十九大和十九届二中、三中、四中全会精神,充分发挥市场在资源配置中的决定性作用,进一步推进工程造价市场化改革,决定在全国房地产开发项目,以及北京市、浙江省、湖北省、广东省、广西壮族自治区有条件的国有资金投资的房屋建筑、市政公用工程项目进行工程造价改革试点。通过改进工程计量和计价规则、完善工程计价依据发布机制、加强工程造价数据积累、强化建设单位造价管控责任、严格施工合同履约管理等措施，推行清单计量、市场询价、自主报价、竞争定价的工程计价方式，进一步完善工程造价市场形成机制。方案指出，工程造价改革关系建设各方主体利益，涉及建筑业转型升级和建筑市场秩序治理。各地住房和城乡建设主管部门要提高政治站位、统一思想认识。加强与发展改革、财政、审计等部门间沟通协作，加强工程造价改革政策宣传解读和舆论引导，增进社会各方对工程造价改革的理解和支持，认真总结可复制、可推广的经验，不断完善工程造价改革思路和措施。

25. 2020 年 7 月 27 日，《住房和城乡建设部办公厅关于同意开展钢结构装配式住宅建设试点的函》（建办市函〔2020〕397 号）下发。同意将湛江市东盛路南侧钢结构公租房项目列为住房和城乡建设部钢结构装配式住宅建设试点项目。开展钢结构装配式住宅建设试点工作，以推进建筑业供给侧结构性改革为主线，以解决钢结构装配式住宅建设过程中的实际问题为首要任务，尽快探索出一套可复制可推广的钢结构装配式住宅建设推进模式。随后，同意将绍兴市越城区官渡 3 号地块钢结构装配式住宅工程项目列为住房和城乡建设部钢结构装配式住宅建设试点项目。

26. 2020 年 7 月 31 日，《住房和城乡建设部关于发布〈钢结构住宅主要构件尺寸指南〉的公告》（中华人民共和国住房和城乡建设部公告 2020 年第 178 号）公布。指南适用于钢结构住宅热轧型钢构件、冷成型型钢构件及其组合构件的工厂化生产和设计选用，对构件的编码规则、常用截面形式和尺寸、连接节点等进行规定。同时，适用于钢结构住宅中的梁、柱、支撑及低层冷弯薄壁型钢结构中的构件。钢结构住宅的发展急需提高构件的标准化，急需加强型钢生产企业与设计单位、施工企业的信息沟通和协同作业，共同确定使用频率较高的型钢构件作为标准化构件，从源头上推进这些标准化构件在设计、生产、施工环节的应用，以标准化、社会化生产代替定制化、小规模加工方式。制定《钢结构住宅主要构件尺寸指南》，全面推进型钢构件标准化，有利于全面打通钢结构住宅设计、构件生产和工程施工环节，建立构件标准化体系，实现构件产品标准化，推进全产业链协同发展；有利于扩大生产企业的型钢构件市场份额，全面提升设计单位和施工企业的效率，在一定程度上降低钢结构住宅的建设成本；有利于推进供给侧结构性改革，推动钢结构住宅产业向标准化、规模化迈进，进一步提升钢结构住宅的品质和效能。

27.2020 年 8 月 28 日，《住房和城乡建设部等部门关于加快新型建筑工业化发展的若干意见》（建标规〔2020〕8 号）公布。为全面贯彻新发展理念，推动城乡建设绿色发展和高质量发展，以新型建筑工业化带动建筑业全面转型升级，打造具有国际竞争力的"中国建造"品牌，意见明确了加强系统化集成设计、优化构件和部品部件生产、推广精益化施工、加快信息技术融合发展、创新组织管理模式、强化科技支撑、加快专业人才培育、开展新型建筑工业化项目评价、加大政策扶持力度九个重点任务，并提出相应的三十七项具体工作，为持续推进新型建筑工业化工作指明了方向。

28.2020 年 9 月 1 日，《住房和城乡建设部办公厅关于开展政府购买监理巡查服务试点的通知》（建办市函〔2020〕443 号）下发。为贯彻落实《国务院办公厅转发住房城乡建设部关于完善质量保障体系 提升建筑工程品质指导意见的通知》（国办函〔2019〕92 号），强化政府对工程建设全过程的质量监管，探索工程监理企业参与监管模式，通知决定开展政府购买监理巡查服务试点。通过开展政府购买监理巡查服务试点，探索工程监理服务转型方式，防范化解工程履约和质量安全风险，提升建设工程质量水平，提高工程监理行业服务能力。适时总结试点经验做法，形成一批可复制、可推广的政府购买监理巡查服务模式，促进建筑业持续健康发展。试点范围为江苏省苏州工业园区、浙江省台州市、衢州市、广东省广州市空港经济区、广州市重点公共建设项目管理中心代建项目。试点自 2020 年 10 月开始，为期 2 年。

29.2020 年 9 月 11 日，《住房和城乡建设部关于落实建设单位工程质量首要责任的通知》（建质规〔2020〕9 号）下发。通知要求依法界定并严格落实建设单位工程质量首要责任，不断提高房屋建筑和市政基础设施工程质量水平。通知要求充分认识落实建设单位工程质量首要责任重要意义。建设单位作为工程建设活动的总牵头单位，承担着重要的工程质量管理职责，对保障工程质量具有主导作用。各地要充分认识严格落实建设单位工程质量首要责任的必要性和重要性，进一步建立健全工程质量责任体系，推动工程质量提升，保障人民群众生命财产安全，不断满足人民群众对高品质工程和美好生活的需求。要准确把握落实建设单位工程质量首要责任内涵要求。建设单位是工程质量第一责任人，要依法对工程质量承担全面责任。对因工程质量给工程所有权人、使用人或第三方造成的损失，建设单位依法承担赔偿责任，有其他责任人的，可以向其他责任人追偿。建设单位要严格落实项目法人责任制，依法开工建设，全面履行管理职责，确保工程质量符合国家法律法规、工程建设强制性标准和合同约定。要切实加强住宅工程质量管理。各地要完善住宅工程质量与市场监管联动机制，督促建设单位加强工程质量管理，严格履行质量保修责任，推进质量信息公开，切实保障商品住房和保障性安居工程等住宅工程质量。要全面加强对建设单位的监督管理。各地要建立健全建设单位落实首要责任监管机制，加大政府监管力度，强化信用管理和责任追究，切实激发建设单位主动关心质量、追求质量、创造质量的内生动力，确保建设单位首要责任落到实处。

30. 2020 年 9 月 21 日，《住房和城乡建设部办公厅关于印发房屋建筑和市政基础设施工程施工现场新冠肺炎疫情常态化防控工作指南的通知》（建办质函〔2020〕489 号）下发。通知要求全面落实"外防输入、内防反弹"的总体防控策略，科学有序做好房屋建筑和市政基础设施工程施工现场疫情常态化防控工作。指南从总则、防控体系建设、人员管理、施工现场管理、应急管理、监督管理、附则七个方面对房屋建筑和市政基础设施工程施工现场疫情常态化防控工作做了明确。

31. 2020 年 9 月 30 日，《住房和城乡建设部办公厅关于推广应用施工现场建筑垃圾减量化指导图册的通知》（建办质函〔2020〕505 号）下发。图册包括总体要求、施工现场建筑垃圾减量化策划、施工现场建筑垃圾的分类、施工现场建筑垃圾的源头减量、施工现场建筑垃圾的分类收集与存放、施工现场建筑垃圾的就地处置、施工现场建筑垃圾的排放控制七部分内容，适用于新建、改建、扩建房屋建筑和市政基础设施工程，对施工现场建筑垃圾减量化相关要求进行了图文并茂的展示。图册可与《施工现场建筑垃圾减量化指导手册(试行)》配套使用,用于指导施工现场的管理人员及作业人员,将建筑垃圾减量化各项措施落实到位,促进绿色建造发展和建筑业转型升级。同时,图册应当与相关标准规范和工程所在地相关政策配套使用,各地主管部门及相关企业要积极推广使用图册,并鼓励根据本地区、本企业具体情况作进一步细化、补充和延伸。

32. 2020 年 9 月 30 日,《住房和城乡建设部办公厅关于印发城市轨道交通工程地质风险控制技术指南的通知》(建办质〔2020〕47 号)(以下简称《指南》)下发。《指南》聚焦城市轨道交通工程建设地质风险控制面临的突出问题,结合近年来典型事故和工程风险,提出复杂地层结构的概念,督促各地高度重视复杂地层结构导致的工程风险。同时,提出了地质风险评估方法,探索构建城市轨道交通工程地质风险控制长效机制,为确保工程质量安全奠定牢固基础。《指南》将地质风险控制贯穿于城市轨道交通工程规划、建设、管理全过程,分为总则与基本规定、地质风险管理基本要求、不良地质作用、特殊性岩土、复杂地层结构、地下水 6 章内容,分析了城市轨道交通工程建设各阶段所涉及主要施工工法的地质风险,提出了有针对性的控制措施。

33. 2020 年 10 月 15 日,《住房和城乡建设部关于印发岩土工程勘察文件技术审查要点(2020 版)的通知》(建质函〔2020〕149 号)下发。该审查要点由《岩土工程勘察文件技术审查要点(2013 版)》修编而成,包括现行工程建设标准中的全部强制性条文和部分非强制性条文。其中,强制性条文是进行施工图设计文件审查的基本依据,均应严格执行;非强制性条文是强制性条文的补充和延伸,除有充分依据外,原则上均应执行。审查要点修编的主要内容包括:将审查内容集中于地基基础安全性;增加城市轨道交通工程勘察文件审查内容;根据工程建设技术标准更新情况对原审查要点进行调整和补充。各地可以结合当地具体情况,在审查要点中增加地方性法规、技术标准的有关内容。岩土工程勘察文件审查重点包括:岩土层分布、地下水条件、岩土的工程特征是否基本查明;对特殊性岩土、不良地质作用、地基承载力和变形特性、水和土的腐蚀性、场地地震效应等重要的岩土工程问题是否正确评价。

34. 2020年10月23日,《住房和城乡建设部 市场监管总局关于印发园林绿化工程施工合同示范文本(试行)的通知》(建城〔2020〕85号)下发,自2021年1月1日起试行。目的是为规范园林绿化工程建设市场签约履约行为,促进园林绿化行业高质量发展。该合同示范文本由合同协议书、通用合同条款和专用合同条款3部分组成。其中,合同协议书共16条,主要包括工程概况、合同工期、质量标准、签约合同价与合同价格形式、承包人项目负责人、预付款、绿化种植及养护要求、其他要求、合同文件构成、承诺以及合同生效条件等重要内容,集中约定了合同当事人基本的合同权利义务;通用合同条款共20条,采用《建设工程施工合同(示范文本)》中的"通用合同条款";专用合同条款共20条,这是对通用合同条款原则性约定的细化、完善、补充、修改或另行约定的条款。合同当事人可以根据不同建设工程的特点及具体情况,通过双方的谈判、协商对相应的专用合同条款进行修改补充。合同示范文本为非强制性使用文本,适用于园林绿化工程的施工承发包活动,合同当事人可结合园林绿化工程具体情况,参照本合同示范文本订立合同,并按照法律法规规定和合同约定承担相应的法律责任及合同权利义务。

35. 2020年11月25日,《住房和城乡建设部 市场监管总局关于印发建设项目工程总承包合同(示范文本)的通知》(建市〔2020〕96号)下发,自2021年1月1日起执行。目的是促进建设项目工程总承包健康发展,维护工程总承包合同当事人的合法权益。《建设项目工程总承包合同(示范文本)》GF-2020-0216(以下简称《示范文本》)是在《建设项目工程总承包合同示范文本(试行)》GF-2011-0216基础上修订而成。《示范文本》由合同协议书、通用合同条件和专用合同条件三部分组成。合同协议书共计11条,主要包括:工程概况、合同工期、质量标准、签约合同价与合同价格形式、工程总承包项目经理、合同文件构成、承诺、订立时间、订立地点、合同生效和合同份数,集中约定了合同当事人基本的合同权利义务。通用合同条件就工程总承包项目的实施及相关事项,对合同当事人的权利义务作出原则性约定,共计

20条。专用合同条件是合同当事人根据不同建设项目的特点及具体情况，通过双方的谈判、协商对通用合同条件原则性约定细化、完善、补充、修改或另行约定的合同条件。《示范文本》为推荐使用的非强制性使用文本。

36.2020年11月30日，《住房和城乡建设部关于印发建设工程企业资质管理制度改革方案的通知》（建市〔2020〕94号）下发。目的是为了深化建筑业"放管服"改革，做好建设工程企业资质（包括工程勘察、设计、施工、监理企业资质）认定事项压减工作，进一步放宽建筑市场准入限制，优化审批服务，激发市场主体活力。同时，坚持放管结合，加大事中事后监管力度，切实保障建设工程质量安全。改革后，工程勘察资质分为综合资质和专业资质；工程设计资质分为综合资质、行业资质、专业和事务所资质；施工资质分为综合资质、施工总承包资质、专业承包资质和专业作业资质；工程监理资质分为综合资质和专业资质。资质等级原则上压减为甲、乙两级（部分资质只设甲级或不分等级），资质等级压减后，中小企业承揽业务范围将进一步放宽，有利于促进中小企业发展。2020年12月17日，《住房和城乡建设部办公厅关于开展建设工程企业资质审批权限下放试点的通知》（建办市函〔2020〕654号）下发，选择上海市、江苏省、浙江省、安徽省、广东省、海南省6个地区开展试点。2021年3月2日，《住房和城乡建设部办公厅关于扩大建设工程企业资质审批权限下放试点范围的通知》（建办市函〔2021〕93号）下发，决定新增河北、内蒙古、福建、山东、湖北、广西、重庆、贵州、陕西9省（区、市）开展建设工程企业资质审批权限下放试点。

37.2020年12月3日，《住房和城乡建设部办公厅关于印发城市轨道交通工程质量安全监管信息平台共享交换数据标准（试行）的通知》（建办质〔2020〕56号）下发。制定本标准目的是促进各级住房和城乡建设主管部门及有关部门信息共享和业务协同，提升全国城市轨道交通工程质量安全管理的信息化管理质量。本标准的主要内容为：适用范围、基本规定、线路信息、工点信息、标段信息、监督检查信息、企业信息、设备信息、事故与风险信息、政策法规、标准指标解释、基础数据字典表。

38. 2020年12月18日,《住房和城乡建设部等部门关于加快培育新时代建筑产业工人队伍的指导意见》(建市〔2020〕105号)公布。意见指出,以推进建筑业供给侧结构性改革为主线,以夯实建筑产业基础能力为根本,以构建社会化专业化分工协作的建筑工人队伍为目标,深化"放管服"改革,建立健全符合新时代建筑工人队伍建设要求的体制机制,为建筑业持续健康发展和推进新型城镇化提供更有力的人才支撑。到2025年,符合建筑行业特点的用工方式基本建立,建筑工人实现公司化、专业化管理,建筑工人权益保障机制基本完善;建筑工人终身职业技能培训、考核评价体系基本健全,中级工以上建筑工人达1000万人以上。到2035年,建筑工人就业高效、流动有序,职业技能培训、考核评价体系完善,建筑工人权益得到有效保障,获得感、幸福感、安全感充分增强,形成一支秉承劳模精神、劳动精神、工匠精神的知识型、技能型、创新型建筑工人大军。主要任务有十一个方面:引导现有劳务企业转型发展、大力发展专业作业企业、鼓励建设建筑工人培育基地、加快自有建筑工人队伍建设、建立技能导向的激励机制、完善职业技能培训体系、加快推动信息化管理、健全保障薪酬支付的长效机制、规范建筑行业劳动用工制度、完善社会保险缴费机制、持续改善建筑工人生产生活环境。

39. 2020年12月23日,《住房和城乡建设部办公厅关于进一步做好建设工程企业资质告知承诺制审批有关工作的通知》(建办市〔2020〕59号)下发。通知要求自2021年1月1日起,在全国范围内对房屋建筑工程、市政公用工程监理甲级资质实行告知承诺制审批,建筑工程、市政公用工程施工总承包一级资质继续实行告知承诺制审批,涉及上述资质的重新核定事项不实行告知承诺制审批。实施建设工程企业资质审批权限下放试点的地区,上述企业资质审批方式由相关省级住房和城乡建设主管部门自行确定。通过告知承诺方式取得上述资质的企业,发生重组、合并、分立等情况涉及资质办理的,不适用《住房城乡建设部关于建设工程企业发生重组、合并、分立等情况资质核定有关问题的通知》(建市〔2014〕79号)第一款有关规定,应按照相关资质管理规定中资质重新核定事项办理。企业通过告知承诺方式申请上述资质填报的业绩项目应为全国建筑市场监管公共服务平台中数据等级标记为 A 级（由省级住房和城乡建设主管部门审核确认）的工程项目。

40.2020 年 12 月 31 日，《住房和城乡建设部办公厅关于开展绿色建造试点工作的函》（建办质函〔2020〕677 号）公布。为推进绿色建造工作，促进形成绿色生产生活方式，推动建筑业转型升级和城乡建设绿色发展，决定在湖南省、广东省深圳市、江苏省常州市开展绿色建造试点工作。工作目标是试点地区选取房屋建筑和市政基础设施工程项目，在策划、建设等过程中开展绿色建造试点，通过积极探索，到 2023 年底形成可复制推广的绿色建造技术体系、管理体系、实施体系和评价体系，为全国其他地区推行绿色建造奠定基础。

## 2021 年建筑业最新政策法规概览

1.2021 年 1 月 8 日，《住房和城乡建设部关于印发绿色建筑标识管理办法的通知》（建标规〔2021〕1 号）下发。办法分 4 章 28 条，从总则、申报和审查程序、标识管理、附则四个方面进行了规定。办法所称绿色建筑标识，是指表示绿色建筑星级并载有性能指标的信息标志，包括标牌和证书。绿色建筑标识由住房和城乡建设部统一式样，证书由授予部门制作，标牌由申请单位根据不同应用场景按照制作指南自行制作。绿色建筑标识授予范围为符合绿色建筑星级标准的工业与民用建筑。绿色建筑标识星级由低至高分为一星级、二星级和三星级 3 个级别。绿色建筑三星级标识认定统一采用国家标准，二星级、一星级标识认定可采用国家标准或与国家标准相对应的地方标准。

2.2021 年 1 月 9 日，《住房和城乡建设部关于发布〈通信局（站）防雷与接地工程设计规范〉等 17 项工程建设标准英文版的公告》（中华人民共和国住房和城乡建设部公告 2020 年第 4 号）公布。17 项工程建设标准英文版分别是《通信局（站）防雷与接地工程设计规范》GB 50689—2011、《通信局（站）防雷与接地工程验收规范》GB 51120—2015、《通信局（站）节能设计规范》YD/T 5184—2018、《电信机房铁架安装设计标准》YD/T 5026—2005、《波分复用（WDM）光纤传输系统工程设计规范》GB/T 51152—2015、《波分复用（WDM）光纤传输系统工程验收规范》GB/T 51126—2015、《数字蜂窝移动通信网 WCDMA 工程设计规范》YD/T 5111—2015、《数字蜂窝移动通信网 WCDMA 工程验收规范》YD 5173—2015、《海底光缆工程设计规范》GB/T 51154—2015、《海底光缆工程验收规范》GB/T 51167—2016、《架空光（电）缆通信杆路工程设计规范》YD 5148—2007、《通信线路工程设计规范》GB 51158—2015、《通信线路工程验收规范》GB 51171—2016、《通信电源设备安装工程设计规范》GB 51194—2016、《通信电源设备安装工程验收规范》GB 51199—2016、《移动通信工程钢塔桅结构设计规范》YD/T 5131—2005、《移动通信工程钢塔桅结构验收规范》YD/T 5132—2005。公告明确工程建设标准英文版与中文版出现异议时，以中文版为准。

3. 2021 年 1 月 22 日，《住房和城乡建设部办公厅关于开展建筑企业跨地区承揽业务要求设立分（子）公司问题治理工作的通知》（建办市函〔2021〕36 号）下发。决定开展建筑企业跨地区承揽业务要求设立分（子）公司问题治理工作，进一步深化建筑业"放管服"改革，建立健全统一开放的建筑市场体系，扎实做好"六稳""六保"工作。通知要求各级住房和城乡建设主管部门要严格执行《住房城乡建设部关于印发推动建筑市场统一开放若干规定的通知》（建市〔2015〕140 号）第八条规定，不得要求或变相要求建筑企业跨地区承揽业务在当地设立分（子）公司；对于存在相关问题的，要立即整改。各级房屋建筑与市政基础设施工程招标投标监管部门要全面梳理本行政区域内房屋建筑和市政基础设施工程招标文件，清理招标文件中将投标企业中标后承诺设立分（子）公司作为评审因素等做法。还要求各级住房和城乡建设主管部门要进一步健全投诉举报处理制度，建立公平、高效的投诉举报处理机制，及时受理并依法处理建筑企业在跨地区承揽业务活动中的投诉举报事项，保障建筑企业合法权益。各省级住房和城乡建设主管部门要统一思想，提高认识，加强组织领导，扎实推进本地区治理工作，严肃查处违规设置建筑市场壁垒、限制和排斥建筑企业跨省承揽业务的行为，清理废除妨碍构建统一开放建筑市场体系的规定和做法，营造公平竞争的建筑市场环境。

4.2021年1月22日,《住房和城乡建设部关于印发工程保函示范文本的通知》(建市〔2021〕11号)下发。目的是为进一步推进工程建设领域担保制度建设,促进建筑市场健康发展,《工程保函示范文本》自2021年3月1日起执行。原《工程担保合同示范文本(试行)》(建市〔2005〕74号)同时废止。示范文本分为八种:投标保函示范文本(独立保函)、投标保函示范文本(非独立保函)、预付款保函示范文本(独立保函)、预付款保函示范文本(非独立保函)、支付保函示范文本(独立保函)、支付保函示范文本(非独立保函)、履约保函示范文本(独立保函)、履约保函示范文本(非独立保函)。

5.2021年2月2日,《住房和城乡建设部办公厅关于同意开展智能建造试点的函》(建办市函〔2021〕55号)下发。同意将上海嘉定新城菊园社区JDC1-0402单元05-02地块项目、佛山顺德凤桐花园项目、佛山顺德北滘镇南坪路以西地块之一项目、深圳市长圳公共住房及其附属工程总承包(EPC)项目和重庆美好天赋项目、绿地新里秋月台项目、万科四季花城三期项目列为住房和城乡建设部智能建造试点项目。要求深入贯彻落实《住房和城乡建设部等部门关于推动智能建造与建筑工业化协同发展的指导意见》(建市〔2020〕60号),围绕建筑业高质量发展,以数字化、智能化升级为动力,创新突破相关核心技术,加大智能建造在工程建设各环节应用,提升工程质量安全、效益和品质,尽快探索出一套可复制可推广的智能建造发展模式和实施经验。

6.2021年2月2日,《住房和城乡建设部办公厅关于开展建筑市场部分评比表彰奖项信息归集共享试点工作的通知》(建办市函〔2021〕63号)下发。试点目的是通过开展试点,完善建筑市场评比表彰奖项信息共享和公开机制,减轻建筑企业重复提交证明材料的负担,提高建筑业政务服务质量。奖项归集范围是由各省(自治区)住房和城乡建设厅、直辖市住房和城乡建设(管)委员会以及北京市规划和自然资源委员会、新疆生产建设兵团住房和城乡建设局(以下简称"各省级主管部门")主办或主管的优质房屋建筑和市政基础设施工程评比表彰奖项。试点工作要求依法依规确定试点奖项清单、完善平台信息归集功能、集中展示和共享试点奖项信息、总结推广经验做法。

7.2021年2月7日,《住房和城乡建设部办公厅关于同意重庆市下放部分建筑业企业资质审批权限的函》(建办市函〔2021〕68号)下发。同意将原由重庆市住房和城乡建设委员会许可的电子与智能化工程、消防设施工程、防水防腐保温工程、建筑装修装饰工程、建筑幕墙工程二级资质和特种工程资质的审批权(含重组、合并、分立及跨省变更等事项),下放至区(县)级住房和城乡建设主管部门。同日,《住房和城乡建设部办公厅关于同意内蒙古自治区下放部分建筑业企业资质审批权限的函》(建办市函〔2021〕67号)下发。同意原由内蒙古自治区住房和城乡建设许可的专业承包序列中电子与智能化工程、消防设施工程、防水防腐保温工程、建筑装修装饰工程、建筑机电安装工程、建筑幕墙工程、城市及道路照明工程二级资质的审批权,下放至行使建筑业企业资质审批权的盟市住房和城乡建设主管部门或行政审批部门。要求认真贯彻落实《建设工程企业资质管理制度改革方案》(建市〔2020〕94号),做好企业资质审批权限下放相关衔接工作,加强业务指导和培训,持续提升企业资质审批规范化、便利化水平。坚持放管结合,创新监管方式和手段,确保工程质量安全。

8.2021年2月19日,《住房和城乡建设部办公厅关于同意辽宁省建设工程企业资质和从业人员资格证书电子化的函》(建办市函〔2021〕85号)下发。同意辽宁省住房和城乡建设厅负责核发的工程勘察资质证书、工程设计资质证书、建筑业企业资质证书、工程监理企业资质证书、工程造价咨询企业资质证书、安全生产许可证、建设工程质量检测机构资质证书、房地产估价机构备案证书、二级注册建筑师注册证书、二级注册结构工程师注册执业证书、二级建造师注册证书实行电子证照。要求做好有关资质资格数据与住房和城乡建设部相关管理系统数据对接工作,并确保相关电子证照符合全国一体化在线政务服务平台相关电子证照标准及住房和城乡建设部有关要求。

9.2021年2月26日,《住房和城乡建设部建筑市场监管司关于修改全国监理工程师职业资格考试基础科目和土木建筑工程专业科目大纲的通知》(建司局函市〔2021〕47号)下发。决定将《全国监理工程师职业资格考试大纲》(基础科目和土木建筑工程专业科目)中的"《中华人民共和国合同法》"统一修改为"《中华人民共和国民法典》第三编合同"。

10. 2021年3月16日,《住房和城乡建设部办公厅关于印发绿色建造技术导则(试行)的通知》(建办质〔2021〕9号)下发。导则为进一步规范和指导绿色建造试点工作,提出绿色建造全过程关键技术要点,引导绿色建造技术方向。该导则分为总则、术语、基本规定、绿色策划、绿色设计、绿色施工和绿色交付共7章。

11. 2021年3月19日,《住房和城乡建设部办公厅关于2020年度建筑工程施工转包违法分包等违法违规行为查处情况的通报》(建办市〔2021〕10号)公布。通报显示,各地住房和城乡建设主管部门共排查项目333573个,涉及建设单位242541家、施工单位267926家。共排查出9725个项目存在各类建筑市场违法违规行为。其中,存在违法发包行为的项目461个,占违法项目总数的4.8%;存在转包行为的项目298个,占违法项目总数的3.0%;存在违法分包行为的项目455个,占违法项目总数的4.7%;存在挂靠行为的项目104个,占违法项目总数的1.0%;存在"未领施工许可证先行开工"等其他市场违法行为的项目8407个,占违法项目总数的86.5%。各地住房和城乡建设主管部门共查处有违法违规行为的建设单位3562家;有违法违规行为的施工企业7332家,其中,有转包行为的企业302家,有违法分包行为的企业453家,有挂靠行为的企业69家,有出借资质行为的企业51家,有其他违法行为的企业6457家。对存在违法违规行为的企业和人员,分别采取停业整顿、吊销资质、限制投标资格、责令停止执业、吊销执业资格、终身不予注册、没收违法所得、罚款、通报批评、诚信扣分等一系列行政处罚或行政管理措施。并提出严格按照有关要求,继续严厉打击建筑工程施工转包违法分包等违法违规行为,加大对各类违法违规行为的查处力度;加强对市、县级住房和城乡建设主管部门工作的监督指导,进一步明确工作责任人,加强数据核实把关,于每个季度结束后10日内及时将本行政区域内的统计数据报住房和城乡建设部建筑市场监管司。

12. 2021年3月30日,《住房和城乡建设部关于修改〈建筑工程施工许可管理办法〉等三部规章的决定》（中华人民共和国住房和城乡建设部令第 52 号）公布。决定将《建筑工程施工许可管理办法》（住房和城乡建设部令第 18 号，根据住房和城乡建设部令第 42 号修改）第四条第一款第二项修改为："依法应当办理建设工程规划许可证的，已经取得建设工程规划许可证"。将第四条第一款第五项修改为："有满足施工需要的资金安排、施工图纸及技术资料，建设单位应当提供建设资金已经落实承诺书，施工图设计文件已按规定审查合格"。删去第四条第一款第七项、第八项。删去《实施工程建设强制性标准监督规定》（建设部令第 81 号，根据住房和城乡建设部令第 23 号修改）第五条第二款。

13. 2021 年 4 月 1 日，《住房和城乡建设部关于修改〈建设工程勘察质量管理办法〉的决定》（中华人民共和国住房和城乡建设部令第 53 号）公布。决定将第五条第二款中的"严格执行国家收费标准"修改为"加强履约管理，及时足额支付勘察费用"。增加两款作为第三款和第四款，明确建设单位及其项目负责人对勘察设计质量管理的职责。修改了第七、九、十二、十四、十六、十七等条款，明确工程勘察企业及其法定代表人和项目负责人的质量责任，对工程勘察工作的原始记录和观测员、试验员、记录员、机长等现场作业人员以及工程勘察档案管理等作了规定，并对罚则作了修改。

14. 2021 年 4 月 6 日，《住房和城乡建设部等部门关于加快发展数字家庭 提高居住品质的指导意见》（建标〔2021〕28 号）公布。指导意见是顺应深化住房供给侧结构性改革、促进房地产开发企业等市场主体转型升级和家庭生活数字化趋势的一大举措，也是响应国家数字经济战略、实现经济转型升级和数字经济目标的重要政策。指导意见共包括 5 部分、18 条内容。总体要求部分明确了指导思想、工作原则和发展目标；明确数字家庭服务功能、强化数字家庭工程设施建设、完善数字家庭系统、加强组织实施 4 部分则指出主要任务和工作方法。推动指导意见落地重点做好开展试点建设、完善标准体系、加强宣传引导。

15. 2021 年 4 月 7 日，《住房和城乡建设部关于公布 2020 年度全国绿色建筑创新奖获奖名单的通知》（建标〔2021〕29 号）下发。确定"北京大兴国际机场旅客航站楼及停车楼工程"等 61 个项目获得 2020

年度全国绿色建筑创新奖。

16.2021年4月9日,《住房和城乡建设部办公厅关于启用全国工程质量安全监管信息平台的通知》(建办质函〔2021〕159号)下发。自2021年5月15日起,正式启用该平台。目标是构建一体化的全国房屋建筑和市政基础设施工程质量安全监管信息平台,覆盖建筑施工安全监管、工程勘察设计质量监管、工程质量监管、城市轨道交通工程质量安全监管等业务,支撑部、省、市、县各级住房和城乡建设部门及有关部门履行房屋建筑和市政基础设施工程质量安全监管职能,实现跨层级、跨地区、跨部门间信息共享和业务协同,提升监管工作效能和政务服务能力,有力维护人民群众生命财产安全。平台集成工程质量安全监管业务信息系统、全国工程质量安全监管数据中心、工作门户以及公共服务门户,供各地免费使用。平台用户包含各级住房和城乡建设部门及有关部门房屋建筑和市政基础设施工程质量安全监管人员,工程项目建设各方主体以及相关机构、单位从业人员,社会公众等。主管部门监管人员账号采用逐级分配方式创建。

17.2021年4月20日,《住房和城乡建设部 国家发展改革委关于批准发布综合医院建设标准的通知》(建标〔2021〕36号)下发。《综合医院建设标准》编号为建标110-2021,自2021年7月1日起施行。原《综合医院建设标准》建标110-2008同时废止。在综合医院工程项目的审批、核准、设计和建设过程中,要严格遵守国家相关规定,认真执行本建设标准,坚决控制工程造价。本建设标准的管理由住房和城乡建设部、国家发展改革委负责,具体解释工作由国家卫生健康委负责。

18.2021年5月8日,《住房和城乡建设部办公厅关于开展施工现场技能工人配备标准制定工作的通知》(建办市〔2021〕29号)下发。通知要求新建、改建、扩建房屋建筑与市政基础设施工程建设项目,均应制定相应的施工现场技能工人配备标准。技能工人包括一般技术工人和建筑施工特种作业人员。一般技术工人等级分为初级工、中级工、高级工、技师、高级技师;工种类别包括砌筑工、钢筋工、模板工、混凝土工等。建筑施工特种作业人员包括建筑电工、建筑架子工、建筑起重信号司索工、建筑起重机械司机、建筑起重机械安装拆卸工、高处作业吊篮安装拆卸工和经省级以上人民政府住房和城乡建设主管部门认定的其他特种作业人员等。工作目标是到 2025 年，力争实现在建项目施工现场中级工占技能工人比例达到 20%、高级工及以上等级技能工人占技能工人比例达到 5%，初步建立施工现场技能工人配备体系。2035 年，力争实现在建项目施工现场中级工占技能工人比例达到 30%、高级工及以上等级技能工人占技能工人比例达到 10%，建立施工现场所有工种技能工人配备体系。主要任务有科学合理制定标准、认真开展技能培训、加强监督检查、强化信息化应用。

19. 2021 年 5 月 20 日，《住房和城乡建设部办公厅关于开展 2021 年住房和城乡建设系统"安全生产月"活动的通知》（建办质函〔2021〕217 号）下发。通知要求按照全国"安全生产月"活动要求，结合疫情防控常态化形势和本地区安全生产工作实际，制定切实可行的工作方案，精心安排部署，科学组织实施，确保各项活动有序开展、取得实效，为庆祝建党 100 周年营造良好的安全生产环境。通知还要求结合住房和城乡建设部 2021 年安全生产工作要点，继续深入开展住房和城乡建设领域安全生产专项整治三年行动。认真组织开展 6 月 16 日"全国安全宣传咨询日"活动。

20. 2021 年 5 月 27 日，《住房和城乡建设部办公厅关于集中式租赁住房建设适用标准的通知》（建办标〔2021〕19 号）下发。通知明确集中式租赁住房是指具备一定规模、实行整体运营并集中管理、用于出租的居住性用房。按照使用对象和使用功能，集中式租赁住房可分为宿舍型和住宅型两类。新建宿舍型租赁住房应执行《宿舍建筑设计规范》JGJ 36—2016 及相关标准；改建宿舍型租赁住房应执行《宿舍建筑设计规范》JGJ 36—2016 或《旅馆建筑设计规范》JGJ 62—2014 及相关标准。新建或改建住宅型租赁住房应执行《住宅建筑规范》GB 50368—2005 及相关标准。集中式租赁住房可根据市场需求和建筑周边商业服务网点配置等实际情况，增加相应服务功能。严格把握非居住类建筑改建为集中式租赁住房的条件。非居住类建筑改建前应对房屋安全性能进行鉴定，保证满足安全使用的要求；土地性质为三类工业用地和三类物流仓储用地的非居住建筑，不得改建为集中式租赁住房，并加强运营安全管理。

21. 2021年6月11日,《住房和城乡建设部办公厅印发〈第一次全国自然灾害综合风险普查房屋建筑和市政设施调查实施方案〉》(建办质函〔2021〕248号)下发。通知从工作依据、工作目的、标准时点、调查对象、调查内容、组织实施、方法流程、数据处理、全过程质量控制、审核与汇交、时间要求和调查纪律十二个方面对全国房屋建筑和市政设施调查工作作出详细规定,要求各地结合实际认真贯彻落实。

22. 2021年6月24日,《住房和城乡建设部办公厅关于在部分地区启用一级建造师电子注册证书的通知》(建办市〔2021〕25号)下发。通知决定在前期北京、上海、浙江、海南4个省(市)开展一级建造师电子注册证书(以下简称"电子证书")试点的基础上,再选取部分地区启用电子证书,并开展延续注册工作。实施范围包括河北、黑龙江、江苏、安徽、福建、江西、山东、河南、广东、重庆、四川、云南、陕西、青海、新疆15个省(区、市)。

23. 2021年6月28日,《住房和城乡建设部办公厅关于取消工程造价咨询企业资质审批加强事中事后监管的通知》(建办标〔2021〕26号)下发。通知明确取消工程造价咨询企业资质审批。按照《国务院关于深化"证照分离"改革 进一步激发市场主体发展活力的通知》(国发〔2021〕7号)文件要求,自2021年7月1日起,住房和城乡建设主管部门停止工程造价咨询企业资质审批,工程造价咨询企业按照其营业执照经营范围开展业务,行政机关、企事业单位、行业组织不得要求企业提供工程造价咨询企业资质证明。2021年6月3日起,住房和城乡建设主管部门不再办理工程造价咨询企业资质延续手续,到期需延续的企业,有效期自动延续至2021年6月30日。通知还要求健全企业信息管理制度、推进信用体系建设、构建协同监管新格局、提升工程造价咨询服务能力、加强事中事后监管。

24. 2021年6月29日,《住房和城乡建设部办公厅关于做好建筑业"证照分离"改革衔接有关工作的通知》(建办市〔2021〕30号)下发。通知要求,自2021年7月1日起,各级住房和城乡建设主管部门停止受理所列建设工程企业资质的首次、延续、增项和重新核定的申请,重新核定事项含《住房城乡建设部关于建设工程企业发生重组、合并、分立等情况资质核定有关问题的通知》（建市〔2014〕79号）规定的核定事项。2021年7月1日前已受理的，按照原资质标准进行审批。自2021年7月1日起，建筑业企业施工劳务资质由审批制改为备案制，由企业注册地设区市住房和城乡建设主管部门负责办理备案手续。企业提交企业名称、统一社会信用代码、办公地址、法定代表人姓名及联系方式、企业净资产、技术负责人、技术工人等信息材料后，备案部门应当场办理备案手续，并核发建筑业企业施工劳务资质证书。企业完成备案手续并取得资质证书后，即可承接施工劳务作业。对于按照优化审批服务方式改革的许可事项，各级住房和城乡建设主管部门要进一步优化审批流程，推动线上办理，实行全程电子化申报和审批。要精简企业申报材料，不得要求企业提供人员身份证明和社保证明、企业资质证书、注册执业人员资格证书等证明材料，切实减轻企业负担。

25.2021年7月16日，《住房和城乡建设部办公厅关于发布绿色建筑标识式样的通知》（建办标〔2021〕36号）下发。通知明确，按照《绿色建筑标识管理办法》（建标规〔2021〕1号）要求，住房和城乡建设部进一步完善了绿色建筑标识证书式样，增加了标牌式样。绿色建筑标识由牡丹花叶、长城、星级和中国绿色建筑中英文构成，体现中国绿色建筑最大限度实现人与自然和谐共生。绿色建筑标识证书和标牌应严格按照绿色建筑标识制作指南、标识证书矢量文件和标识标牌矢量文件规定的式样与要求制作。扫描证书和标牌中的二维码可查询项目证书信息。自2021年6月起，住房和城乡建设部门按照《绿色建筑标识管理办法》（建标规〔2021〕1号）认定绿色建筑项目，授予绿色建筑标识证书。绿色建筑项目申请单位可根据不同应用场景自行制作绿色建筑标识标牌。绿色建筑标识式样除用于绿色建筑标识制作外，不得用做其他用途。

26.2021年7月19日，《建设工程抗震管理条例》（中华人民共和国国务院令第744号）颁布，自2021年9月1日起施行。条例分8章51条，规定在中华人民共和国境内从事建设工程抗震的勘察、设计、施工、鉴定、加固、维护等活动及其监督管理，适用本条例；建设工程抗震应当坚持以人为本、全面设防、突出重点的原则；国务院住房和城乡建设主管部门对全国的建设工程抗震实施统一监督管理，国务院交通运输、水利、工业和信息化、能源等有关部门按照职责分工，负责对全国有关专业建设工程抗震的监督管理；国家鼓励和支持建设工程抗震技术的研究、开发和应用；国家建立建设工程抗震调查制度；国家实行建设工程抗震性能鉴定制度。条例对新建、改建、扩建建设工程的勘察、设计和施工、已经建成的建设工程的鉴定、加固和维护、建设工程抗震新技术强制应用、农村建设工程抗震设防以及保障措施、监督管理、各方主体法律责任等作了全面规定。作为新中国成立以来建设工程抗震管理领域的首部专门行政法规，条例的颁布施行对于提升建设工程抗震领域治理现代化水平意义重大。

27. 2021年7月28日，《住房和城乡建设部办公厅关于印发智能建造与新型建筑工业化协同发展可复制经验做法清单（第一批）的通知》（建办市函〔2021〕316号）下发。通知明确各地围绕发展数字设计、推广智能生产、推动智能施工、建设建筑产业互联网平台、研发应用建筑机器人等智能建造设备、加强统筹协作和政策支持等方面积极探索，推动智能建造与新型建筑工业化协同发展取得较大进展。住房和城乡建设部总结各地经验做法形成《智能建造与新型建筑工业化协同发展可复制经验做法清单（第一批）》，推广全国学习借鉴。

28. 2021年7月30日，《住房和城乡建设部办公厅关于同意云南省实行建设工程勘察设计企业资质和从业人员执业资格电子证书的函》（建办市函〔2021〕329号）下发。同意云南省住房和城乡建设厅负责核发的工程勘察企业资质证书、工程设计企业资质证书、二级注册建筑师注册证书、二级注册结构工程师注册执业证书实行电子证书。并要求做好有关资质资格数据与住房和城乡建设部相关管理系统数据对接工作，并确保相关电子证书符合全国一体化在线政务服务平台相关电子证照标准及住房和城乡建设部有关要求。

29. 2021年8月4日，《住房和城乡建设部办公厅关于全面加强房屋市政工程施工工地新冠肺炎疫情防控工作的通知》（建办质电〔2021〕45号）下发。针对全国一些地区相继出现新冠肺炎确诊病例，新冠肺炎疫情防控形势严峻，给房屋市政工程施工工地（以下简称"施工工地"）疫情防控敲响了警钟，通知要求加强组织领导，完善疫情防控体系，加强施工工地人员排查，从严做好风险管控，加强现场防疫，严格工地内部管理，加强培训教育，做好疫情防控宣传，抓好工程质量安全管理，坚决防止盲目抢工期，严格值班值守，强化应急准备。

30.2021年8月31日，《住房和城乡建设部办公厅关于开展工程建设领域整治工作的通知》（建办市〔2021〕38号）下发。通知要求认真贯彻落实党中央关于常态化开展扫黑除恶斗争的决策部署，聚焦工程建设领域存在的恶意竞标、强揽工程等突出问题，严格依法查处违法违规行为，及时发现和堵塞监管漏洞，建立健全源头治理的防范整治长效机制，持续规范建筑市场秩序。工作目标是通过整治工作，到2022年6月底，工程建设领域恶意竞标、强揽工程等违法违规行为得到有效遏制，招标投标乱象和突出问题得到有效整治，招标投标监管制度进一步完善。整治重点分两个方面，一是投标人串通投标、以行贿的手段谋取中标、挂靠或借用资质投标等恶意竞标行为。二是投标人胁迫其他潜在投标人放弃投标，或胁迫中标人放弃中标、转让中标项目等强揽工程行为。

31.2021年8月31日，《住房和城乡建设部办公厅关于印发第一次全国自然灾害综合风险普查房屋建筑和市政设施调查数据成果质量在线巡检办法（试行）的通知》（建办质函〔2021〕353号）下发。通知明确根据《第一次全国自然灾害综合风险普查实施方案（修订版）》（国灾险普办发〔2021〕6号）、《第一次全国自然灾害综合风险普查房屋建筑和市政设施调查实施方案》（建办质函〔2021〕248号），住房和城乡建设部组织编制了《第一次全国自然灾害综合风险普查房屋建筑和市政设施调查数据成果质量在线巡检办法（试行）》。实施数据成果质量在线巡检的目的，是在既有的调查阶段数据质量管理和县级自检、逐级质检核查等程序的基础上，利用信息化手段进一步加强对数据质量的全过程管控。巡检不代替上述各类既有的数据质量管控措施，也不代替各地根据实际情况建立的本地数据质量管控制度。住房和城乡建设部建立第一次全国自然灾害综合风险普查房屋建筑和市政设施调查数据质量在线巡检组成员名单和专家名单，列入巡检组成员名单的人员称为巡检组成员（以下简称"巡检员"），列入巡检组专家名单的人员称为巡检组专家（以下简称"巡检专家"）。巡检员和巡检专家有权对各地各阶段的调查数据进行在线巡检。

32.2021年9月10日，《住房和城乡建设部关于发布〈装配式混凝土结构住宅主要构件尺寸指南〉〈住宅装配化装修主要部品部件尺寸指南〉》（中华人民共和国住房和城乡建设部公告2021年第156号）。《装配式混凝土结构住宅主要构件尺寸指南》的编制旨在为各地区进行标准化预制构件体系的编制工作提供借鉴，为企业编制预制构件产品标准和产品应用手册提供技术支撑，各方共同以预制构件功能和性能指标要求为核心，不断改进和研发适宜的标准化部品部件及接口标准等。《住宅装配化装修主要部品部件尺寸指南》中的构件适用于装配式混凝土结构住宅。指南适用于新建和既有住宅建筑的装配化装修，主要内容包括装配式隔墙及墙面系统、装配式地面系统、装配式顶面系统、门窗、集成式厨房、装配式卫生间、整体收纳等部品部件及其接口的优先尺寸。

33.2021年9月27日，《住房和城乡建设部办公厅关于印发城市轨道交通工程基坑、隧道施工坍塌防范导则的通知》（建办质〔2021〕42号）（以下简称《导则》）下发。《导则》分为总则与术语、基本规定、管理行为、基坑工程施工坍塌防范、矿山法隧道施工坍塌防范、盾构法隧道施工坍塌防范、应急响应，共七章内容。《导则》将基坑、隧道施工坍塌防范贯穿于城市轨道交通工程建设全过程及各参建单位。《导则》的主要措施有四方面：一是构建基坑、隧道防范坍塌体系；二是规范参建各方管理行为；三是细化基坑、隧道坍塌防范措施；四是加强突发事件应急响应。

34.2021年10月21日，中共中央办公厅、国务院办公厅印发了《关于推动城乡建设绿色发展的意见》，意见明确总体目标是：到2025年，城乡建设绿色发展体制机制和政策体系基本建立，建设方式绿色转型成效显著，碳减排扎实推进，城市整体性、系统性、生长性增强，"城市病"问题缓解，城乡生态环境质量整体改善，城乡发展质量和资源环境承载能力明显提升，综合治理能力显著提高，绿色生活方式普遍推广。到 2035 年，城乡建设全面实现绿色发展，碳减排水平快速提升，城市和乡村品质全面提升，人居环境更加美好，城乡建设领域治理体系和治理能力基本实现现代化，美丽中国建设目标基本实现。其中转变城乡建设发展方式的五个主要任务中，要求建设高品质绿色建筑和实现工程建设全过程绿色建造。建设高品质绿色建筑包含：实施建筑领域碳达峰、碳中和行动。规范绿色建筑设计、施工、运行、管理，鼓励建设绿色农房。推进既有建筑绿色化改造，鼓励与城镇老旧小区改造、农村危房改造、抗震加固等同步实施。开展绿色建筑、节约型机关、绿色学校、绿色医院创建行动。加强财政、金融、规划、建设等政策支持，推动高质量绿色建筑规模化发展，大力推广超低能耗、近零能耗建筑，发展零碳建筑。实施绿色建筑统一标识制度。建立城市建筑用水、用电、用气、用热等数据共享机制，提升建筑能耗监测能力。推动区域建筑能效提升，推广合同能源管理、合同节水管理服务模式，降低建筑运行能耗、水耗，大力推动可再生能源应用，鼓励智能光伏与绿色建筑融合创新发展。实现工程建设全过程绿色建造包括：开展绿色建造示范工程创建行动，推广绿色化、工业化、信息化、集约化、产业化建造方式，加强技术创新和集成，利用新技术实现精细化设计和施工。大力发展装配式建筑，重点推动钢结构装配式住宅建设，不断提升构件标准化水平，推动形成完整产业链，推动智能建造和建筑工业化协同发展。完善绿色建材产品认证制度，开展绿色建材应用示范工程建设，鼓励使用综合利用产品。加强建筑材料循环利用，促进建筑垃圾减量化，严格施工扬尘管控，采取综合降噪措施管控施工噪声。推动传统建筑业转型升级，完善工程建设组织模式，加快推行工程总承包，推广全过程工程咨询，推进民用建筑工程建筑师负责制。加快推进工程造价改革。改革建筑劳动用工制度，大力发展专业作业企业，培育职业化、专业化、技能化建筑产业工人队伍。

35. 2021 年 10 月 22 日，住房和城乡建设部联合应急管理部下发《住房和城乡建设部 应急管理部关于加强超高层建筑规划建设管理的通知》（建科〔2021〕76 号），要求强化既有超高层建筑安全管理。全面排查安全隐患，各地要结合安全生产专项整治三年行动，加强对超高层建筑隐患排查的指导监督，摸清超高层建筑基本情况，建立隐患排查信息系统。

36.2021年12月8日，《住房和城乡建设部办公厅关于印发危险性较大的分部分项工程专项施工方案编制指南的通知》（建办质〔2021〕48号）下发。该指南包括基坑工程、模板支撑体系工程、起重吊装及安装拆卸工程、脚手架工程、拆除工程、暗挖工程、建筑幕墙安装工程、人工挖孔桩工程和钢结构安装工程共9类危险性较大的分部分项工程。对《住房城乡建设部办公厅关于实施〈危险性较大的分部分项工程安全管理规定〉有关问题的通知》中的"专项施工方案内容"作进一步明确、细化。一是明确细化危大工程专项施工方案的主要内容；二是专项施工方案中可采取风险辨识与分级；三是明确危大工程的验收内容；四是细化应急处置措施。

37.2021年12月14日，《住房和城乡建设部关于发布〈房屋建筑和市政基础设施工程危及生产安全施工工艺、设备和材料淘汰目录（第一批）〉的公告》（中华人民共和国住房和城乡建设部公告2021年第214号）下发。通知要求本公告发布之日起9个月后，全面停止在新开工项目中使用本目录所列禁止类施工工艺、设备和材料；本公告发布之日起6个月后，新开工项目不得在限制条件和范围内使用本目录所列限制类施工工艺、设备和材料。负有安全生产监督管理职责的各级住房和城乡建设主管部门依据《建设工程安全生产管理条例》有关规定，开展对本目录执行情况的监督检查工作。

## 2022年建筑业最新政策法规概览

1.2022年1月5日，《住房和城乡建设部办公厅关于开展2021年工程造价咨询统计调查的通知》（建办标函〔2022〕2号）下发。通知要求按照《国家统计局关于批准执行工程造价咨询统计调查制度的函》（国统制〔2019〕129号）规定，开展2021年工程造价咨询统计调查工作，要求各省级住房和城乡建设部门、国务院有关部门建设工程造价管理机构应及时审核工程造价咨询统计调查系统中本地区、本行业企业填报的数据，确保数据的完整性和准确性；审核完成后，通过工程造价咨询统计调查系统打印数据汇总表并加盖公章，连同 2021 年工程造价咨询企业统计工作总结一并于 2022 年 3 月 26 日前报住房和城乡建设部标准定额司。

2. 2022 年 1 月 17 日，《住房和城乡建设部关于印发国家城乡建设科技创新平台管理暂行办法的通知》（建标〔2022〕9 号）下发。科技创新平台是住房和城乡建设领域科技创新体系的重要组成部分，是支撑引领城乡建设绿色发展，落实碳达峰、碳中和目标任务，推进以人为核心的新型城镇化，推动住房和城乡建设高质量发展的重要创新载体。科技创新平台分为重点实验室和工程技术创新中心两类。重点实验室以支撑性、引领性科学研究和提升行业技术成熟度为重点，主要开展应用基础研究和前沿技术研究。工程技术创新中心以技术集成创新和成果转化应用为重点，主要开展行业重大共性关键技术研究、重大技术装备研发、科技成果工程化研究、系统集成和应用。科技创新平台为非法人实体单位，依托相关领域研究实力强、科技创新优势突出的科研院所、骨干企业、高等院校（以下简称"依托单位"）组建。鼓励建立产学研用创新联合体。住房和城乡建设部围绕国家重大战略，结合住房和城乡建设领域发展需求和相关规划，按照"少而精"的原则，统筹部署建设科技创新平台。科技创新平台统一命名为"国家城乡建设×××重点实验室""国家城乡建设×××工程技术创新中心"。住房和城乡建设部对通过验收、正式运行的科技创新平台统一颁发标牌。住房和城乡建设部每 3 年集中对科技创新平台实施绩效评价。

3. 2022 年 1 月 19 日，《住房和城乡建设部关于印发"十四五"建筑业发展规划的通知》（建市〔2022〕11 号）下发。明确"十四五"时期建筑业发展目标和主要任务，指导和促进"十四五"时期建筑业高质量发展。2035 年远景目标为：以建设世界建造强国为目标，着力构建市场机制有效、质量安全可控、标准支撑有力、市场主体有活力的现代化建筑业发展体系。到 2035 年，建筑业发展质量和效益大幅提升，建筑工业化全面实现，建筑品质显著提升，企业创新能力大幅提高，高素质人才队伍全面建立，产业整体优势明显增强，"中国建造"核心竞争力世界领先，迈入智能建造世界强国行列，全面服务社会主义现代化强国建设。"十四五"时期发展目标为：对标 2035 年远景目标，初步形成建筑业高质量发展体系框架，建筑市场运行机制更加完善，营商环境和产业结构不断优化，建筑市场秩序明显改善，工程质量安全保障体系基本健全，建筑工业化、数字化、智能化水平大幅提升，建造方式绿色转型成效显著，加速建筑业由大向强转变，为形成强大国内市场、构建新发展格局提供有力支撑。七大主要任务是：加快智能建造与新型建筑工业化协同发展、健全建筑市场运行机制、完善工程建设组织模式、培育建筑产业工人队伍、完善工程质量安全保障体系、稳步提升工程抗震防灾能力、加快建筑业"走出去"步伐。

4. 2022 年 1 月 24 日，《国务院关于印发"十四五"节能减排综合工作方案的通知》（国发〔2021〕33 号）（以下简称《方案》）公布，《方案》提出：到 2025 年，城镇新建建筑全面执行绿色建筑标准。《方案》部署了十大重点工程，在城镇绿色节能改造工程中，住房和城乡建设部按职责分工负责全面提高建筑节能标准，加快发展超低能耗建筑，积极推进既有建筑节能改造、建筑光伏一体化建设等工作。

5. 2022 年 2 月 23 日，为落实建设工程企业资质管理制度改革要求，住房和城乡建设部会同国务院有关部门起草了《建筑业企业资质标准（征求意见稿）》《工程勘察资质标准（征求意见稿）》《工程设计资质标准（征求意见稿）》《工程监理企业资质标准（征求意见稿）》，向社会公开征求意见。4 项资质标准明确对建设工程企业资质进行了分类。《建筑业企业资质标准（征求意见稿）》将建筑业企业资质分为施工综合资质、施工总承包资质、专业承包资质和专业作业资质 4 个序列。其中施工综合资质不分类别和等级；施工总承包资质设有 13 个类别，分为 2 个等级（甲级、乙级）；专业承包资质设有 18 个类别，一般分为 2 个等级（甲级、乙级，部分专业不分等级）；专业作业资质不分类别和等级。《建筑业企业资质标准（征求意见稿）》包括建筑业企业资质各个序列、类别和等级的资质标准。根据《工程勘察资质标准（征求意见稿）》，工程勘察资质分为工程勘察综合资质和工程勘察专业资质 2 个序列。工程勘察综合资质是指涵盖所有工程勘察专业的工程勘察资质，不分类别、等级。工程勘察专业资质分为岩土工程、工程测量和勘探测试

3类，设有甲级、乙级。在《工程设计资质标准（征求意见稿）》中，工程设计资质分为工程设计综合资质、工程设计行业资质、工程设计专业资质、建筑工程设计事务所资质4个序列。工程设计综合资质是指涵盖所有行业、专业和事务所的工程设计资质，不分类别、等级。工程设计行业资质是指涵盖某个行业中的全部专业的工程设计资质，设有14个类别和甲级、乙级（部分资质只设甲级）。工程设计专业资质是指某个行业资质标准中的某个专业的工程设计资质，其中包括可在各行业内通用，且可独立进行技术设计的通用专业工程设计资质，设有67个类别和甲级、乙级（部分资质只设甲级）。建筑工程设计事务所资质是指由专业设计人员依法成立，从事建筑工程专业设计业务的工程设计资质，设有3个类别，不分等级。在《工程监理企业资质标准（征求意见稿）》中，明确工程监理企业资质分为综合资质、专业资质2个序列。其中综合资质不分类别、不分等级；专业资质设有10个类别，分为2个等级（甲级、乙级）。

6. 2022年3月25日，《住房和城乡建设部关于开展房屋市政工程安全生产治理行动的通知》（建质电〔2022〕19号）下发。决定开展房屋市政工程安全生产治理行动（以下简称"治理行动"），全面排查整治各类隐患，防范各类生产安全事故，切实保障人民生命财产安全，坚决稳控安全生产形势。工作目标是：以习近平新时代中国特色社会主义思想为指导，坚持人民至上、生命至上，坚持统筹发展和安全，坚持"安全第一、预防为主、综合治理"，集中用两年左右时间，聚焦重点排查整治隐患，严厉打击违法违规行为，夯实基础提升安全治理能力，坚决遏制房屋市政工程生产安全重特大事故，有效控制事故总量，为党的二十大胜利召开营造安全稳定的社会环境。重点任务有五个方面：一是严格管控危险性较大的分部分项工程，为健全管控体系、排查安全隐患、狠抓隐患整改。二是全面落实工程质量安全手册制度，严格落实手册要求、夯实安全生产基础、落实关键人员责任。三是提升施工现场人防物防技防水平，加强安全生产培训教育、强化现场安全防护措施、提升安全技术防范水平、增强风险应急处置能力。四是严厉打击各类违法违规行为，大力整顿违反建设程序行为、大力整治发承包违法违规行为、加大违法违规行为查处力度、深入推进"两违"专项清查工作。五是充分发挥政府投资工程示范带头作用，带头遵守相关法律法规、严格安全生产责任追究、打造安全生产示范工程。工作安排分为动员部署阶段（2022年4月1日—2022年4月15日）、排查整治阶段（2022年4月—2022年12月）、巩固提升阶段（2023年1月—2023年12月）。

7.2022年4月8日，住房和城乡建设部下发《住房和城乡建设部办公厅关于同意新疆维吾尔自治区实行消防设计审查验收文书和施工图设计文件审查合格书电子证照的函》（建办厅函〔2022〕142号），同意新疆维吾尔自治区住房和城乡建设主管部门制发的特殊建设工程消防设计审查申请受理/不受理凭证、特殊建设工程消防设计审查意见书、特殊建设工程消防验收申请受理/不受理凭证、特殊建设工程消防验收意见书、建设工程消防验收备案/不备案凭证、建设工程消防验收备案抽查/复查结果通知书，以及施工图综合审查机构制发的施工图设计文件审查合格证书实行电子证照。

8.2022年4月19日，《住房和城乡建设部关于印发〈房屋市政工程生产安全重大事故隐患判定标准（2022版）〉的通知》（建质规〔2022〕2号）（以下简称《标准》）下发。《标准》适用于判定新建、扩建、改建、拆除房屋市政工程的生产安全重大事故隐患。县级及以上人民政府住房和城乡建设主管部门和施工安全监督机构，在监督检查过程中可依照《标准》判定房屋市政工程生产安全重大事故隐患。住房和城乡建设部要求，各级住房和城乡建设主管部门要把重大风险隐患当成事故来对待，将《标准》作为监管执法的重要依据，督促工程建设各方依法落实重大事故隐患排查治理主体责任，准确判定、及时消除各类重大事故隐患。要严格落实重大事故隐患排查治理挂牌督办等制度，着力从根本上消除事故隐患，牢牢守住安全生产底线。

9.2022年4月26日，住房和城乡建设部办公厅下发《住房和城乡建设部办公厅关于开展2021年度全国民用建筑能源资源消耗统计调查的通知》（建办标〔2022〕20号），推进民用建筑节能工作，做好2021年度全国民用建筑能源资源消耗统计工作。统计调查范围依据调查内容分为全国城镇、全国106个城市和17个省（自治区、直辖市）等三类。

统计数据通过信息平台（http：//jznh.mohurd.gov.cn）报送，通知要求各地住房和城乡建设主管部门要高度重视，精心组织，按照要求遴选样本建筑，强化审核管理，提高统计数据质量，确保上报数据真实、准确、完整、及时。

10.2022 年 5 月 9 日，住房和城乡建设部印发《住房和城乡建设部关于印发"十四五"工程勘察设计行业发展规划的通知》（建质〔2022〕38 号），明确"十四五"时期，工程勘察设计行业的发展目标为：稳步发展，规模持续扩大，效益显著提高，勘察设计在工程建设中的引领作用进一步凸显。勘察设计相关法规制度不断完善，市场环境进一步优化，诚信体系初步建立，勘察设计质量得到充分保障。工程勘察设计行业绿色化、工业化、数字化转型全面提速，技术管理创新和综合服务能力不断增强，标准化、集成化水平进一步提升，持续助力建筑业高质量发展。并提出健全市场运行机制、保障勘察设计质量、贯彻绿色低碳理念、提升科技创新能力、推动行业数字转型、推进多元服务模式、优化人才培养体系等发展方向与任务。

11.2022 年 5 月 18 日，住房和城乡建设部办公厅下发《住房和城乡建设部办公厅关于组织申报第三批装配式建筑生产基地的通知》（建办标函〔2022〕187 号），组织申报第三批装配式建筑生产基地。

12.2022 年 5 月 24 日，《住房和城乡建设部办公厅关于征集遴选智能建造试点城市的通知》（建办市函〔2022〕189 号）下发，为加快推动建筑业与先进制造技术、新一代信息技术的深度融合，拓展数字化应用场景，培育具有关键核心技术和系统解决方案能力的骨干建筑企业，发展智能建造新产业，形成可复制可推广的政策体系、发展路径和监管模式，为全面推进建筑业转型升级、推动高质量发展发挥示范引领作用。通知明确试点城市征集范围是地级以上城市（含直辖市及下辖区县），试点时间为期 3 年。试点城市重点开展八项任务，分别为：完善政策体系、培育智能建造产业、建设试点示范工程、创新管理机制、打造部品部件智能工厂、推动技术研发和成果转化、完善标准体系、培育专业人才。其中前四项为必选任务，后四项可结合地方实际自主选择。

13. 2022年5月27日，住房和城乡建设部安全生产管理委员会办公室下发《住房和城乡建设部安全生产管理委员会办公室关于开展2022年住房和城乡建设系统"安全生产月"活动的通知》（建安办函〔2022〕8号），要求各地住房和城乡建设主管部门及有关单位开展主题为"遵守安全生产法当好第一责任人"的"安全生产月"活动。

14. 2022年6月9日，住房和城乡建设部办公厅发布了《住房和城乡建设部办公厅关于印发装配式钢结构模块建筑技术指南的通知》（建办标函〔2022〕209号）。指南适用于工业与民用模块建筑的设计、制作、安装、质量验收与维护管理。模块建筑包括按国家现行规划、建设审批流程和设计建造标准实施的模块建筑和应对公共安全事件等紧急调用的应急类模块建筑。按设计工作年限的不同，应急类模块建筑又可分为应急类普通模块建筑与应急类临时模块建筑。

15. 2022年6月30日，《住房和城乡建设部 国家发展改革委关于印发城乡建设领域碳达峰实施方案的通知》（建标〔2022〕53号）下发，主要目标是：2030年前，城乡建设领域碳排放达到峰值。城乡建设绿色低碳发展政策体系和体制机制基本建立；建筑节能、垃圾资源化利用等水平大幅提高，能源资源利用效率达到国际先进水平；用能结构和方式更加优化，可再生能源应用更加充分；城乡建设方式绿色低碳转型取得积极进展，"大量建设、大量消耗、大量排放"基本扭转；城市整体性、系统性、生长性增强，"城市病"问题初步解决；建筑品质和工程质量进一步提高，人居环境质量大幅改善；绿色生活方式普遍形成，绿色低碳运行初步实现。力争到2060年前，城乡建设方式全面实现绿色低碳转型，系统性变革全面实现，美好人居环境全面建成，城乡建设领域碳排放治理现代化全面实现，人民生活更加幸福。

16. 2022年8月2日，住房和城乡建设部、人力资源和社会保障部关于修改《建筑工人实名制管理办法（试行）》的通知下发，通知明确将第八条修改为："全面实行建筑工人实名制管理制度。建筑企业应与招用的建筑工人依法签订劳动合同，对不符合建立劳动关系情形的，应依法订立用工书面协议。建筑企业应对建筑工人进行基本安全培训，并在相关建筑工人实名制管理平台上登记，方可允许其进入施工现场从事与建筑作业相关的活动"。将第十条、第十一条、第十二条和第十四条中的"劳动合同"统一修改为"劳动合同或用工书面协议"。

17.2022年8月8日,《住房和城乡建设部办公厅关于开展建筑施工企业安全生产许可证和建筑施工特种作业操作资格证书电子证照试运行的通知》(建办质〔2022〕34号)下发。进一步贯彻落实国务院关于加快推进电子证照扩大应用领域和全国互通互认的要求,深化"放管服"改革,提升建筑施工安全监管数字化水平。自2022年10月1日起,在天津、山西、黑龙江、江西、广西、海南、四川、重庆、西藏9个省(市、区)和新疆生产建设兵团开展建筑施工企业安全生产许可证电子证照试运行,在河北、吉林、黑龙江、浙江、江西、湖南、广东、重庆8个省(市)和新疆生产建设兵团开展建筑施工特种作业操作资格证书电子证照试运行。其余省份应根据有关标准,尽快做好电子证照发放准备工作,力争在2022年底前全面实现相关证照电子化。

18.2022年8月29日,住房和城乡建设部办公厅印发《住房和城乡建设部办公厅关于进一步做好建筑工人就业服务和权益保障工作的通知》(建办市〔2022〕40号),要求进一步做好建筑工人就业服务和权益保障工作。通知明确,加强职业培训,提升建筑工人技能水平。各地住房和城乡建设主管部门要积极推进建筑工人职业技能培训,引导龙头建筑企业积极探索与高职院校合作办学、建设建筑产业工人培育基地等模式,将技能培训、实操训练、考核评价与现场施工有机结合。鼓励建筑企业和建筑工人采用师傅带徒弟、个人自学与集中辅导相结合等多种方式,突出培训的针对性和实用性,提高一线操作人员的技能水平。引导建筑企业将技能水平与薪酬挂钩,实现技高者多得、多劳者多得。同时,要全面实施施工现场技能工人配备标准,将施工现场技能工人配备标准达标情况作为在建项目建筑市场及工程质量安全检查的重要内容,推动施工现场配足配齐技能工人,保障工程质量安全。通知强调,各地住房和城乡建设主管部门要明确目标任务,利用多种形式宣传相关政策,积极回应社会关切和建筑工人诉求,合理引导预期,切实做好建筑工人就业服务和权益保障工作。

19.2022年8月31日,住房和城乡建设部下发《住房和城乡建设部关于设立建设工程消防标准化技术委员会的通知》(建标〔2022〕64号),通知明确决定设立住房和城乡建设部建设工程消防标准化技术委员会。住房和城乡建设部建设工程消防标准化技术委员会主要职责为:承担建设工程消防标准体系研究,协助开展相关工程建设标准和相关产品标准编制与咨询解释,以及标准国际交流与合作等。根据工程建设标准化改革工作进展,当天《住房和城乡建设部关于撤销部强制性条文协调委员会的通知》(建标〔2022〕63号)明确决定撤销住房和城乡建设部强制性条文协调委员会。

20.2022年10月28日,住房和城乡建设部印发《住房和城乡建设部办公厅关于建设工程企业资质有关事宜的通知》(建办市函〔2022〕361号),进一步优化建筑市场营商环境,减轻企业负担,激发市场主体活力。通知指出,住房和城乡建设部核发的工程勘察、工程设计、建筑业企业、工程监理企业资质,资质证书有效期于2023年12月30日前期满的,统一延期至2023年12月31日。上述资质有效期将在全国建筑市场监管公共服务平台自动延期,企业无需换领资质证书,原资质证书仍可用于工程招标投标等活动。具有法人资格的企业可直接申请施工总承包、专业承包二级资质。企业按照新申请或增项提交相关材料,企业资产、技术负责人需满足《建筑业企业资质标准》(建市〔2014〕159号)规定的相应类别二级资质标准要求,其他指标需满足相应类别三级资质标准要求。持有施工总承包、专业承包三级资质的企业,可按照现行二级资质标准要求申请升级,也可按照上述要求直接申请二级资质。

# 附录2  2019—2022年批准发布的国家标准和行业标准

2019年批准发布的国家标准　　　　附表2-1

| 序号 | 标准名称 | 公告号 | 标准号 |
|---|---|---|---|
| 1 | 近零能耗建筑技术标准 | 2019年第22号 | GB/T 51350—2019 |
| 2 | 林产加工工业职业安全卫生设计标准 | 2019年第23号 | GB/T 51349—2019 |
| 3 | 灾区过渡安置点防火标准 | 2019年第24号 | GB 51324—2019 |
| 4 | 建筑边坡工程施工质量验收标准 | 2019年第25号 | GB/T 51351—2019 |
| 5 | 既有混凝土结构耐久性评定标准 | 2019年第28号 | GB/T 51355—2019 |
| 6 | 岩土工程勘察安全标准 | 2019年第29号 | GB/T 50585—2019 |
| 7 | 住房公积金提取业务标准 | 2019年第30号 | GB/T 51353—2019 |
| 8 | 城市地下综合管廊运行维护及安全技术标准 | 2019年第31号 | GB 51354—2019 |
| 9 | 加油站在役油罐防渗漏改造工程技术标准 | 2019年第32号 | GB/T 51344—2019 |
| 10 | 煤炭矿井工程基本术语标准 | 2019年第33号 | GB/T 50562—2019 |
| 11 | 平板玻璃工厂节能设计标准 | 2019年第34号 | GB/T 50527—2019 |
| 12 | 水泥工厂环境保护设施设计标准 | 2019年第35号 | GB/T 50558—2019 |
| 13 | 建筑卫生陶瓷工厂节能设计标准 | 2019年第36号 | GB/T 50543—2019 |
| 14 | 海上风力发电场设计标准 | 2019年第37号 | GB/T 51308—2019 |
| 15 | 火力发电厂与变电站设计防火标准 | 2019年第38号 | GB 50229—2019 |
| 16 | 民用建筑设计统一标准 | 2019年第57号 | GB 50352—2019 |
| 17 | 城市地下空间规划标准 | 2019年第58号 | GB/T 51358—2019 |
| 18 | 城市轨道交通通风空气调节与供暖设计标准 | 2019年第59号 | GB/T 51357—2019 |
| 19 | 绿色校园评价标准 | 2019年第60号 | GB/T 51356—2019 |
| 20 | 绿色建筑评价标准 | 2019年第61号 | GB/T 50378—2019 |

续表

| 序号 | 标准名称 | 公告号 | 标准号 |
|---|---|---|---|
| 21 | 城市绿地规划标准 | 2019年第99号 | GB/T 51346—2019 |
| 22 | 农村生活污水处理工程技术标准 | 2019年第100号 | GB/T 51347—2019 |
| 23 | 建筑碳排放计算标准 | 2019年第101号 | GB/T 51366—2019 |
| 24 | 传统建筑工程技术标准 | 2019年第102号 | GB/T 51330—2019 |
| 25 | 网络工程验收标准 | 2019年第122号 | GB/T 51365—2019 |
| 26 | 纺织工程常用术语、计量单位及符号标准 | 2019年第123号 | GB/T 50597—2019 |
| 27 | 船舶工业工程项目环境保护设施设计标准 | 2019年第124号 | GB 51364—2019 |
| 28 | 石油天然气工程施工质量验收统一标准 | 2019年第125号 | GB/T 51317—2019 |
| 29 | 干熄焦工程设计标准 | 2019年第126号 | GB 51363—2019 |
| 30 | 制造工业工程设计信息模型应用标准 | 2019年第127号 | GB/T 51362—2019 |
| 31 | 纺织工业环境保护设施设计标准 | 2019年第128号 | GB 50425—2019 |
| 32 | 兵器工业环境保护工程设计标准 | 2019年第129号 | GB/T 51373—2019 |
| 33 | 小型水电站水能设计标准 | 2019年第130号 | GB/T 51372—2019 |
| 34 | 土工试验方法标准 | 2019年第131号 | GB/T 50123—2019 |
| 35 | 废弃电线电缆光缆处理工程设计标准 | 2019年第132号 | GB 51371—2019 |
| 36 | 高耸结构设计标准 | 2019年第133号 | GB 50135—2019 |
| 37 | 沉管法隧道设计标准 | 2019年第134号 | GB/T 51318—2019 |
| 38 | 空调通风系统运行管理标准 | 2019年第135号 | GB 50365—2019 |
| 39 | 建筑节能工程施工质量验收标准 | 2019年第136号 | GB 50411—2019 |
| 40 | 滑动模板工程技术标准 | 2019年第137号 | GB/T 50113—2019 |
| 41 | 太阳能供热采暖工程技术标准 | 2019年第138号 | GB 50495—2019 |
| 42 | 钴冶炼厂工艺设计标准 | 2019年第146号 | GB/T 51376—2019 |
| 43 | 建材工程术语标准 | 2019年第147号 | GB/T 50731—2019 |
| 44 | 锂离子电池工厂设计标准 | 2019年第148号 | GB 51377—2019 |
| 45 | 薄膜太阳能电池工厂设计标准 | 2019年第149号 | GB 51370—2019 |
| 46 | 通信设备安装工程抗震设计标准 | 2019年第150号 | GB/T 51369—2019 |
| 47 | 通信高压直流电源系统工程验收标准 | 2019年第151号 | GB 51378—2019 |

续表

| 序号 | 标准名称 | 公告号 | 标准号 |
|---|---|---|---|
| 48 | 网络工程设计标准 | 2019年第152号 | GB/T 51375—2019 |
| 49 | 火炸药环境电气安装工程施工及验收标准 | 2019年第153号 | GB/T 51374—2019 |
| 50 | 建筑给水排水设计标准 | 2019年第171号 | GB 50015—2019 |
| 51 | 工业建筑可靠性鉴定标准 | 2019年第172号 | GB 50144—2019 |
| 52 | 天然气液化工厂设计标准 | 2019年第173号 | GB 51261—2019 |
| 53 | 混凝土物理力学性能试验方法标准 | 2019年第174号 | GB/T 50081—2019 |
| 54 | 建筑光伏系统应用技术标准 | 2019年第175号 | GB/T 51368—2019 |
| 55 | 混凝土结构耐久性设计标准 | 2019年第176号 | GB/T 50476—2019 |
| 56 | 微波集成组件生产工厂工艺设计标准 | 2019年第186号 | GB 51385—2019 |
| 57 | 钢铁企业冷轧厂废液处理及利用设施工程技术标准 | 2019年第187号 | GB 51383—2019 |
| 58 | 冶金石灰焙烧工程设计标准 | 2019年第188号 | GB/T 51386—2019 |
| 59 | 钢铁企业节能设计标准 | 2019年第189号 | GB/T 50632—2019 |
| 60 | 钢铁渣处理与综合利用技术标准 | 2019年第190号 | GB/T 51387—2019 |
| 61 | 锦纶工厂设计标准 | 2019年第191号 | GB/T 50639—2019 |
| 62 | 涤纶工厂设计标准 | 2019年第192号 | GB/T 50508—2019 |
| 63 | 石油化工大型设备吊装现场地基处理技术标准 | 2019年第193号 | GB/T 51384—2019 |
| 64 | 石油化工建设工程施工安全技术标准 | 2019年第194号 | GB/T 50484—2019 |
| 65 | 城市道路交通设施设计规范(2019版) | 2019年第221号 | GB 50688—2011 |
| 66 | 工业电视系统工程设计标准 | 2019年第229号 | GB/T 50115—2019 |
| 67 | 宽带光纤接入工程技术标准 | 2019年第230号 | GB/T 51380—2019 |
| 68 | 锂冶炼厂工艺设计标准 | 2019年第231号 | GB/T 51382—2019 |
| 69 | 医药工业洁净厂房设计标准 | 2019年第232号 | GB 50457—2019 |
| 70 | 柔性直流输电换流站设计标准 | 2019年第233号 | GB/T 51381—2019 |
| 71 | 岩棉工厂设计标准 | 2019年第234号 | GB/T 51379—2019 |
| 72 | 油气田及管道岩土工程勘察标准 | 2019年第235号 | GB/T 50568—2019 |
| 73 | 村庄整治技术标准 | 2019年第236号 | GB/T 50445—2019 |
| 74 | 钢铁企业原料场工程设计标准 | 2019年第251号 | GB/T 50541—2019 |

续表

| 序号 | 标准名称 | 公告号 | 标准号 |
|---|---|---|---|
| 75 | 海上风力发电场勘测标准 | 2019年第252号 | GB 51395—2019 |
| 76 | 金属露天矿工程施工及验收标准 | 2019年第253号 | GB/T 51360—2019 |
| 77 | 发光二极管生产工艺设备安装工程施工及质量验收标准 | 2019年第254号 | GB 51392—2019 |
| 78 | 铁路罐车清洗设施设计标准 | 2019年第255号 | GB/T 50507—2019 |
| 79 | 石油化工厂际管道工程技术标准 | 2019年第256号 | GB/T 51359—2019 |
| 80 | 石油化工可燃气体和有毒气体检测报警设计标准 | 2019年第257号 | GB/T 50493—2019 |
| 81 | 通信管道与通道工程设计标准 | 2019年第258号 | GB 50373—2019 |
| 82 | 柔性直流输电成套设计标准 | 2019年第259号 | GB/T 51397—2019 |
| 83 | 通信工程建设环境保护技术标准 | 2019年第260号 | GB/T 51391—2019 |
| 84 | 棉纺织工厂设计标准 | 2019年第261号 | GB/T 50481—2019 |
| 85 | 核电厂混凝土结构技术标准 | 2019年第262号 | GB/T 51390—2019 |
| 86 | ±800kV直流架空输电线路设计规范(2019年版) | 2019年第304号 | GB 50790—2013 |
| 87 | 建设工程文件归档规范(2019年版) | 2019年第306号 | GB/T 50328—2014 |
| 88 | 建筑结构检测技术标准 | 2019年第311号 | GB/T 50344—2019 |
| 89 | 钢结构加固设计标准 | 2019年第312号 | GB 51367—2019 |
| 90 | 建筑基坑工程监测技术标准 | 2019年第313号 | GB 50497—2019 |
| 91 | 民用建筑电气设计标准 | 2019年第314号 | GB 51348—2019 |
| 92 | 火灾自动报警系统施工及验收标准 | 2019年第315号 | GB 50166—2019 |
| 93 | 槽式太阳能光热发电站设计标准 | 2019年第316号 | GB/T 51396—2019 |
| 94 | 医药工程设计能耗标准 | 2019年第317号 | GB/T 51407—2019 |
| 95 | 核电厂建设工程监理标准 | 2019年第318号 | GB/T 50522—2019 |
| 96 | 化工建设项目环境保护工程设计标准 | 2019年第319号 | GB/T 50483—2019 |
| 97 | 建材工业设备安装工程施工及验收标准 | 2019年第320号 | GB/T 50561—2019 |
| 98 | 电子工业废气处理工程设计标准 | 2019年第321号 | GB 51401—2019 |
| 99 | 铁路工程结构可靠性设计统一标准 | 2019年第322号 | GB 50216—2019 |
| 100 | 纤维增强塑料排烟筒工程技术标准 | 2019年第323号 | GB 51352—2019 |
| 101 | 光传送网(OTN)工程技术标准 | 2019年第324号 | GB/T 51398—2019 |

续表

| 序号 | 标准名称 | 公告号 | 标准号 |
| --- | --- | --- | --- |
| 102 | 工业设备及管道绝热工程施工质量验收标准 | 2019年第325号 | GB/T 50185—2019 |
| 103 | 云计算基础设施工程技术标准 | 2019年第326号 | GB/T 51399—2019 |
| 104 | 工程隔振设计标准 | 2019年第327号 | GB 50463—2019 |
| 105 | 矿山机电设备工程安装及验收标准 | 2019年第328号 | GB/T 50377—2019 |
| 106 | 烧结机械设备工程安装验收标准 | 2019年第329号 | GB/T 50402—2019 |
| 107 | 有色金属堆浸场浸出液收集系统技术标准 | 2019年第330号 | GB/T 51404—2019 |
| 108 | 船厂总体设计标准 | 2019年第331号 | GB/T 51405—2019 |
| 109 | 核电厂抗震设计标准 | 2019年第332号 | GB 50267—2019 |
| 110 | 火炸药工厂节能设计标准 | 2019年第333号 | GB 51406—2019 |
| 111 | 电气装置安装工程 接地装置施工及验收规范 | 2019年第338号 | GB 50169—2016 英文版 |
| 112 | ±800kV直流换流站设计规范 | 2019年第338号 | GB/T 50789—2012 英文版 |
| 113 | 1000kV系统电气装置安装工程 电气设备交接试验标准 | 2019年第338号 | GB/T 50832—2013 英文版 |
| 114 | 光伏发电站施工规范 | 2019年第338号 | GB/T 50794—2012 英文版 |
| 115 | 光伏发电站设计规范 | 2019年第338号 | GB/T 50797—2012 英文版 |
| 116 | 光伏发电工程验收规范 | 2019年第338号 | GB/T 50796—2012 英文版 |
| 117 | 电气装置安装工程 电气设备交接试验标准 | 2019年第338号 | GB 50150—2016 英文版 |
| 118 | 电力设施抗震设计规范 | 2019年第338号 | GB 50260—2013 英文版 |
| 119 | 110kV～750kV架空输电线路施工及验收规范 | 2019年第338号 | GB 50233—2014 英文版 |
| 120 | 电气装置安装工程串联电容器补偿装置施工及验收规范 | 2019年第338号 | GB 51049—2014 英文版 |

## 2019 年批准发布的行业标准

附表 2-2

| 序号 | 标准名称 | 公告号 | 标准号 |
|---|---|---|---|
| 1 | 生活垃圾焚烧厂评价标准 | 2019 年第 15 号 | CJJ/T 137—2019 |
| 2 | 古建筑工职业技能标准 | 2019 年第 16 号 | JGJ/T 463—2019 |
| 3 | 温和地区居住建筑节能设计标准 | 2019 年第 17 号 | JGJ 475—2019 |
| 4 | 住房公积金资金管理业务标准 | 2019 年第 18 号 | JGJ/T 474—2019 |
| 5 | 整体爬升钢平台模架技术标准 | 2019 年第 19 号 | JGJ 459—2019 |
| 6 | 建筑门窗安装工职业技能标准 | 2019 年第 20 号 | JGJ/T 464—2019 |
| 7 | 建筑用槽式预埋组件 | 2019 年第 46 号 | JG/T 560—2019 |
| 8 | 可调式堰门 | 2019 年第 47 号 | CJ/T 536—2019 |
| 9 | 预制保温墙体用纤维增强塑料连接件 | 2019 年第 48 号 | JG/T 561—2019 |
| 10 | 多层钢丝缠绕改性聚乙烯耐磨复合管 | 2019 年第 49 号 | CJ/T 537—2019 |
| 11 | 建筑用轻质高强陶瓷板 | 2019 年第 50 号 | JG/T 567—2019 |
| 12 | 工程建设项目业务协同平台技术标准 | 2019 年第 56 号 | CJJ/T 296—2019 |
| 13 | 建筑用纸蜂窝复合墙板 | 2019 年第 67 号 | JG/T 563—2019 |
| 14 | 生活垃圾焚烧飞灰稳定化处理设备技术要求 | 2019 年第 68 号 | CJ/T 538—2019 |
| 15 | 建筑施工用附着式升降作业安全防护平台 | 2019 年第 69 号 | JG/T 546—2019 |
| 16 | 建筑用闭门器 | 2019 年第 70 号 | JG/T 268—2019 |
| 17 | 燃气沸水器 | 2019 年第 71 号 | CJ/T 29—2019 |
| 18 | 玻璃幕墙粘结可靠性检测评估技术标准 | 2019 年第 72 号 | JGJ/T 413—2019 |
| 19 | 金属面夹芯板应用技术标准 | 2019 年第 73 号 | JGJ/T 453—2019 |
| 20 | 智能建筑工程质量检测标准 | 2019 年第 74 号 | JGJ/T 454—2019 |
| 21 | 地基旁压试验技术标准 | 2019 年第 75 号 | JGJ/T 69—2019 |
| 22 | 疗养院建筑设计标准 | 2019 年第 76 号 | JGJ/T 40—2019 |
| 23 | 建筑垃圾处理技术标准 | 2019 年第 77 号 | CJJ/T 134—2019 |
| 24 | 岩棉薄抹灰外墙外保温工程技术标准 | 2019 年第 78 号 | JGJ/T 480—2019 |
| 25 | 外墙外保温工程技术标准 | 2019 年第 79 号 | JGJ 144—2019 |
| 26 | 城市轨道交通预应力混凝土节段预制桥梁技术标准 | 2019 年第 80 号 | CJJ/T 293—2019 |
| 27 | 塔式起重机混凝土基础工程技术标准 | 2019 年第 81 号 | JGJ/T 187—2019 |

续表

| 序号 | 标准名称 | 公告号 | 标准号 |
|---|---|---|---|
| 28 | 居住绿地设计标准 | 2019年第82号 | CJJ/T 294—2019 |
| 29 | 卫星定位城市测量技术标准 | 2019年第92号 | CJJ/T 73—2019 |
| 30 | 地源热泵系统工程勘察标准 | 2019年第93号 | CJJ/T 291—2019 |
| 31 | 模板工职业技能标准 | 2019年第94号 | JGJ/T 462—2019 |
| 32 | 开合屋盖结构技术标准 | 2019年第95号 | JGJ/T 442—2019 |
| 33 | 生活垃圾填埋场无害化评价标准 | 2019年第96号 | CJJ/T 107—2019 |
| 34 | 橡胶沥青路面技术标准 | 2019年第97号 | CJJ/T 273—2019 |
| 35 | 城市轨道交通桥梁工程施工及验收标准 | 2019年第98号 | CJJ/T 290—2019 |
| 36 | 轻型模块化钢结构组合房屋技术标准 | 2019年第115号 | JGJ/T 466—2019 |
| 37 | 低温辐射自限温电热片供暖系统应用技术标准 | 2019年第116号 | JGJ/T 479—2019 |
| 38 | 无机轻集料砂浆保温系统技术标准 | 2019年第117号 | JGJ/T 253—2019 |
| 39 | 公共建筑室内空气质量控制设计标准 | 2019年第118号 | JGJ/T 461—2019 |
| 40 | 装配式钢结构住宅建筑技术标准 | 2019年第159号 | JGJ/T 469—2019 |
| 41 | 钢骨架轻型预制板应用技术标准 | 2019年第160号 | JGJ/T 457—2019 |
| 42 | 钢管约束混凝土结构技术标准 | 2019年第161号 | JGJ/T 471—2019 |
| 43 | 钢纤维混凝土结构设计标准 | 2019年第162号 | JGJ/T 465—2019 |
| 44 | 混凝土中钢筋检测技术标准 | 2019年第163号 | JGJ/T 152—2019 |
| 45 | 预应力混凝土结构抗震设计标准 | 2019年第164号 | JGJ/T 140—2019 |
| 46 | 再生混合混凝土组合结构技术标准 | 2019年第165号 | JGJ/T 468—2019 |
| 47 | 玻纤增强聚氨酯节能门窗 | 2019年第195号 | JG/T 571—2019 |
| 48 | 建筑木结构用阻燃涂料 | 2019年第196号 | JG/T 572—2019 |
| 49 | 城镇供水管理信息系统 基础信息分类与编码规则 | 2019年第197号 | CJ/T 541—2019 |
| 50 | 建筑装饰用木质挂板通用技术条件 | 2019年第198号 | JG/T 569—2019 |
| 51 | 结构加固修复用玻璃纤维布 | 2019年第199号 | JG/T 284—2019 |
| 52 | 粘钢加固用建筑结构胶 | 2019年第200号 | JG/T 271—2019 |
| 53 | 纤维增强覆面木基复合板 | 2019年第201号 | JG/T 574—2019 |
| 54 | 建筑施工门式钢管脚手架安全技术标准 | 2019年第207号 | JGJ/T 128—2019 |

附录2 2019—2022年批准发布的国家标准和行业标准

续表

| 序号 | 标准名称 | 公告号 | 标准号 |
|---|---|---|---|
| 55 | 建筑金属围护系统工程技术标准 | 2019年第208号 | JGJ/T 473—2019 |
| 56 | 轻骨料混凝土应用技术标准 | 2019年第209号 | JGJ/T 12—2019 |
| 57 | 特殊教育学校建筑设计标准 | 2019年第210号 | JGJ 76—2019 |
| 58 | 科研建筑设计标准 | 2019年第211号 | JGJ 91—2019 |
| 59 | 建筑工程抗浮技术标准 | 2019年第212号 | JGJ 476—2019 |
| 60 | 建筑楼盖振动舒适度技术标准 | 2019年第213号 | JGJ/T 441—2019 |
| 61 | 城市桥梁设计规范(2019年版) | 2019年第222号 | CJJ 11—2011 |
| 62 | 托儿所、幼儿园建筑设计规范(2019年版) | 2019年第237号 | JGJ 39—2016 |
| 63 | 非开挖工程用聚乙烯管 | 2019年第270号 | CJ/T 358—2019 |
| 64 | 重力式污泥浓缩池悬挂式中心传动浓缩机 | 2019年第271号 | CJ/T 540—2019 |
| 65 | 钢筋连接用套筒灌浆料 | 2019年第272号 | JG/T 408—2019 |
| 66 | 高性能混凝土用骨料 | 2019年第273号 | JG/T 568—2019 |
| 67 | 装配式铝合金低层房屋及移动屋 | 2019年第274号 | JG/T 570—2019 |
| 68 | 钢筋连接用灌浆套筒 | 2019年第275号 | JG/T 398—2019 |
| 69 | 有轨电车信号系统通用技术条件 | 2019年第276号 | CJ/T 539—2019 |
| 70 | 办公建筑设计标准 | 2019年第283号 | JGJ/T 67—2019 |
| 71 | 城镇绿道工程技术标准 | 2019年第284号 | CJJ/T 304—2019 |
| 72 | 养老服务智能化系统技术标准 | 2019年第285号 | JGJ/T 484—2019 |
| 73 | 植物园设计标准 | 2019年第286号 | CJJ/T 300—2019 |
| 74 | 城市地理空间信息元数据标准 | 2019年第287号 | CJJ/T 144—2019 |
| 75 | 装配式住宅建筑检测技术标准 | 2019年第291号 | JGJ/T 485—2019 |
| 76 | 雷达法检测混凝土结构技术标准 | 2019年第292号 | JGJ/T 456—2019 |
| 77 | 城市照明建设规划标准 | 2019年第293号 | CJJ/T 307—2019 |
| 78 | 民用建筑修缮工程查勘与设计标准 | 2019年第294号 | JGJ/T 117—2019 |
| 79 | 城市有轨电车工程设计标准 | 2019年第295号 | CJJ/T 295—2019 |
| 80 | 液压升降整体脚手架安全技术标准 | 2019年第296号 | JGJ/T 183—2019 |
| 81 | 城市园林绿化监督管理信息系统工程技术标准 | 2019年第301号 | CJJ/T 302—2019 |
| 82 | 建筑用木塑复合板应用技术标准 | 2019年第302号 | JGJ/T 478—2019 |

续表

| 序号 | 标准名称 | 公告号 | 标准号 |
|---|---|---|---|
| 83 | 屋盖结构风荷载标准 | 2019年第303号 | JGJ/T 481—2019 |
| 84 | 建筑防护栏杆技术标准 | 2019年第305号 | JGJ/T 470—2019 |
| 85 | 地铁快线设计标准 | 2019年第307号 | CJJ/T 298—2019 |
| 86 | 城市供水应急和备用水源工程技术标准 | 2019年第308号 | CJJ/T 282—2019 |
| 87 | 民用建筑修缮工程施工标准 | 2019年第309号 | JGJ/T 112—2019 |

**2020年批准发布的国家标准** 附表2-3

| 序号 | 标准名称 | 公告号 | 标准号 |
|---|---|---|---|
| 1 | 通信局(站)防雷与接地工程设计规范 | 2020年第4号 | GB 50689—2011 英文版 |
| 2 | 通信局(站)防雷与接地工程验收规范 | 2020年第4号 | GB 51120—2015 英文版 |
| 3 | 波分复用(WDM)光纤传输系统工程设计规范 | 2020年第4号 | GB/T 51152—2015 英文版 |
| 4 | 波分复用(WDM)光纤传输系统工程验收规范 | 2020年第4号 | GB/T 51126—2015 英文版 |
| 5 | 海底光缆工程设计规范 | 2020年第4号 | GB/T 51154—2015 英文版 |
| 6 | 海底光缆工程验收规范 | 2020年第4号 | GB/T 51167—2016 英文版 |
| 7 | 通信线路工程设计规范 | 2020年第4号 | GB 51158—2015 英文版 |
| 8 | 通信线路工程验收规范 | 2020年第4号 | GB 51171—2016 英文版 |
| 9 | 通信电源设备安装工程设计规范 | 2020年第4号 | GB 51194—2016 英文版 |
| 10 | 通信电源设备安装工程验收规范 | 2020年第4号 | GB 51199—2016 英文版 |
| 11 | 煤炭工业建筑结构设计标准 | 2020年第26号 | GB 50583—2020 |
| 12 | 矿井通风安全装备配置标准 | 2020年第27号 | GB/T 50518—2020 |
| 13 | 建筑防火封堵应用技术标准 | 2020年第28号 | GB/T 51410—2020 |
| 14 | 锅炉房设计标准 | 2020年第29号 | GB 50041—2020 |
| 15 | 古建筑木结构维护与加固技术标准 | 2020年第31号 | GB/T 50165—2020 |
| 16 | 架空光(电)缆通信杆路工程技术标准 | 2020年第32号 | GB/T 51421—2020 |
| 17 | 精细化工企业工程设计防火标准 | 2020年第33号 | GB 51283—2020 |
| 18 | 混凝土坝安全监测技术标准 | 2020年第34号 | GB/T 51416—2020 |
| 19 | 电信钢塔架共建共享技术标准 | 2020年第35号 | GB/T 51417—2020 |

续表

| 序号 | 标准名称 | 公告号 | 标准号 |
|---|---|---|---|
| 20 | 无线局域网工程设计标准 | 2020年第36号 | GB/T 51419—2020 |
| 21 | 通用雷达站设计标准 | 2020年第37号 | GB 51418—2020 |
| 22 | 智能变电站工程调试及验收标准 | 2020年第38号 | GB/T 51420—2020 |
| 23 | 金属矿山土地复垦工程设计标准 | 2020年第39号 | GB 51411—2020 |
| 24 | 镍冶炼厂工艺设计标准 | 2020年第40号 | GB 51388—2020 |
| 25 | 有色金属企业节水设计标准 | 2020年第41号 | GB 51414—2020 |
| 26 | 有色金属工业余热利用设计标准 | 2020年第42号 | GB/T 51413—2020 |
| 27 | 有色金属冶炼废气治理技术标准 | 2020年第43号 | GB 51415—2020 |
| 28 | 锡冶炼厂工艺设计标准 | 2020年第44号 | GB 51412—2020 |
| 29 | 架空索道工程技术标准 | 2020年第45号 | GB 50127—2020 |
| 30 | 民用建筑工程室内环境污染控制标准 | 2020年第46号 | GB 50325—2020 |
| 31 | 数据中心综合监控系统工程技术标准 | 2020年第47号 | GB/T 51409—2020 |
| 32 | 钢结构工程施工质量验收标准 | 2020年第48号 | GB 50205—2020 |
| 33 | 地下水封石洞油库设计标准 | 2020年第58号 | GB/T 50455—2020 |
| 34 | 特种气体系统工程技术标准 | 2020年第59号 | GB 50646—2020 |
| 35 | 煤炭工业矿井监测监控系统装备配置标准 | 2020年第60号 | GB 50581—2020 |
| 36 | 矿山电力设计标准 | 2020年第61号 | GB 50070—2020 |
| 37 | 水工建筑物荷载标准 | 2020年第63号 | GB/T 51394—2020 |
| 38 | 弹药工厂总平面设计标准 | 2020年第64号 | GB 51423—2020 |
| 39 | 城镇燃气设计规范 | 2020年第93号 | GB 50028—2006 |
| 40 | 带式输送机工程技术标准 | 2020年第147号 | GB 50431—2020 |
| 41 | 电厂标识系统编码标准 | 2020年第148号 | GB/T 50549—2020 |
| 42 | 灌区改造技术标准 | 2020年第149号 | GB/T 50599—2020 |
| 43 | 微灌工程技术标准 | 2020年第150号 | GB/T 50485—2020 |
| 44 | 航空发动机试车台设计标准 | 2020年第151号 | GB 50454—2020 |
| 45 | 渠道防渗衬砌工程技术标准 | 2020年第152号 | GB/T 50600—2020 |
| 46 | 移动通信基站工程技术标准 | 2020年第153号 | GB/T 51431—2020 |
| 47 | 非织造布工厂技术标准 | 2020年第154号 | GB 50514—2020 |

续表

| 序号 | 标准名称 | 公告号 | 标准号 |
|---|---|---|---|
| 48 | 薄膜晶体管显示器件玻璃基板生产工厂设计标准 | 2020年第155号 | GB 51432—2020 |
| 49 | 动力机器基础设计标准 | 2020年第156号 | GB 50040—2020 |
| 50 | 公共建筑光纤宽带接入工程技术标准 | 2020年第157号 | GB 51433—2020 |
| 51 | 工业建筑振动控制设计标准 | 2020年第158号 | GB 50190—2020 |
| 52 | 森林火情瞭望监测系统设计标准 | 2020年第159号 | GB/T 51425—2020 |
| 53 | 工程测量标准 | 2020年第249号 | GB 50026—2020 |
| 54 | 埋地钢质管道防腐保温层技术标准 | 2020年第250号 | GB/T 50538—2020 |
| 55 | 粘胶纤维工厂技术标准 | 2020年第251号 | GB 50620—2020 |

**2020年批准发布的行业标准**　　　　　　　　　附表2-4

| 序号 | 标准名称 | 公告号 | 标准号 |
|---|---|---|---|
| 1 | 混凝土和砂浆用再生微粉 | 2020年第7号 | JG/T 573—2020 |
| 2 | 预应力混凝土用金属波纹管 | 2020年第8号 | JG/T 225—2020 |
| 3 | 塑料垃圾桶通用技术条件 | 2020年第9号 | CJ/T 280—2020 |
| 4 | 工程渣土免烧再生制品 | 2020年第10号 | JG/T 575—2020 |
| 5 | 内置遮阳中空玻璃制品 | 2020年第11号 | JG/T 255—2020 |
| 6 | 模块化雨水储水设施技术标准 | 2020年第81号 | CJJ/T 311—2020 |
| 7 | 模块化雨水储水设施 | 2020年第82号 | CJ/T 542—2020 |
| 8 | 城市轨道交通高架结构设计荷载标准 | 2020年第87号 | CJJ/T 301—2020 |
| 9 | 跨座式单轨交通限界标准 | 2020年第88号 | CJJ/T 305—2020 |
| 10 | 城市轨道交通车辆基地工程技术标准 | 2020年第89号 | CJJ/T 306—2020 |
| 11 | 地铁杂散电流腐蚀防护技术标准 | 2020年第90号 | CJJ/T 49—2020 |
| 12 | 高强钢结构设计标准 | 2020年第91号 | JGJ/T 483—2020 |
| 13 | 建筑给水金属管道工程技术标准 | 2020年第92号 | CJJ/T 154—2020 |
| 14 | 玻璃幕墙工程质量检验标准 | 2020年第98号 | JGJ/T 139—2020 |
| 15 | 城镇地道桥顶进施工及验收标准 | 2020年第99号 | CJJ/T 74—2020 |
| 16 | 中低速磁浮交通工程施工及验收标准 | 2020年第100号 | CJJ/T 303—2020 |
| 17 | 轻板结构技术标准 | 2020年第101号 | JGJ/T 486—2020 |
| 18 | 直线电机轨道交通限界标准 | 2020年第102号 | CJJ/T 309—2020 |

续表

| 序号 | 标准名称 | 公告号 | 标准号 |
|---|---|---|---|
| 19 | 乡镇集贸市场规划设计标准 | 2020年第103号 | CJJ/T 87—2020 |
| 20 | 蒸压加气混凝土制品应用技术标准 | 2020年第104号 | JGJ/T 17—2020 |
| 21 | 建筑结构风振控制技术标准 | 2020年第145号 | JGJ/T 487—2020 |
| 22 | 城市遥感信息应用技术标准 | 2020年第146号 | CJJ/T 151—2020 |
| 23 | 木结构现场检测技术标准 | 2020年第161号 | JGJ/T 488—2020 |

**2021年批准发布的国家标准**  附表2-5

| 序号 | 标准名称 | 公告号 | 标准号 |
|---|---|---|---|
| 1 | 纤维增强塑料设备和管道工程技术规范 | 2021年第11号 | GB 51160—2016 英文版 |
| 2 | 工业企业电气设备抗震鉴定标准 | 2021年第11号 | GB 50994—2014 英文版 |
| 3 | 石油库设计文件编制标准 | 2021年第11号 | GB/T 51026—2014 英文版 |
| 4 | 石油化工工程地震破坏鉴定标准 | 2021年第11号 | GB 50992—2014 英文版 |
| 5 | 钢铁工业环境保护设计规范 | 2021年第11号 | GB 50406—2017 英文版 |
| 6 | 钢铁工业资源综合利用设计规范 | 2021年第11号 | GB 50405—2017 英文版 |
| 7 | 尾矿设施设计规范 | 2021年第11号 | GB 50863—2013 英文版 |
| 8 | 加氢站技术规范(2021年版) | 2021年第42号 | GB 50516—2010 |
| 9 | 生活垃圾卫生填埋场防渗系统工程技术标准 | 2021年第52号 | GB/T 51403—2021 |
| 10 | 城市客运交通枢纽设计标准 | 2021年第53号 | GB/T 51402—2021 |
| 11 | 泡沫灭火系统技术标准 | 2021年第54号 | GB 50151—2021 |
| 12 | 城市步行和自行车交通系统规划标准 | 2021年第55号 | GB/T 51439—2021 |
| 13 | 自动跟踪定位射流灭火系统技术标准 | 2021年第56号 | GB 51427—2021 |
| 14 | 煤化工工程设计防火标准 | 2021年第57号 | GB 51428—2021 |
| 15 | 室外排水设计标准 | 2021年第58号 | GB 50014—2021 |
| 16 | 公共广播系统工程技术标准 | 2021年第59号 | GB/T 50526—2021 |
| 17 | 建筑与市政工程抗震通用规范 | 2021年第61号 | GB 55002—2021 |
| 18 | 建筑与市政地基基础通用规范 | 2021年第62号 | GB 55003—2021 |
| 19 | 组合结构通用规范 | 2021年第63号 | GB 55004—2021 |
| 20 | 木结构通用规范 | 2021年第64号 | GB 55005—2021 |

续表

| 序号 | 标准名称 | 公告号 | 标准号 |
|---|---|---|---|
| 21 | 砌体结构通用规范 | 2021年第65号 | GB 55007—2021 |
| 22 | 燃气工程项目规范 | 2021年第66号 | GB 55009—2021 |
| 23 | 供热工程项目规范 | 2021年第67号 | GB 55010—2021 |
| 24 | 城市道路交通工程项目规范 | 2021年第68号 | GB 55011—2021 |
| 25 | 钢结构通用规范 | 2021年第69号 | GB 55006—2021 |
| 26 | 工程结构通用规范 | 2021年第70号 | GB 55001—2021 |
| 27 | 园林绿化工程项目规范 | 2021年第71号 | GB 55014—2021 |
| 28 | 生活垃圾处理处置工程项目规范 | 2021年第72号 | GB 55012—2021 |
| 29 | 市容环卫工程项目规范 | 2021年第73号 | GB 55013—2021 |
| 30 | 建筑隔震设计标准 | 2021年第82号 | GB/T 51408—2021 |
| 31 | 数字集群通信工程技术标准 | 2021年第117号 | GB/T 50760—2021 |
| 32 | 冷库设计标准 | 2021年第118号 | GB 50072—2021 |
| 33 | 汽车加油加气加氢站技术标准 | 2021年第119号 | GB 50156—2021 |
| 34 | 铟冶炼回收工艺设计标准 | 2021年第120号 | GB/T 51443—2021 |
| 35 | 煤炭工业矿区机电设备修理设施设计标准 | 2021年第121号 | GB/T 50532—2021 |
| 36 | 锑冶炼厂工艺设计标准 | 2021年第122号 | GB 51445—2021 |
| 37 | 冷库施工及验收标准 | 2021年第123号 | GB 51440—2021 |
| 38 | 风光储联合发电站设计标准 | 2021年第124号 | GB/T 51437—2021 |
| 39 | 冷轧电工钢工程设计规范 | 2021年第153号 | GB/T 50997—2014 英文版 |
| 40 | 型钢轧钢工程设计规范 | 2021年第153号 | GB 50410—2014 英文版 |
| 41 | 钢铁企业喷雾焙烧法盐酸废液再生工程技术规范 | 2021年第153号 | GB 51093—2015 英文版 |
| 42 | 转炉煤气净化及回收工程技术规范 | 2021年第153号 | GB 51135—2015 英文版 |
| 43 | 煤炭工业露天矿疏干排水设计规范 | 2021年第153号 | GB 51173—2016 |
| 44 | 煤炭工业智能化矿井设计标准 | 2021年第153号 | GB/T 51272—2018 英文版 |
| 45 | 煤炭工业矿井抗震设计规范 | 2021年第153号 | GB 51185—2016 英文版 |
| 46 | 煤炭洗选工程设计规范 | 2021年第153号 | GB 50359—2016 英文版 |
| 47 | 电子工业防微振工程技术规范 | 2021年第153号 | GB 51076—2015 英文版 |

续表

| 序号 | 标准名称 | 公告号 | 标准号 |
|---|---|---|---|
| 48 | 建筑信息模型存储标准 | 2021年第160号 | GB/T 51447—2021 |
| 49 | 跨座式单轨交通工程测量标准 | 2021年第161号 | GB/T 51361—2021 |
| 50 | 盾构隧道工程设计标准 | 2021年第162号 | GB/T 51438—2021 |
| 51 | 钢管混凝土混合结构技术标准 | 2021年第163号 | GB/T 51446—2021 |
| 52 | 石油化工钢制设备抗震设计标准 | 2021年第164号 | GB/T 50761—2018 英文版 |
| 53 | 石油化工钢制设备抗震鉴定标准 | 2021年第164号 | GB/T 51273—2018 英文版 |
| 54 | 石油化工工程数字化交付标准 | 2021年第164号 | GB/T 51296—2018 英文版 |
| 55 | 建筑设计防火规范（2018年版） | 2021年第164号 | GB 50016—2014 英文版 |
| 56 | 既有建筑鉴定与加固通用规范 | 2021年第166号 | GB 55021—2021 |
| 57 | 混凝土结构通用规范 | 2021年第167号 | GB 55008—2021 |
| 58 | 工程勘察通用规范 | 2021年第168号 | GB 55017—2021 |
| 59 | 工程测量通用规范 | 2021年第169号 | GB 55018—2021 |
| 60 | 既有建筑维护与改造通用规范 | 2021年第170号 | GB 55022—2021 |
| 61 | 建筑给水排水与节水通用规范 | 2021年第171号 | GB 55020—2021 |
| 62 | 建筑环境通用规范 | 2021年第172号 | GB 55016—2021 |
| 63 | 建筑节能与可再生能源利用通用规范 | 2021年第173号 | GB 55015—2021 |
| 64 | 建筑与市政工程无障碍通用规范 | 2021年第174号 | GB 55019—2021 |
| 65 | 防灾避难场所设计规范（2021年版） | 2021年第213号 | GB 51143—2015 |

**2021年批准发布的行业标准**　　　　　附表 2-6

| 序号 | 标准名称 | 公告号 | 标准号 |
|---|---|---|---|
| 1 | 历史建筑数字化技术标准 | 2021年第108号 | JGJ/T 489—2021 |
| 2 | 装配式内装修技术标准 | 2021年第109号 | JGJ/T 491—2021 |
| 3 | 钢框架内填墙板结构技术标准 | 2021年第110号 | JGJ/T 490—2021 |
| 4 | 高速磁浮交通设计标准 | 2021年第111号 | CJJ/T 310—2021 |
| 5 | 早期推定混凝土强度试验方法标准 | 2021年第112号 | JGJ/T 15—2021 |
| 6 | 建筑施工承插型盘扣式钢管脚手架安全技术标准 | 2021年第113号 | JGJ/T 231—2021 |
| 7 | 城市户外广告和招牌设施技术标准 | 2021年第210号 | CJJ/T 149—2021 |
| 8 | 环境卫生图形符号标准 | 2021年第211号 | CJJ/T 125—2021 |

续表

| 序号 | 标准名称 | 公告号 | 标准号 |
|---|---|---|---|
| 9 | 湿地公园设计标准 | 2021年第212号 | CJJ/T 308—2021 |
| 10 | 建筑装配式集成墙面 | 2021年第217号 | JG/T 579—2021 |
| 11 | 装配式建筑用墙板技术要求 | 2021年第218号 | JG/T 578—2021 |
| 12 | 防水卷材屋面用机械固定件 | 2021年第219号 | JG/T 576—2021 |
| 13 | 建筑屋面排水用雨水斗通用技术条件 | 2021年第220号 | CJ/T 245—2021 |
| 14 | 聚合物透水混凝土 | 2021年第221号 | CJ/T 544—2021 |

**2022年批准发布的国家标准**　　　　　附表2-7

| 序号 | 标准名称 | 公告号 | 标准号 |
|---|---|---|---|
| 1 | 钼冶炼厂工艺设计标准 | 2022年第5号 | GB 51442—2022 |
| 2 | 炼铁工艺炉壳体结构技术标准 | 2022年第6号 | GB/T 50567—2022 |
| 3 | 农业温室结构设计标准 | 2022年第7号 | GB/T 51424—2022 |
| 4 | 锅炉安装工程施工及验收标准 | 2022年第8号 | GB 50273—2022 |
| 5 | 印制电路板工厂设计规范 | 2022年第43号 | GB 51127—2015 英文版 |
| 6 | 煤炭工业矿井设计规范 | 2022年第43号 | GB 50215—2015 英文版 |
| 7 | 煤矿立井井筒及硐室设计规范 | 2022年第43号 | GB 50384—2016 英文版 |
| 8 | 煤炭工业露天矿设计规范 | 2022年第43号 | GB 50197—2015 英文版 |
| 9 | 塔式太阳能光热发电站设计标准 | 2022年第43号 | GB/T 51307—2018 英文版 |
| 10 | 特殊设施工程项目规范 | 2022年第44号 | GB 55028—2022 |
| 11 | 城乡排水工程项目规范 | 2022年第45号 | GB 55027—2022 |
| 12 | 城市给水工程项目规范 | 2022年第46号 | GB 55026—2022 |
| 13 | 宿舍、旅馆建筑项目规范 | 2022年第47号 | GB 55025—2022 |
| 14 | 安全防范工程通用规范 | 2022年第48号 | GB 55029—2022 |
| 15 | 施工脚手架通用规范 | 2022年第49号 | GB 55023—2022 |
| 16 | 建筑电气与智能化通用规范 | 2022年第50号 | GB 55024—2022 |
| 17 | 跨座式单轨交通设计标准 | 2022年第105号 | GB/T 50458—2022 |
| 18 | 城市轨道交通工程项目规范 | 2022年第110号 | GB 55033—2022 |
| 19 | 煤矿井巷工程质量验收规范(2022版) | 2022年第112号 | GB 50213—2010 |
| 20 | 石油化工装置防雷设计规范(2022版) | 2022年第113号 | GB 50650—2011 |
| 21 | ±800kV直流换流站设计规范(2022版) | 2022年第114号 | GB/T 50789—2012 |

续表

| 序号 | 标准名称 | 公告号 | 标准号 |
|---|---|---|---|
| 22 | 消防设施通用规范 | 2022年第116号 | GB 55036—2022 |
| 23 | 建筑与市政工程施工质量控制通用规范 | 2022年第117号 | GB 55032—2022 |
| 24 | 民用建筑通用规范 | 2022年第118号 | GB 55031—2022 |

**2022年批准发布的行业标准**　　　　附表2-8

| 序号 | 标准名称 | 公告号 | 标准号 |
|---|---|---|---|
| 1 | 城市信息模型基础平台技术标准 | 2022年第12号 | CJJ/T 315—2022 |
| 2 | 低地板有轨电车车辆通用技术条件 | 2022年第19号 | CJ/T 417—2022 |
| 3 | 城市轨道交通计轴设备技术条件 | 2022年第20号 | CJ/T 543—2022 |
| 4 | 城市轨道交通站台屏蔽门 | 2022年第21号 | CJ/T 236—2022 |
| 5 | 外墙外保温用防火分隔条 | 2022年第22号 | JG/T 577—2022 |
| 6 | 城市道路清扫保洁与质量评价标准 | 2022年第23号 | CJJ/T 126—2022 |
| 7 | 装配式住宅设计选型标准 | 2022年第35号 | JGJ/T 494—2022 |
| 8 | 房屋建筑统一编码与基本属性数据标准 | 2022年第62号 | JGJ/T 496—2022 |
| 9 | 城镇排水行业职业技能标准 | 2022年第68号 | CJJ/T 313—2022 |
| 10 | 市域快速轨道交通设计标准 | 2022年第69号 | CJJ/T 314—2022 |
| 11 | 智能楼宇管理员职业技能标准 | 2022年第70号 | JGJ/T 493—2022 |
| 12 | 城镇供热管网设计标准 | 2022年第71号 | CJJ/T 34—2022 |

# 附录3  部分国家建筑业相关统计数据

法国、德国、英国和日本建筑业增加值及其在GDP中的比重　　附表 3-1

| 类别<br>年份 | 法国 | | 德国 | | 英国 | | 日本 | |
|---|---|---|---|---|---|---|---|---|
| | 建筑业增加值（十亿欧元） | 占GDP比重（%） | 建筑业增加值（十亿欧元） | 占GDP比重（%） | 建筑业增加值（十亿英镑） | 占GDP比重（%） | 建筑业增加值（十亿日元） | 占GDP比重（%） |
| 2011 | 111.00 | 5.39 | 109.00 | 4.04 | 86.79 | 5.37 | 26500 | 5.62 |
| 2012 | 115.00 | 5.50 | 111.00 | 4.04 | 83.22 | 5.03 | 26700 | 5.64 |
| 2013 | 114.00 | 5.39 | 115.00 | 4.09 | 85.88 | 5.01 | 27914 | 5.86 |
| 2014 | 108.32 | 5.67 | 120.74 | 4.60 | 100.60 | 6.22 | 27733 | 5.86 |
| 2015 | 106.16 | 5.44 | 124.76 | 4.57 | 101.94 | 6.12 | 31185 | 5.92 |
| 2016 | 109.59 | 5.50 | 134.94 | 5.60 | 108.12 | 6.19 | 29371 | 5.51 |
| 2017 | 112.06 | 5.49 | 144.30 | 4.88 | 111.89 | 6.14 | 29334 | 5.41 |
| 2018 | 117.42 | 5.62 | 152.83 | 5.07 | 115.98 | 6.08 | 30425 | 5.58 |
| 2019 | 124.50 | 5.77 | 166.80 | 5.36 | 129.71 | 6.56 | 31065 | 5.64 |
| 2020 | 106.69 | 4.63 | 177.79 | 5.28 | 112.62 | 5.22 | 28876 | 5.35 |

数据来源：National Accounts Official Country Data，United Nations Statistics Division。

2016—2021 年法国和德国营建产出及其增长率（2015 年＝100）　　附表 3-2

| 类别<br>年份 | 法国 | | 德国 | |
|---|---|---|---|---|
| | 营建产出 | 同比增长率 | 营建产出 | 同比增长率 |
| 2016.01 | 104.26 | 1.99 | 103.50 | 3.50 |
| 2016.02 | 96.79 | −2.32 | 107.20 | 11.50 |
| 2016.03 | 95.15 | −6.27 | 106.60 | 6.60 |
| 2016.04 | 96.73 | −2.58 | 104.50 | 4.90 |
| 2016.05 | 98.58 | −2.81 | 104.30 | 4.00 |
| 2016.06 | 98.64 | −1.64 | 104.80 | 6.00 |

续表

| 类别<br>年份 | 法国 | | 德国 | |
|---|---|---|---|---|
| | 营建产出 | 同比增长率 | 营建产出 | 同比增长率 |
| 2016.07 | 101.02 | 1.41 | 105.90 | 6.60 |
| 2016.08 | 101.93 | 5.09 | 105.50 | 4.80 |
| 2016.09 | 101.22 | 1.00 | 105.20 | 6.00 |
| 2016.10 | 102.28 | 2.24 | 104.80 | 5.30 |
| 2016.11 | 102.66 | 1.07 | 105.20 | 5.30 |
| 2016.12 | 100.40 | 2.72 | 105.90 | 4.50 |
| 2017.01 | 99.54 | −4.53 | 100.50 | −4.40 |
| 2017.02 | 104.03 | 7.48 | 108.80 | 2.10 |
| 2017.03 | 101.64 | 6.82 | 109.80 | 3.20 |
| 2017.04 | 102.75 | 6.22 | 110.80 | 6.20 |
| 2017.05 | 102.87 | 4.35 | 109.60 | 5.20 |
| 2017.06 | 102.29 | 3.70 | 109.50 | 4.20 |
| 2017.07 | 102.82 | 1.78 | 109.20 | 2.80 |
| 2017.08 | 102.42 | 0.48 | 108.80 | 3.00 |
| 2017.09 | 102.78 | 1.54 | 109.70 | 3.90 |
| 2017.10 | 102.75 | 0.46 | 108.80 | 3.20 |
| 2017.11 | 102.33 | −0.32 | 109.70 | 3.70 |
| 2017.12 | 107.63 | 7.20 | 109.30 | 2.90 |
| 2018.01 | 100.45 | −0.08 | 109.70 | 16.9 |
| 2018.02 | 102.05 | −1.40 | 104.80 | −1.20 |
| 2018.03 | 98.03 | −2.99 | 106.40 | −1.70 |
| 2018.04 | 103.68 | 0.24 | 107.90 | −2.70 |
| 2018.05 | 99.44 | −4.35 | 110.80 | 1.30 |
| 2018.06 | 103.61 | 1.98 | 108.80 | −1.00 |
| 2018.07 | 102.56 | −0.73 | 109.00 | −0.60 |
| 2018.08 | 102.65 | −0.36 | 108.50 | −1.40 |
| 2018.09 | 106.22 | 4.38 | 111.30 | 0.60 |
| 2018.10 | 101.56 | −1.47 | 109.90 | −0.30 |
| 2018.11 | 102.68 | 0.16 | 110.10 | −1.10 |

续表

| 类别<br>年份 | 法国 | | 德国 | |
|---|---|---|---|---|
| | 营建产出 | 同比增长率 | 营建产出 | 同比增长率 |
| 2018.12 | 106.36 | −0.26 | 111.00 | 1.10 |
| 2019.01 | 101.52 | 0.64 | 107.80 | −0.10 |
| 2019.02 | 105.39 | 4.53 | 114.30 | 12.20 |
| 2019.03 | 106.48 | 8.18 | 114.80 | 8.70 |
| 2019.04 | 101.52 | −1.96 | 113.80 | 6.00 |
| 2019.05 | 103.51 | 4.39 | 111.80 | 0.50 |
| 2019.06 | 105.28 | 1.75 | 112.90 | 3.30 |
| 2019.07 | 102.15 | −0.73 | 112.80 | 3.00 |
| 2019.08 | 100.91 | −2.31 | 112.10 | 2.70 |
| 2019.09 | 103.45 | −1.69 | 113.70 | 2.10 |
| 2019.10 | 100.93 | −1.45 | 112.20 | 1.20 |
| 2019.11 | 104.14 | 2.00 | 114.50 | 3.60 |
| 2019.12 | 99.68 | −6.67 | 112.30 | 0.50 |
| 2020.01 | 101.81 | 0.22 | 119.10 | 12.50 |
| 2020.02 | 101.92 | −3.68 | 117.50 | 3.20 |
| 2020.03 | 61.97 | −41.53 | 118.50 | 3.90 |
| 2020.04 | 36.24 | −64.62 | 113.60 | −0.20 |
| 2020.05 | 81.49 | −21.14 | 113.80 | 1.70 |
| 2020.06 | 92.19 | −12.02 | 116.20 | 3.70 |
| 2020.07 | 95.94 | −6.23 | 111.80 | −1.60 |
| 2020.08 | 103.28 | 3.18 | 112.60 | −0.10 |
| 2020.09 | 94.88 | −8.32 | 113.90 | 0.30 |
| 2020.10 | 95.03 | −5.65 | 114.80 | 2.40 |
| 2020.11 | 99.86 | −4.33 | 117.10 | 3.10 |
| 2020.12 | 91.75 | −8.07 | 124.40 | 9.40 |
| 2021.01 | 101.90 | 1.33 | 110.00 | −11.10 |
| 2021.02 | 97.05 | −3.69 | 108.90 | −8.00 |
| 2021.03 | 96.33 | 56.97 | 120.40 | 2.70 |
| 2021.04 | 97.73 | 166.80 | 116.50 | 3.10 |

续表

| 类别\年份 | 法国 | | 德国 | |
|---|---|---|---|---|
| | 营建产出 | 同比增长率 | 营建产出 | 同比增长率 |
| 2021.05 | 98.66 | 23.36 | 117.30 | 3.50 |
| 2021.06 | 98.45 | 7.35 | 115.70 | −0.70 |
| 2021.07 | 97.18 | −0.21 | 115.00 | 3.20 |
| 2021.08 | 96.43 | −6.29 | 112.40 | −0.90 |
| 2021.09 | 97.46 | 2.01 | 114.10 | 0 |
| 2021.10 | 98.52 | 4.18 | 114.30 | −0.60 |
| 2021.11 | 96.52 | −3.61 | 114.30 | −2.30 |
| 2021.12 | 94.85 | −0.99 | 112.30 | −10.30 |

数据来源：欧盟统计局、Wind 数据库。

**美国建筑业增加值及占 GDP 比重（单位：十亿美元）**　附表 3-3

| 年份 | 建筑业增加值 | 建筑业增加值占 GDP 比重(%) |
|---|---|---|
| 2001 | 488 | 4.6 |
| 2002 | 495 | 4.5 |
| 2003 | 527 | 4.6 |
| 2004 | 588 | 4.8 |
| 2005 | 654 | 5.0 |
| 2006 | 698 | 5.0 |
| 2007 | 715 | 4.9 |
| 2008 | 653 | 4.4 |
| 2009 | 577 | 4.0 |
| 2010 | 542 | 3.6 |
| 2011 | 547 | 3.5 |
| 2012 | 584 | 3.6 |
| 2013 | 621 | 3.7 |
| 2014 | 674 | 3.9 |
| 2015 | 740 | 4.1 |
| 2016 | 793 | 4.3 |
| 2017 | 826 | 4.3 |
| 2018 | 840 | 4.1 |
| 2019 | 887 | 4.1 |
| 2020 | 898 | 4.3 |
| 2021 | 959 | 4.2 |

数据来源：美国经济分析局、Wind 数据库。

**日本以投资者分类的新开工建筑面积（单位：千平方米）** 附表 3-4

| 年份 | 总计 | 中央政府 | 都道府县 | 市町村 | 企业 | 非企业团体 | 个人 |
|---|---|---|---|---|---|---|---|
| 1985 | 199560 | 4525 | 4703 | 11234 | 66998 | 11193 | 100907 |
| 1990 | 283421 | 4591 | 5542 | 12878 | 128226 | 12870 | 119315 |
| 1995 | 228145 | 4505 | 5754 | 11045 | 80475 | 13438 | 112927 |
| 2000 | 200259 | 3815 | 3791 | 8115 | 79295 | 14200 | 91043 |
| 2005 | 186058 | 1695 | 1975 | 5591 | 93126 | 11379 | 72293 |
| 2009 | 115486 | 1472 | 1641 | 4920 | 47428 | 7720 | 52306 |
| 2010 | 121455 | 1178 | 1751 | 5343 | 48751 | 10278 | 54154 |
| 2011 | 126509 | 1207 | 1963 | 5299 | 51874 | 12379 | 53786 |
| 2012 | 132609 | 1168 | 1867 | 5567 | 57752 | 10933 | 55321 |
| 2013 | 147673 | 1299 | 2030 | 6257 | 63439 | 12287 | 62360 |
| 2014 | 134021 | 1122 | 2308 | 6286 | 59960 | 12218 | 52127 |
| 2015 | 129624 | 876 | 1667 | 4803 | 61894 | 9107 | 51277 |
| 2016 | 132962 | 1306 | 1671 | 4422 | 64458 | 9076 | 52028 |
| 2017 | 134679 | 830 | 1809 | 4399 | 69235 | 8380 | 50025 |
| 2018 | 131149 | 626 | 1410 | 4217 | 69608 | 7153 | 48135 |
| 2019 | 127555 | 565 | 1298 | 4075 | 65685 | 8823 | 47109 |
| 2020 | 113744 | 820 | 1067 | 3493 | 60726 | 6383 | 41254 |

数据来源：日本统计年鉴 2022。

**日本以投资者分类的新开工建筑成本估计值（单位：十亿日元）** 附表 3-5

| 年份 | 总计 | 中央政府 | 都道府县 | 市町村 | 企业 | 非企业团体 | 个人 |
|---|---|---|---|---|---|---|---|
| 1985 | 23223 | 647 | 661 | 1626 | 7764 | 1473 | 11053 |
| 1990 | 49291 | 890 | 1088 | 2553 | 24302 | 2618 | 17840 |
| 1995 | 37892 | 985 | 1335 | 2752 | 11737 | 2691 | 18391 |
| 2000 | 31561 | 849 | 836 | 1836 | 10569 | 2790 | 14682 |
| 2005 | 28027 | 305 | 397 | 1073 | 12694 | 2058 | 11500 |
| 2009 | 20407 | 314 | 341 | 1069 | 8192 | 1622 | 8869 |
| 2010 | 20691 | 236 | 382 | 1164 | 7735 | 1999 | 9175 |
| 2011 | 21303 | 230 | 408 | 1151 | 7932 | 2427 | 9154 |
| 2012 | 22026 | 228 | 389 | 1186 | 8550 | 2177 | 9496 |
| 2013 | 25436 | 302 | 460 | 1436 | 9773 | 2599 | 10866 |

续表

| 年份 | 总计 | 中央政府 | 都道府县 | 市町村 | 企业 | 非企业团体 | 个人 |
|---|---|---|---|---|---|---|---|
| 2014 | 24606 | 264 | 534 | 1607 | 9934 | 2892 | 9375 |
| 2015 | 25139 | 247 | 409 | 1271 | 11450 | 2321 | 9441 |
| 2016 | 26315 | 464 | 445 | 1258 | 12007 | 2468 | 9673 |
| 2017 | 27698 | 281 | 650 | 1306 | 13760 | 2282 | 9419 |
| 2018 | 26718 | 194 | 424 | 1298 | 13659 | 1960 | 9182 |
| 2019 | 27281 | 193 | 396 | 1388 | 13245 | 2925 | 9134 |
| 2020 | 24307 | 297 | 316 | 1159 | 12454 | 1992 | 8090 |

数据来源：日本统计年鉴2022。

日本以构造类型分类的新开工建筑面积（单位：千平方米） 附表3-6

| 年份 | 木质建筑 | 钢结构或者混凝土建筑 | 混凝土建筑 | 钢结构建筑 | 混凝土砌块建筑 | 其他 |
|---|---|---|---|---|---|---|
| 1985 | 70493 | 17748 | 42571 | 67926 | 528 | 293 |
| 1990 | 85397 | 32288 | 58061 | 106841 | 460 | 374 |
| 1995 | 84167 | 17775 | 43847 | 81575 | 351 | 431 |
| 2000 | 72023 | 17245 | 37565 | 72804 | 156 | 465 |
| 2005 | 63270 | 5440 | 46640 | 70067 | 101 | 540 |
| 2009 | 48225 | 2753 | 24280 | 39693 | 79 | 456 |
| 2010 | 52255 | 2818 | 25190 | 40609 | 88 | 494 |
| 2011 | 52799 | 2982 | 28994 | 41115 | 87 | 532 |
| 2012 | 54804 | 2404 | 29891 | 44753 | 103 | 653 |
| 2013 | 61969 | 3424 | 29846 | 51529 | 123 | 783 |
| 2014 | 53498 | 3201 | 27224 | 49225 | 93 | 780 |
| 2015 | 53615 | 2781 | 23233 | 49077 | 90 | 828 |
| 2016 | 56579 | 2289 | 23817 | 49113 | 109 | 1054 |
| 2017 | 56157 | 2484 | 24264 | 50787 | 87 | 900 |
| 2018 | 55456 | 2601 | 21855 | 50693 | 84 | 875 |
| 2019 | 55718 | 1354 | 22916 | 46554 | 85 | 928 |
| 2020 | 49756 | 1954 | 21757 | 39534 | 60 | 682 |

数据来源：日本统计年鉴2022。

**日本以构造类型分类的新开工建筑成本估计值（单位：十亿日元）** 附表 3-7

| 年份 | 木质建筑 | 钢结构或者混凝土建筑 | 混凝土建筑 | 钢结构建筑 | 混凝土砌块建筑 | 其他 |
|---|---|---|---|---|---|---|
| 1985 | 7352 | 3057 | 6155 | 6586 | 51 | 22 |
| 1990 | 11248 | 9260 | 12947 | 15753 | 51 | 32 |
| 1995 | 13328 | 4067 | 8726 | 11682 | 44 | 45 |
| 2000 | 11454 | 3523 | 6861 | 9636 | 27 | 60 |
| 2005 | 9616 | 1010 | 8000 | 9305 | 12 | 84 |
| 2009 | 7554 | 730 | 5318 | 6731 | 13 | 60 |
| 2010 | 8182 | 638 | 5187 | 6622 | 13 | 49 |
| 2011 | 8280 | 711 | 5712 | 6537 | 13 | 50 |
| 2012 | 8642 | 537 | 5798 | 6967 | 19 | 62 |
| 2013 | 9911 | 877 | 6083 | 8467 | 19 | 79 |
| 2014 | 8722 | 884 | 6209 | 8688 | 16 | 86 |
| 2015 | 8868 | 682 | 5583 | 9683 | 15 | 82 |
| 2016 | 9391 | 706 | 6055 | 10024 | 20 | 120 |
| 2017 | 9366 | 871 | 6444 | 10903 | 19 | 95 |
| 2018 | 9349 | 665 | 5751 | 10855 | 17 | 81 |
| 2019 | 9479 | 492 | 6545 | 10654 | 17 | 94 |
| 2020 | 8560 | 546 | 6027 | 9102 | 12 | 60 |

数据来源：日本统计年鉴 2022。